生活のなかの発達

現場主義の発達心理学

外山紀子・安藤智子・本山方子 編

新曜社

編者まえがき

　食べる、寝る、身支度をする、遊ぶ、学ぶ、働く。人間の一生は、こうした営みを繰り返すことにある。昨日と今日とでは、そこにたいした違いはないようにみえる行動も、長いスパンでみれば、行動そのものだけでなく、意味づけにも、事象や環境とのかかわり方にも大きな変化がある。
　「食べる」をみてみよう。歯の生え具合、咀嚼嚥下の力の加減、姿勢の保持、手先の器用さ等が発達すれば、食べられるものの範囲は広がり、子どもはより自立した食べ手になる。青年期になれば、「食べる」ことは相手との関係をつくり深めたり（あるいは拒否したり）、自己を甘やかしたり（あるいは否定したり）といった意味をもつようにもなる。大人になると、その意味はさらに多様化する。面倒くさくてやっかいなこと、取るに足らないこと、楽しみなこと、人間関係を広げ強める手段、自己抑制・自己制御が求められる場など、実に様々だ。他者に支えられて参加していた子どもも、大人になるにつれ、みずからこの営みを設計し、次の世代に伝える役割を引き受けるようになる。「食べる」という営みのありようには、発達そのものが映し出されている。
　日々の営みには制度化されたものもある。学習は人間の大きな特徴だが、学びの場は家庭という私的な空間でも、幼稚園や学校という公的な空間でも展開される。発達は属する社会の制度に組み込まれていくことであり、そこでのしきたりを身につけることでもある。制度化された学びの場は、子どもにとって家庭以外の主要な生活の場となり、そこでの他者とのかかわりを通じて様々な力が獲得されていく。学校を卒業すれば、職場や地域などに移り、新たな人間関係を築き、能力を発揮し、獲得した知恵を伝承する。生涯を通してみれば、生活の場は拡張することも縮小することもあり、そこでの発達は連続することも不連続になることも相乗的に作用することもある。いわば、人間は発達のダイナミクスを生き抜いているのである。
　本書は日々の営みに着目し、一生にわたる生活のなかでの発達を描きだすことをめざしている。生涯を乳児期・幼児期・学童期・青年期・成人期に区分し、各期に特徴的な発達事象に焦点をあて1～14の各章の柱とした。それらは人間が各発達期で真摯に向き合う経験でもある。人生の主体としての自己の発達については、乳幼児期から青年期にかけての著しい変化を捉えやすくするた

めに各期に分割せず8章にまとめた。終章では発達心理学のメタ議論に向けて、発達心理学の学問としての役割と展望を論じた。書名に掲げた「現場主義」は、ひとつには生活の現場における経験を中心において発達を描くことを、もうひとつには研究の姿勢や方法として現場に携わり現場の声や事実に基づいて論述することを表している。

　人間が生活する現場を丹念に観察し、その細部にスポットをあて発達の本質を論じるという研究哲学は、本書の執筆者一同が学生時代に教えを受けた無藤隆先生によっている。終章に原稿を寄せてくださった無藤先生は聖心女子大学を経て1987年にお茶の水女子大学に着任された。その後、2004年に白梅学園大学に着任されるまでの17年間、私たちに発達心理学という学問の面白さ、研究の喜びと厳しさを教えてくださった。本書は、2017年3月に無藤先生が白梅学園大学を定年退職されたことを機に構想されたものである。

　2018年4月には心理職初の国家資格である公認心理師がスタートした。本書には公認心理師の大学カリキュラムの1つである「発達心理学」のテキストとしても使用できる内容を盛り込んだ。公認心理師の受験資格取得をめざす方々に加えて、発達の各時期において困難を抱える人たちを理解し支援しようとする方々、発達の現場で人々の生活に寄り添おうとしている方々など、広く手にとってくだされば幸いである。

　最後に、白梅学園大学の佐久間路子さん（8章担当）、福丸由佳さん（13章担当）、小保方晶子さん（11章担当）には各章の執筆だけでなく、編集作業においても多大なご尽力をいただいた。また、新曜社の塩浦暲さんは、遅れがちな編集作業を見守りつつも確実に前に進め、本書を世に送り出してくださった。編者一同、深く感謝申し上げたい。

　　　　　　　　　　　　　　　　　　　　外山紀子・安藤智子・本山方子

目　次

編者まえがき　　i

I　乳児期

1章　身体から始まる世界の探索 ── 3
　　1節　有能な乳児　　3
　　2節　食の社会性　　6
　　3節　歩行が広げる世界　　9
　　4節　話すための準備　　12
　　【コラム】　視覚的選好法と馴化法　　15

2章　社会情緒的発達の基盤 ── 17
　　1節　社会性の基盤となる発達　　17
　　2節　アタッチメントの形成　　21
　　3節　感情制御の発達　　27
　　【コラム】　生殖医療と喪失経験　　31

II　幼児期

3章　ことばを獲得する道筋 ── 37
　　1節　話しことばの発達　　37
　　2節　書きことば獲得への道筋　　41
　　3節　ことばを育む環境 ── 絵本とことば　　45
　　【コラム】　ことばと思考：外言と内言　　48

4章　遊びが広げる幼児の世界 ── 51
　　1節　幼児にとっての遊び　　51
　　2節　園生活における遊び　　55
　　3節　幼児と仲間関係　　61
　　【コラム】　義務教育のなかの幼児理解　　64

5章　事物と心に関する幼児の理解 ── 67
 1節　物理的世界への理解　　67
 2節　心的世界への理解　　72
 3節　実行機能との関連　　76
 【コラム】「心の理論」とは何か　　80

III　学童期

6章　自律的な学習への転換 ── 85
 1節　思考を促す学習　　85
 2節　問題解決としての学習　　92
 3節　システムとしての学習　　96
 【コラム】「子ども」という存在　　100

7章　学級や授業への参加にみる社会的変化 ── 103
 1節　自覚的な学習者へ　　103
 2節　学級コミュニティで学ぶ　　108
 3節　異質な他者との協働　　111
 4節　子どもの育ちを支える基盤をより豊かに　　115
 【コラム】発達障害　　116

8章　「私」として生きる ── 119
 1節　乳幼児期の自己　　119
 2節　学童期の自己　　124
 3節　青年期の自己　　126
 4節　日本文化と自己　　128
 【コラム】自我同一性　　130

IV　青年期

9章　青年と教育環境の適合 ── 135
 1節　青年期の適応に影響を与える要因　　135
 2節　教師・友だち関係　　137

3節　学習意欲を高める　　　　　　　　　　　139
　　　4節　部活動への参加　　　　　　　　　　　　142
　　　5節　フレキシブルな教育環境とギフティッド　145
　　　【コラム】　過興奮性　　　　　　　　　　　　148

10章　性の発達と関係性における暴力 ──────── 151
　　　1節　性の発達と多様性　　　　　　　　　　　151
　　　2節　思春期の性問題行動　　　　　　　　　　155
　　　3節　関係性における暴力　　　　　　　　　　160
　　　【コラム】　10代の妊娠　　　　　　　　　　　164

11章　問題行動と向き合う ────────────── 167
　　　1節　問題行動の様相　　　　　　　　　　　　167
　　　2節　青年期の攻撃性　　　　　　　　　　　　170
　　　3節　対人関係と適応　　　　　　　　　　　　172
　　　【コラム】　縦断研究と横断研究　　　　　　　179

V　成人期

12章　働くこと・育てること ───────────── 183
　　　1節　働くこと　　　　　　　　　　　　　　　183
　　　2節　社会情動的スキルの形成　　　　　　　　187
　　　3節　親になること　　　　　　　　　　　　　189
　　　4節　次世代の育成と子育て支援　　　　　　　192
　　　【コラム】　不適切なペアレンティング：児童虐待　195

13章　多様な関係性のなかで役割を果たす ─────── 199
　　　1節　仕事と家庭のバランス　　　　　　　　　199
　　　2節　家族のライフサイクルという視点　　　　201
　　　3節　困難な関係性　　　　　　　　　　　　　204
　　　4節　多様な関係性のなかで　　　　　　　　　208
　　　【コラム】　里親制度の現状とその課題　　　　211

14章　超高齢社会において高齢期を生きる ── 213
- 1節　高齢期の発達的特徴　213
- 2節　超高齢社会の課題　216
- 3節　高齢期に必要な心理支援　223
- 【コラム】介護保険　225

終章　発達科学の未来に向けて　無藤　隆 ── 227
- 1節　人類の進歩のために　228
- 2節　発達心理学の基本枠組み　229
- 3節　心の理論の発達にみる直感的段階と表象的段階　232
- 4節　ことばの発達にみる発達の規定因の多様性　235
- 5節　発達理論の代表としてのダイナミック・スキル理論　237
- 6節　発達科学のさらなる展開　242

索引　245

装幀＝新曜社デザイン室

I
乳児期

1章　身体から始まる世界の探索

　ここ30年ほど乳児研究ブームが続いている。かつては未熟で無力、一方的に保護される存在と思われていた乳児が、近年の研究により、実は誕生時点においてさまざまな能力を備えていることが明らかになってきた。乳児は他者を上手に利用しながら、自ら知識を構成していこうとする世界の主体的な探索者だったのである。この章では、こうした乳児の姿を紹介したい。1節では乳児研究が盛んになってきた背景を説明し、続く節では乳児を抱える養育者が関心をもつ3つのこと、すなわち食べること・歩くこと・話すことから、乳児期の身体と認知の発達をみていく。

1節　有能な乳児

1-1　乳児の研究法

　乳児研究ブームの背景には、乳児を対象とする研究法が確立されたことがある。乳児には質問紙はもちろんのこと、言語説明を求めるとか、選択肢から選んでもらうといった研究法は使えない。それではどうするかというと、乳児に刺激を提示し、それによってどのような反応が生起するかをみるのである。乳児の反応としては視線を利用することが多い。
　代表的な研究法である「視覚的選好法」と「馴化法」（コラム参照）では、どちらも2つの視覚刺激を提示し、乳児がそれらを区別するかどうかをみる。視覚的選好法では2つの刺激を同時に提示し、注視時間の偏りが認められた場合、両刺激を区別したとみなす。一方、馴化法では1つ目の刺激を繰り返し、注視時間が一定程度減少する（馴化）まで提示する。その後2つ目の刺激を提示し、注視時間が回復した（脱馴化）場合には2つの刺激を区別したとみなす。これ

らの方法を用いることで、知覚だけでなく、物理的・社会的世界の基本原則や数等、さまざまな領域にわたる乳児の認識が明らかにされつつある。

1-2 事物世界の基本原則

　乳児の有能さの一端を紹介しよう。**発生的認識論**を提唱した**ピアジェ**（Piaget, J.）は知能を生物学的適応の1つとしてとらえ、その発達は4つの質的に異なる段階を経るとした。乳児期は最初の段階である**感覚運動段階**（0～2歳頃まで）に含まれるが、この段階における重要な発達は**対象の永続性**概念、すなわち事物が時空間的に存在し続けるという事物世界の基本法則に気づくことである。8～9か月以前の乳児は興味のあるおもちゃがハンカチ等で隠され見えなくなると、まるでそのおもちゃが存在しなくなったかのように振る舞う（図1-1）。しかしそれ以降の乳児は、手でハンカチを取り去るなど、いったん見えなくなったおもちゃがそこに存在し続けるという認識を前提とした振る舞いをみせるようになる。この観察結果にもとづき、ピアジェは対象の永続性概念の獲得をゼロ歳台後半とした。

　しかし、馴化法を用いた近年の研究では、3～5か月頃までに乳児は対象の永続性概念をもつようになることが示されている。ある研究では、スクリーンが手前から向こう側に徐々に立ち上がっていき、180度倒れる場面（図1-2）を見せ、これに馴化させた後で、スクリーンの向こう側に箱が置かれた場面を見せた。その後、（a）スクリーンが120度倒れて止まる場面（テスト場面の起こりえる条件）と、（b）スクリーンが180度倒れて止まる場面（テスト場面の起こりえない条件）を見せたところ、（a）については脱馴化が認められなかっ

図1-1　対象の永続性実験

たが、(b) については認められた。乳児は、スクリーンの向こう側にある箱はいったん見えなくなってもそこに存在し続けるのだから、向こう側に倒れていくスクリーンは箱にぶつかって止まるだろうと予測しており、だからこの予測に反してスクリーンが180度倒れると、驚いてこの場面を長く見つめたのだと解釈できる。これらの研究により、対象の永続性だけでなく事物は連続した軌跡で移動すること、支えがなければ落下すること等、事物世界の基本原則に関する気づきは生後半年頃までに獲得されることがわかっている。

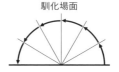

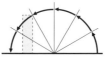

図1-2　対象の永続性概念を調べる馴化実験

　乳児の気づきは、事物世界と生物（動物）世界の相違にもおよぶ。動物は事物とは異なり自分で移動する力をもっており、したがって、事物には「自分で移動した」という説明は適用できないが、「ネコは自分で移動した」のように、動物にはそれが可能である。やはり馴化法を用いた研究では、乳児が両者の相違に気づいていることが示されている。対象Aが対象Bに徐々に近づいていき、しかし接触する前に停止し、その後対象Bが移動するという場面を見せたとき、7か月児はこの対象が事物（車輪のついた箱）だった場合には驚いたが（脱馴化が認められた）、人間だった場合には驚かなかった（脱馴化が認められなかった）のである。

　乳児の有能さは、社会性の基盤となる現象にも認められている。生後数日の新生児が他者の表情を模倣し（新生児の**表情模倣**）、ヒトの顔や動物らしい動き（バイオロジカル・モーション）を好むというのである。これらの結果は、社会的刺激に対する特別な感受性がヒトに備わったものであることを示唆している。大型霊長類の知能は社会的状況への適応をめざして進化したという指摘をきっかけとして、**進化心理学**では近年、ヒト知性の起源を技術的環境ではなく、複雑な社会的環境への適応として説明する研究が賑わいをみせているが、社会性の萌芽を示唆する乳児研究は、これらの研究に連なるものといえる。[1]

2節　食の社会性

2-1　乳汁摂取にみられる社会性の萌芽

　乳児期における社会性の萌芽は、生物学的機能を第一義とする乳汁摂取にもみることができる。哺乳動物であるヒトは、生後半年頃まではもっぱら乳汁から栄養を摂取する。新生児期の乳汁摂取は、口唇やその周辺に何か（乳首など）が触れると口を開いてそのものの方を向き（ルーティング反射）、それをくわえ（捕捉反射）、吸い（吸啜反射）、口の中に流れ込んだ母乳を飲み込む（嚥下反射）ことから成る一連の原始反射（哺乳反射）によって支えられている。乳汁摂取は乳児の生存に必要不可欠なものだが、それだけでは説明できない側面もある。母乳でも人工乳でも、乳児は1秒に1回より少しゆっくりとしたペースで4～15回ほど乳首を吸い、その後これと同じくらいの時間休むのである。休み休みの吸乳は、栄養摂取という点からみると甚だ効率が悪い。こんな非効率的な飲み方は、チンパンジーには認められていない。では、なぜヒトの乳児は一気飲みしないのだろうか。その答えは、乳児が休んだときの授乳者のはたらきかけにある。乳児が休むと、授乳者は乳児の頬をつついたり揺すったりする。すると乳児はこのはたらきかけに応えるように、吸乳を再開する。休む → つつく → 吸う、やがて休む → 揺する … というやりとりは、次第に安定したリズムをとるようになり、会話の原型である**ターン・テイキング**（話者の交替）が成立する。ヒトの食は発達初期から社会的な場としても機能しているのである。

　社会性の萌芽は甘味への態度にもみることができる。甘味は栄養のサインであるため、雑食動物の多くは甘味を好む。ヒトも例外ではなく、新生児の舌にショ糖でほんのり甘くした水をつけると喜んでいるような表情をみせる。しかし、毒物のサインである苦味や腐敗のサインである酸味のある水をつけると顔をしかめる。このようにヒトは生得的に甘味を好むのだが、1か月ほどたつと、甘味だけでは物足りなくなる。2週齢の乳児はショ糖溶液を舌につけると泣きやむが、4週齢になると、ショ糖溶液をつける際に乳児の目を見つめるという社会的かかわりがないと泣きやまなくなるのである。生後ごくわずかな期間に、

ヒトは食において他者の存在を強く欲するようになるのだ。

2-2　離乳食場面のやりとり

　離乳、すなわち乳汁栄養から幼児食への移行は生後半年頃に始まる。何を離乳食とするかは社会によって異なるが、養育者が子どもに食べさせること、一方の子どもは食べさせてもらうのを待つこと、この2つはすべてのヒト社会に共通する。しかし、運ばれてくる食べ物をじっと待つことは、チンパンジーには認められていない。

　養育者は離乳食を食べさせる際、自分で食べるわけでもないのに頻繁に口を開ける。しかし養育者自身は自分の開口にほとんど気づいておらず、その開口はタイミングだけでなく動きのパターンまでもが子どもと一致するほど同期性が高い。子どもの口が食べ物を取り込むようにゆっくり動くと養育者の口もゆっくり動き、子どもの口が大きく開くと養育者の口も大きく開くのである。離乳食を食べる−食べさせるという一連の行動は、子どもが口の作業を、養育者が手の作業を担う一種の分業とみることができ、互いに相手の動きに合わせた動作調整が必要になる。そのため、養育者の開口は、自分の手の先にある子どもの口の動きを自分の身体上で実現することによって、この協調作業をスムーズに進行させる機能をもつと考えられる。養育者の開口はスコットランドより日本の母親において頻繁であるという報告[3]は、養育者と子どもの関係性もまた、この行動に影響を与えていることを示唆している。

　離乳が始まって数か月すると、子どもによる食物の分配行動がみられるようになる（図1-3）。ヒトでなくても食物を他個体に分配することはある。鳥類は親鳥がヒナに食物を運び食べさせるし、ライオンなどの食肉類も共同で狩りをし、分け合って食べる。しかしこれらの分配行動は生き残るための生存戦略であり、生物学的必要性もないのに広範囲の他者に分配する行動、すなわち社会的分配はヒト以外の種では認められない。なぜヒトには社会的分配が可能なのか。その鍵は、発達過程で分配行動が出現してくる時期、すなわち9か月頃に成立する三項関係が握っている[4]。

　三項関係とは、自己−モノ−他者の三者を関係づける認識の枠組みをいい、9か月頃から明確になっていく。この時期以前の子どもは、自己−他者、あるいは自己−モノの二者を関係づける枠組み（二項関係）によって世界とかかわっている。二項関係に立った場合、子どもはモノについて知ろうとしたら自

1-3　離乳食場面の母親の開口 ── 子どもが食べさせる

分でそのモノにはたらきかけるしかない。しかし、三項関係が成立すると、他者を介してモノの性質を知ることができるようになる。たとえば養育者がニコニコ笑って見ている食物は安全だろうと推論できるようになるのである。三項関係の成立は、指さしや他者にモノを渡したり見せたりする行動の出現が指標となる。逆にいえば、三項関係が成立していないと、モノを渡す行動、つまり食物を分配する行動はみられない。

　チンパンジーやボノボといった霊長類の認知研究が近年大きな成果をあげているが、ヒトと比べてチンパンジーには三項関係に立って世界とかかわる視点が弱いことが知られている。たとえば、他者があるモノを操作する場面を見ているとき、ヒトの子どもは他者の顔と手元を交互に見ながら、その他者がどういう意図をもってそのモノを操作しているのかを探ろうとする。これに対してチンパンジーは手元にばかり視線を向けており、そのため意図の読み取りに失敗しやすい。チンパンジーでは母子の間でも積極的な食物分配が認められにくいのだが、それは三項関係に立った世界のとらえ方が弱いことによるのだろう。ヒトにみられる高頻度な社会的分配は、私－食物－他者という三者を関係づけ、食物の向こうにいる他者が自分と同じようにその食物を「おいしそうだなあ」「食べてみたいなあ」と考えていることを推論する能力、すなわち他者の心を想像する高度な社会的能力によって支えられているのである。

3節　歩行が広げる世界

3-1　姿勢・運動能力の発達

　姿勢・運動能力は1歳頃までにめざましく発達する（図1-4）。3か月頃に首がすわると、4か月頃には支えられれば座れるようになり、9か月頃からはハイハイやつかまり立ち、つかまり歩きが始まる。そして1歳頃には1人で立ち、歩くようになる。ヒトの特徴である二足歩行を獲得するのである。

　重力のある環境の中で姿勢を維持したり運動を安定させたりするためには、

図1-4　生後1年間の運動発達 ── 自立歩行に至るまで

筋・骨格系だけでなく、視覚や聴覚等の感覚、中枢神経系など、多くのシステムを協調させる必要がある。寝返りからハイハイ、そして自立歩行に至るこの過程を神経系の成熟という点から説明する試みは1930〜40年代に盛んに行われ、**成熟優位説**のゲゼル（Gesell, A.）をはじめ多くの研究者が、その発達過程を詳細に記述した。しかし近年の研究は、**生態心理学**や**ダイナミック・システムズ・アプローチ**の流れをくみ、運動のコントロールを身体と物理的・社会的環境、さらにはモチベーション（意欲）といった多くの要因が相互作用した結果、組織化されるパターンとしてとらえている。

　二足歩行は言語とならび、ヒトと他の動物を分かつ特徴であり、したがってその獲得過程の検討は「ヒトとは何者なのか」という根源的な問いに迫ろうとするものである。一方、子どもの視点にたった場合、ハイハイからつかまり歩き、そして二足歩行へという移動運動能力の発達は、子どもと環境とのかかわりを大きく変える、発達的にも重要な出来事となる。子どもは自ら移動する力を得ることで、より自由に、より能動的・主体的に環境世界を探索する存在へと変貌を遂げるのである。存在の大転換ともいえるこの出来事を契機として、知覚や事物・他者とのかかわりなど、多くの領域の発達が触発されていく。

3-2　移動と知覚

　私たちが知覚する世界は、奥行きのある三次元の空間から成り立っている。大人は両眼視差（左右の目の網膜に投射される像のずれ）や対象の重なり、陰影等を手がかりとして奥行きを知覚するが、新生児は大人と同じように奥行きを知覚できるわけではない。また、手がかりによって、それを利用できるようになる時期も異なっている。

　乳児の奥行き知覚を調べる実験では、「視覚的断崖」という装置が使われる（図1-5）。高床式の台の床板部分にガラスがはめられてあり、チェッカーボードの図柄のシートがガラスのすぐ下（浅い部分）と台の底（深い部分）に貼られている。実際にはガラスがはってあるので平坦なのだが、奥行きを知覚できると深い部分は断崖のように見える。そのため、子どもが深い部分を警戒するかどうかで三次元知覚の発達を調べることができる。子どもを浅い部分に置き、深い部分をはさんだ前方に母親に立ってもらって「おいで」と呼びかけてもらったところ、深い部分に対する警戒反応はハイハイの開始月齢ではなく、ハイハイの経験期間の長さによって異なっていた。ハイハイを始めたばかりの子

図 1-5　視覚的断崖

どもは警戒しなかったものの、数週間のハイハイ経験がある子どもは深い部分に移動することに躊躇を示したのである。自ら移動することは、知覚世界を大きく変えていくことがわかる。

3-3　事物・他者とのかかわりの変化

ハイハイから二足歩行への移行もまた、子どもの経験世界に変化をもたらす。歩き始めると、子どもはハイハイしていたときより多くの時間を移動に費やすようになり、移動距離は約3倍にもなる。ヒトは情報の約8割を視覚から得ているとされるが、ハイハイ時と歩行時では子どもの目の高さが異なるため、歩き始めることで子どもの視野は拡大する。遠方にある事物や他者に視線が向くようになるのである。この時期の子どもは事物を手にとったり、なめたり、振ったり、落としたりと、さまざまな探索活動を展開するが、歩き始めると子どもは遠方の事物を操作することが多くなり、それを持って歩くこと、すなわち運搬行動も頻繁になる。複数の事物を並べたり、重ねたり、さらには「木の板を電話に見立てる」といった象徴的な操作もみられるようになる。

歩行の開始は社会的相互交渉にも変化を引き起こす。歩き始めると、事物を養育者に見せたり、渡したり、指さしたりといった三項関係の指標となる行動だけでなく、**社会的命令**と呼ばれる行動、すなわち「パズルのピースをはめ、さも得意そうな顔をして養育者の顔を見る」など、他者に情動的リアクションの共有を求める行動も増えていく。[5] まだハイハイしている子どもも社会的命令を発するが、歩き始めた子どもは移動しながらの命令が多く、ハイハイの子ど

もは止まった状態での命令が多い。この相違が養育者から異なる反応を引き出す。移動しながらの命令には「こっちに持っておいで」など行為を指示する反応が多くなり、静止状態の命令には「みんな赤いね」など状況を叙述する反応が多くなるのである。歩行を機に、養育者－子ども間の相互交渉はよりダイナミックに変化することがわかる。この時期に、喜びのようなポジティブな情動だけでなく、怒りのようなネガティブな情動表出が多くなり、子どもの反抗や自己主張が目立つようになるのは（**第一次反抗期**）、上記のような社会的相互交渉の変化が背景にあるのだろう。自分で立ち、歩き、自身を物理的に移動させる能力を獲得することは、子どもの心も自立へと向かわせるのである。

4節　話すための準備

4-1　言語音への選好と知覚

　話すための準備は誕生前から始まっている。聴覚は受精後27週頃には外界の音に反応するほどに発達し、母体内の音や脊椎を伝わってくる母親の声など、胎児はさまざまな音を聞いている。生後1日の新生児にはすでに、男性より女性の声、他の女性より母親の声に対する選好が認められる。ドイツ語を話す母親から生まれた赤ん坊は、生後数日の時点ですでにドイツ語訛りの泣き声を発するという研究結果もある。

　乳児は母親の声を好むが、母親に文章の書かれた紙を渡し、それを終わりから反対方向に読んでもらうなどして自然な調子で話せないようにすると、母親の声に対する好みは消失する。乳児が好むのは、自然な調子で話している母親の声なのである。この「自然な調子」とは何なのか。それは高めのピッチ、ゆっくりとした速度、誇張された抑揚という特徴をもった語りかけであり、**育児語**あるいは**マザリーズ**と呼ばれている。興味深いことに、大人はどの文化に属していようとも、また男性であろうと女性であろうと、乳児に語りかける経験をつむと自然と育児語を話すようになる。特別な訓練を受けたわけでもないのに、自然と乳児の注意をひくよう語りかける大人、そしてその語りかけを好む乳児。ここに言語獲得の素地があることは間違いないだろう。

　言語音はカテゴリカルに知覚されることが知られている。シンセサイザーを

使って /pa/ から /ba/ へと連続的に音を変化させ、客観的には /pa/ と /ba/ の中間的な音響特徴をもつ音を聞かせた場合でも、私たちは /pa/ か /ba/ と知覚するのである。乳児を対象に音素の知覚を検討したアイマス（Eimas, P.）らは、吸啜回数を指標とする馴化法を用い、1か月児が大人と同じように、/pa/ と /ba/ をカテゴリカルに知覚することを示した。[6]

　言語発達というと、何もない状態から出発した乳児が言語音にさらされる経験を重ねるうちに、徐々に能力を身につけていくというイメージをもつ人が多いかもしれない。しかし、アイマスらの先駆的検討以降、音素の知覚発達はこれとはほど遠いものであることが明らかになってきた。生後半年頃までの乳児は、母語だけでなく、あらゆる言語に含まれる音素を弁別する能力をもっているというのである。日本語は /r/ と /l/ の区別をもたないが、日本語を母語とする乳児はこれらを弁別できるのである。全言語に対応できるこのすばらしい知覚能力は、残念なことに生後半年を過ぎる頃から徐々に失われていき、初語を話すようになる1歳頃までには、母語に含まれる音素を弁別できる程度になる。無の状態から徐々に何かを獲得していくことではなく、すべて持っている状態から不要なものを捨て去っていくことが、音素知覚の発達なのである。

4-2　音声から初語へ

　初語の出現は1歳前後だが、ここに至るためには、言語を話すのに必要な音声を産出できなければならない。生後2か月頃の乳児は「オギャーオギャー」といった緊張の高い叫喚音だけでなく、ハトの鳴き声に似ている「クークー」というクーイング、「ゴロゴロ」と喉を鳴らすような音であるガーグリングを発するが、2か月頃からは、まるで音を出すことを楽しんでいるかのように多様な音を産出できるようになる。この「音遊び期」を経て6か月頃には、音声言語の基礎となる**規準喃語**が出現してくる。これは [baba] や [dada] のように子音と母音を組み合わせた音声であり、その出現時期はどの言語圏でもほぼ一致している。規準喃語はリズミカルな性質を有しており、手をバンバンと床に打ち付けるといったリズミカルな運動の出現が規準喃語の産出に先行することが知られている。実際、リズミカルな運動と同期した音声は、同期しなかった音声に比べ規準喃語の音響的特徴をより多く備えているという報告もある。[7] 音声の発達は、運動発達と密接な関連をもちつつ進んでいくのである。

　生後半年を過ぎると、「ママママ」とか「バババババ」のように、子音と

1章　身体から始まる世界の探索　　13

母音の同じ組み合わせを繰り返す反復喃語や、子音と母音を複雑に組み合わせた音や鼻音などを含む多様な音声が認められるようになる。最初は全言語に対応可能だった音素の弁別能力が、生後半年から1年の間に母語に含まれる音素に限定されていくことを、先に述べた。この変化に沿うように、乳児が発する喃語も徐々に母語に近い音声に近づいていく。日本語を母語とする乳児は日本語らしいリズムとイントネーションをもった喃語を、英語を母語とする場合には英語らしい喃語を発するようになるのである。

　喃語は徐々に意図性ももつようになる。当初はコミュニケーションの文脈とかかわりなく発せられていた喃語が、たとえば養育者の顔を見ながら「マンマンマ」と発声されるなど、何かを伝える機能をもったものへと変わっていくのである。他者とのこうしたやりとりを重ねるうちに、生後1年頃、初めて発声することばである**初語**が出現する。初語は「マンマ」や「パッパッ」など、反復喃語の延長にある音声であることが多い。このことからも、音声言語の発達において喃語が重要な役割を果たしていることがわかる。初語はたとえ「マンマ」という単語1つだけでも、「マンマあったよ」や「マンマ食べたい」など、これだけで子どもが伝えたいことをほぼ表現していることから、**一語文**と呼ばれる。

　初語が発せられる1歳前後より、子どもは盛んに**指さし**をするようになる。9～10か月頃に、相手の指さしに応じる行動がまず出現する。相手が「ワンワいたよ」といった発話と共にイヌを指さすと、そのイヌに視線を向けるようになるのである。その後、自発の指さし（自分が興味をもった対象を指さす）、要求の指さし（自分が欲しい対象を指さして、相手に知らせる）、叙述の指さし（自分が興味をもった対象を指さし、相手もその対象に注意を向けているか確認する）、応答の指さし（「ワンワどこ？」といった問いに指さしで答える）など、子どもはさまざまな指さしをするようになる。チンパンジーは自発的に人差し指を立てることをしないが、叙述の指さしも認められない。これは2節でも述べたが、三項関係に立って世界をとらえる視点が弱いことによると考えられている。指さしもまた、ヒトの特徴なのである。

　個人がもっている単語の総体を語彙というが、指さしは語彙獲得を強力にサポートする。子どもが指さしをすると、養育者は子どもが指さした対象に注意を向け（**共同注意**）、「ああ、ワンワね」などと発話する。子どもの指さしを「あれは、なあに？」という質問と解釈し、対象の名称を子どもに伝えるのである。こうしたやりとりを経ながら子どもは語彙を増やしていく。初語の出

現後しばらくの間、子どもの語彙は「ワンワ」のように動物をさす単語や人名、事物名称といった名詞が多く、増加のスピードもゆっくりである。およそ半年ほどかけて蓄積語彙数が50語程度に達すると、今度は**語彙爆発**が起こる。約半年で50語というスローペースで増加していた語彙が、この時期を境として、1日あたり4～10語という驚異的なスピードで増えていくのである。2歳頃には200～300語、さらに3歳頃には1,000語程度となり、一語文から**二語文**（「ワンワ、きた」など）、さらには形容詞や動詞も獲得されていく。

　二足歩行と言語はいずれもヒトと他の動物を明確に分ける特徴の1つであり、この章でみたように、これらの能力は、乳児期において飛躍的に発達する。誕生時には立つことも、言語音を発することもできなかった赤ん坊が、その1年後には2本の足で立ち、歩き、他者にも理解可能な単語を発せられるまでになる。ヒトは社会的動物といわれるが、その萌芽もまた、誕生間もない乳児に明確に認められる。ヒトの乳児は確かに未熟で無力にみえるものの、今後さまざまなことを学び、世界を深く理解していく基盤を備えた、学習する存在なのである。

【コラム】視覚的選好法と馴化法

　視覚的選好法を最初に用いたのはファンツ（Fantz, R. L.）である。乳児の知覚能力を調べるために、さまざまな模様が描かれた2枚の図版を7か月児に提示し、注視時間を測定したところ、乳児は横縞模様よりも渦巻き模様を、模様のない図版よりも市松模様をより長く見つめることが示された（2章の図2-1参照）。しかし、十字模様と円模様については、注視時間に差が認められなかった。差がないというこの結果は、2つの可能性を示唆している。第一に乳児は両者を区別する能力がないということ。第二に、区別する能力はあるが両者を同程度に好むということ。視覚的選好法と**馴化法**を組み合わせて用いたその後の研究では、円模様に馴化させた後、円模様と十字模様を同時に提示した。その結果、生後まだ数日の新生児でも十字模様をより長く見つめることが示された。一方、十字模様に馴化させた後には、円模様を長く見つめることが明らかになった。つまり、第二の可能性が正しかったということになる。

　視覚的選好法と馴化法はこれほど単純な仕掛けであるにもかかわらず、乳児がすばらしい知性の持ち主であることを私たちに教えてくれるのである。

【読書案内】

- 外山紀子・中島伸子 (2013)『乳幼児は世界をどう理解しているか：実験で読みとく赤ちゃんと幼児の心』新曜社

  乳幼児対象の実験研究を紹介しながら、ピアジェ以後の認知発達研究を解説した書である。実験手続きが詳しく紹介されており、研究計画を立てる際の参考になる。取り上げられているトピックは、物理・生物・心理領域の理解と記憶、自己の発達などがある。

- ジャック・ヴォークレール／明和政子（監訳）・鈴木光太郎（訳）(2012)『乳幼児の発達：運動・知覚・認知』新曜社

  生物進化の視点から、胎児から始まる発達研究を踏まえ、ピアジェ理論の再構成を試みた書。著者はピアジェの最後の弟子とのこと。運動発達が重要な章として組み込まれているところにピアジェの精神が感じられる。

【文献】

[1] Humphrey, N.K. (1976). The social function of intellect. In P.P.G. Bateson & R.A.Hinde (Eds.), *Growing Points in Ethology* (pp. 303-317). Cambridge, UK: Cambridge University Press.

[2] Toyama, N. (2013) Japanese mother-infant collaborative adjustment in solid feeding. *Infant Behavior and Development, 36*, 268-278.

[3] Negayama, K. (2000) Feeding as a communication between mother and infant in Japan and Scotland. *Research and Clinical Center for Child Development Annual Report, 22*, 59-68.

[4] 外山紀子 (2008)『発達としての共食』新曜社

[5] Toyama, N. (in press) Social exchanges with objects across the transition from crawling to walking. *Early Child Development and Care.*

[6] Eimas, P. D., Siqueland, E. R., Jusczyk, P., & Vigorito, J. (1971) Speech perception in infants. *Science, 171*, 303-306.

[7] Ejiri, K. & Masataka, N. (2001) Co-occurences of preverbal vocal behavior and motoro action in early infancy. *Developmental Science, 4*, 40-48.

2章 社会情緒的発達の基盤

　子どもは、生まれた直後から目を見開き、周りにはたらきかける。生後1年の非常に早い時期に、世界がどのような場所なのか、そして自分はどのような存在なのかを体験的に学ぶ。この時期に形成される他者観、自己観はパーソナリティや学習への意欲、ねばり強さなどの心理的な特性や、他者を思いやり協働する力などの社会情緒的能力、社会適応や精神的な健康の基盤になる。本章では、人生の早期から人にはたらきかけ、応答を理解し、それを手がかりに行動を調整する乳児の社会情緒的な能力について概説する。1節では、胎児期、新生児期の発達を紹介し、社会とかかわる準備が早期になされていることを示す。2節では、乳児が養育者との間にどのようにアタッチメントを形成するのかについて述べ、3節では感情や行動の制御について述べる。

1節　社会性の基盤となる発達

1-1　胎生期の発達

　受精卵が分化し終わるまでの8週を**胎芽期**、それ以降を**胎児期**という。受精から12週頃の妊娠に気づく頃には、胎児の臓器や器官、循環系も整い、脳・神経系の80％程度が完成する。胎児は手足の指が分化し、指を吸ったり手を延ばすなどの自発的な動きを始めている。

　胎生25週頃までには感覚器官からの情報を記憶するようになる。たとえば生後すぐに新生児が他の女性の声よりも母親の声に注意を向けるのは、胎児期から聞き慣れている母親の声を学習したことによる。胎生27週頃からは睡眠リズムが整い、肺呼吸が可能な状態になり、外界での生活への準備が整う。

表2-1 胎生期の発達

週	発達内容
4 – 7週	脳・神経系の約80％が形成される　頭手足胴などが分化　臍帯・胎盤を通して母胎と酸素・栄養素交換
8 – 11週	自発的な動きがみられるようになる　しゃっくり様の動き
12 – 15週	内臓や手足の器官完成　唇を閉じて羊水を飲む
16 – 19週	あくびをしたり手を握ったりする
20 – 24週	脳細胞がほぼ完成する
25 – 27週	聴覚認知を記憶　母親の感情に異なった反応　肺呼吸の準備が整う
28 – 31週	感覚器官が完成　睡眠リズムが現れる
32 – 35週	睡眠リズムが整う　視覚認知を記録

1-2　新生児の能力

　ヒトの新生児は、養育者に抱きついたり歩くことができない。他の哺乳類に比べて運動能力の未熟な状態で誕生する。しかし、産まれた直後からヒトに注目し、同調するなど社会的な相互作用の準備ができている。

　たとえば、生後数日でも、社会的刺激であるヒトの顔に似た刺激を注目し（図2-1）、また、目を閉じた顔よりも目を開いた顔の方を好む。人の顔から発せられる多くの情報を受け取ることができるように準備されている。

　誕生直後の視力は.01程度で、大人の胸に抱かれた位置から約30cm離れた顔の輪郭がわかる程度だ。まだ弱い視力だが、覚醒した状態の新生児と顔を向かい合わせて視線を合わせ、ゆっくりと表情を動かすと、新生児も同様の特徴の表情をする**共鳴動作**が生じる（図2-2）。生まれた直後から周りの人をよく見て、人の声に反応して身体を動かしたり、声を出したりして、大人が思わず「お話ししているの」と声をかけるようなコミュニケーションへの同調をみせる。このように、新生児は外界に積極的にはたらきかけている。

1-3　感情の発達

　認知・運動発達に伴い、感情も発達し複雑になる。新生児期の快・不快・興味から、生後1年までに喜び、悲しみ、嫌悪、怒り、恐れ、驚きなどに分化する。ここでは、発達に沿って感情の生じる場面を描写していこう。

　新生児は、空腹で泣き「不快」を示す。乳を飲み満足すると筋肉の緊張が緩

図2-1　社会的刺激の選好（Fantz, 1961)[1]

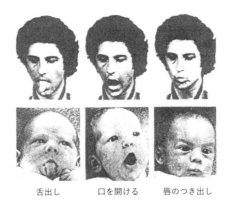

舌出し　　　口を開ける　　唇のつき出し

図2-2　共鳴動作（Meltzoff & Moore, 1977)[2]

んでほーっと息を吐き、沐浴で身体をゆったりと伸ばしている様子に「快」の感情をみることができる。

　2～4か月には刺激に応じて不随意に生じる原始反射が消失し、それに代わって、中脳や皮質にコントロールされる随意運動が出現する。見知った人に向ける**社会的微笑**が現れ、話しかけているような発声もある。養育者は笑顔に思わず引きつけられて、目を合わせて微笑み返す。子どもが発声すれば似た音で返し、子どもの動きに同調して同じように身体を動かす。養育者が乳児の心的世界を推測して、「おなかがすいたのかな」「気持ちがいいのね」と、感情に沿った表情で語りかけることが、子どもの心的世界の形成に寄与する。

　4か月頃には定頸し、対象に注意を向けて集中できるようになる。一方の手に持ったものを他方の手で握り返すことができるようになるなど、徐々に身体を随意にコントロールできるようになる。そして、自分の行動とそれに随伴する「身体を動かすと音が鳴る」「声をかければ人は振り返る」のように、乳児

2章　社会情緒的発達の基盤

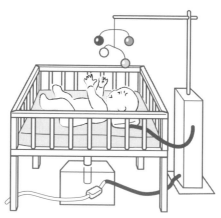

図 2-3　環境の随伴性の理解とその記憶

の行動に随伴する物的・人的環境の応答を予測できるようになる。興味をもった事象に集中して「喜び」、期待どおりでないことが起きると「悲しみ」を示す。たとえば、養育者が乳児と向かい合って表情を動かさないスティルフェイス法の実験[3]では、いつも応答的な環境にいる乳児は反応がないことに気づき、積極的に視線を合わせようとしたり、手を伸ばしてはたらきかけ、それでも養育者の表情が動かず応答がもらえないと「苦痛」や「悲しみ」を表す。

　5か月頃には手を伸ばしてモノをつかむようになる。手が届かなければ、声を出し、気づいた養育者はこれが欲しいのかなとそばに動かし、届くとよかったね、いい音がするねと達成を喜ぶ。乳児も手にとったモノを見て、身体を動かしたり声をあげて「喜び」を示す。

　6か月頃には見知らぬ人や環境に対して「恐れ」を示すようになる。**人見知り**は、見知った人とそうでない人の区別がつくようになった発達の証でもある。この反応の強さには個人差があるが、見知った人がそばにいれば、知らない人を観察し、養育者の存在で情動や注意を制御している様子がみられる。7か月頃には「いないいないばあ」を繰り返し楽しむことができるようになる。バアと出てくる笑顔を心の中に描いて、期待して待つことができるようになったことがわかる。

　8～9か月頃には、離れたところにあるものを見て、養育者を振り返る**三項関係**（1章参照）が成立する。乳児は、自分から情動や経験を共有しようと積極的に大人にはたらきかけて目を合わせ、またそのときの養育者の表情や応答を手がかりに、状況を理解し、それに沿った行動をする。養育者が危ない、ダ

メダメという顔をすれば、避けたり尻込みするし、面白そうだね、大丈夫という表情をすれば、対象にさらに興味をもって見る。乳児は養育者の判断を手がかりに、対象の性質を理解していく。

ハイハイできるようになると探索活動が盛んになり、大人が思いもしないところに移動したりモノを口に入れたりして、危険なことを止められる場面も増える。乳児は意図をくじかれたときには泣きながら目をぎゅっとつぶって「苦痛」を示し、目を見開いて「怒り」を示す。

12〜18か月頃には歩行を獲得し、養育者を基地としてさらに広い範囲を探索するようになる。達成を喜び「できたよ、見て」と「誇り」の表情を養育者に向ける。

18〜24か月には簡単な型はめ遊びができるようになり、社会的なルールなどの枠組みに合わせようと行動を制御するようにもなる。期待されるルールに合わせられないと「罪悪感」をもつようになり、向社会性の芽生えがみられる。また、ボタンをはめたり靴を履いたり、養育者の手を借りずに「自分で！」と挑戦をすることが増えるが、最初はうまくいかないことも多い。少しの工夫で達成できるように養育者による環境の準備も重要になる。また、できないことを笑ったり責めたりして、子どもに「恥」を経験させるのは、好奇心や試してみようという意欲を削いでしまう。子どもがどのように試行錯誤をするのか見守り、うまくいかないのを「残念だね、どうしたらいいんだろうね」と共感し、子どもに求められれば必要な手助けをして、達成を共に喜ぶ態度が子どもの好奇心や効力感を育む。

2節　アタッチメントの形成

2-1　アタッチメントの発達

イギリスの児童精神科医であるボウルビィ（Bowlby, J.）は、**アタッチメント**を「危機的な状況に際して、あるいは潜在的な危機に備えて、特定の対象との近接を求め、またこれを維持しようとする個体の傾性」と定義した。[4] つまり、乳児が空腹や不安・恐れなどを感じる危機的な状況で、養育者に対して、泣く・しがみつく・手を伸ばす・後を追うなどの**アタッチメント行動**を示し

て物理的に接近しようとすることをさしている。

　アタッチメント行動は、生後12週頃までは、誰に対してでも発せられるが、6か月頃にはいつも世話をしてくれている見知った人数名に対して示すようになる。6か月から2、3歳には移動できるようになるので、何かあれば特定の人に近づき、抱きついたりくっついたりして気持ちをおさめるようになる。3歳以降は、時間的空間的な連続性を獲得し、アタッチメント対象が目の前にいなくても、この時間は仕事でそばにはいないけれど夕方には迎えに来る、というように見通しをもつことができるようになる。そして、困難なことがあっても、すぐに養育者への身体的接近をしないでも持ちこたえることができるようになる。自分がなだめてもらった経験を心の中に取り入れ内在化できていることは、けがをした他の子どもに、「お母さんに言ってごらん、痛いのいたいの飛んでいけって言ってくれるよ」のように自分の経験と思われることを話して慰めてあげる様子からわかる。

2-2　アタッチメント行動と探索行動

　アタッチメント行動には、**近接の維持**、**安全な避難所**、**安心の基地**、**分離抵抗**の機能がある。近接の維持とは、子どもが恐怖や苦痛を感じたときに養育者に近接して、そこにとどまること、**安全な避難所**は、アタッチメント対象に物理的な安全を求めることである。**安心の基地**は、心理的な安心感を得て、そこから探索するための基盤となる機能である。**分離抵抗**は、アタッチメント対象を求め、それ以外の他者からの慰めを拒否して抵抗を示すことである。

　環境を探索して、否定的な感情の生じた子どもは、安心の基地である養育者に近接して感情を制御しようとする[5]。自力で移動ができない4か月児でも、周りを見回し、不安や苦痛が生じると泣き、養育者の目を見て、声を出し、慰めを求める。悲しみや不安、恐怖、怒りや恥ずかしさなどのどんな否定的な感情でも、養育者が「そういう気持ちがしたんだね」と感情を認めて寄り添うことで、子どもは落ち着く。そして、気持ちが落ち着いた子どもは自然に養育者から離れて探索行動に戻る。

　探索中も、子どもは「この遊具を登っても大丈夫かな」と養育者を振り返り、養育者が危険はないと判断して「大丈夫だよ」とうなずくと、その安心感を基盤に挑戦して登り始めることができる。探索を見守っている養育者は、遊具に登って振り返った子どもに「高く登れたね」と誇りの感情を伝え、子どもの喜

びに同調する。子どもが転んで起き上がれなければ「大丈夫？痛かったね」と否定的な感情に寄り添って助け、思いがけず大きな犬が近づいてくれば、子どものそばに行き守る。乳児の探索中も養育者が必要なのだ。

このように、乳児のアタッチメント行動には、養育者の「何か困ったらここにおいで、一緒に気持ちを落ち着けよう」という態度で、探索行動には、「試してごらん見守っているよ、何かあったら助けにいくよ」という態度で接することが、子どもの安定したアタッチメントを形成する[5]。そして、子どものアタッチメント行動と探索行動を養育者がどの程度落ち着いて見守り、容認できるかには個人差があり、それが乳児の養育者へのアタッチメントの個人差につながると考えられる。

2-3 アタッチメントの個人差

乳児のアタッチメントは、養育者との2回の分離・再会を含む8つの手続きから成る**ストレンジ・シチュエーション法**[6]により4つのタイプに分類されている（図2-4、2-5）。ストレンジ・シチュエーション法は、養育者が乳児をおいて部屋を出るというマイルドなストレス状況で、乳児が養育者に示すアタッチメント行動を観察する、構造化された手続きである。

安定型は、再会時に養育者への近接を求め、比較的容易に気持ちが落ち着き、続いて遊びなどの探索に向かう。子どものアタッチメント行動と探索行動のバランスのよいタイプである。**不安定／回避型**は、養育者が部屋からいなくなっても、変わらずに遊んでいるようにみえたり、再会場面では近接をあまり求めない。乳児のアタッチメント行動が制限され、探索行動が過剰であると考えられる。**不安定／アンビバレント型**は再会場面で養育者への近接を求めてそれを維持するが、なかなか気持ちが落ち着かずに、抱かれながら反り返ったり、叩いたりして怒りがみられることがある。アタッチメント行動が過剰で、探索行動が制限されているタイプである。

これら3つのアタッチメントタイプは、子どもの危機的状況で、養育者にくっついて安心するために、養育者の対応に合わせて組織化された方略を使っていると考えられる（表2-2）。「安定型」の養育者は乳児のアタッチメント行動に敏感に応答するので、乳児は安心の基地で気持ちが落ち着くことを学んでおり、容易に慰められる。「不安定／回避型」の養育者は、子どものアタッチメント行動を避け、拒否的なので、乳児は、否定的な感情が生じてもアタッチメ

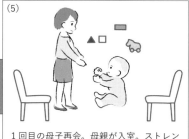

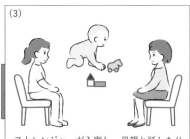

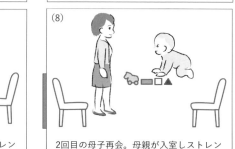

図2-4 ストレンジ・シチュエーション法

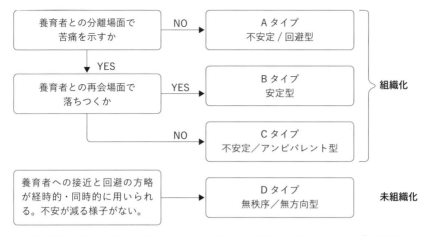

図2-5 ストレンジ・シチュエーション法におけるアタッチメントタイプの分類

表2-2 ストレンジ・シチュエーション法での子どもの行動特徴と養育者のかかわり
(遠藤・田中, 2005を一部改変)[7]

	ストレンジ・シチュエーションでの子どもの行動特徴	養育者の日常の関わり方
Aタイプ（回避型）	養育者が部屋を出ても不安を示さず、戻ってきても目をそらしたり、避けようとしたりする。養育者を安全の基地として行ったり来たりして探索を行うことがあまりみられない。	子どもの働きかけに拒否的なことが多い。微笑みかけたり身体接触をすることが少なく、子どもが苦痛を示しているとそれを嫌がる。
Bタイプ（安定型）	養育者がいなくなると泣いたりやや混乱したりして親を求める。戻ってくるとだっこしたり身体接触を求める。養育者を安全の基地として積極的に探索活動をする。	子どもの働きかけに相対的に敏感で、無理な働きかけが少ない。子どもとのやりとりを楽しんでいる様子がうかがえる。
Cタイプ（アンビバレント型）	養育者がいなくなるとひどく混乱する。戻ってくると身体接触を求める一方押しやるといった怒りも示す。養育者から離れられず、安心して探索活動ができない。	子どもの信号にやや敏感でなく、子どもの気持ちや行動を調整することがやや不得手である。やりとりは、要求に応じてというより、自分の気分や都合にあわせたものが多いため、子どもが同じことをしても一貫性を欠いた応答になる。
Dタイプ（無秩序・無方向型）	顔を背けながら養育者に近づく、しがみついたと思うと倒れ込むなど接近と回避の行動が同時、経時に起こる。不自然でぎこちない動きを示したり、タイミングがずれたり固まって動かなくなるようなことがある。何をしたいのか読みとりづらく、初めて出会う実験者などの方により自然な態度を取ることもある。	精神的に不安定なところがあり、突発的に表情や声、あるいは言動一般に変調を来し、パニックに陥るようなことがあり、子どもをおびえさせるようなことも多い。不適切な養育が認められることもある。

2章 社会情緒的発達の基盤

ント行動を抑えて、養育者の近接を維持する最小化方略を用いていると考えられている。しかし、ストレンジ・シチュエーション時に乳児の生理的な指標を測定すると、養育者と再会しても心拍などの生理的覚醒が安定型の乳児と比べて高い傾向にある。つまり、不安定／回避型の乳児は苦痛を示さず、落ち着いているようにみえるが、実際は心拍が速く打ち動揺が続いていることがわかる。

一方、「不安定／アンビバレント型」は、養育者が乳児の探索行動を不安に感じ、好ましくないと制限するので、乳児は探索に向かわずに養育者へのアタッチメント行動を最大化する方略をとっていると考えられる。不安定型のアタッチメントの子どもは、養育者の態度に合わせて、本来のアタッチメント欲求や探索への欲求を抑えて、行動を調整していることがわかる。

この3タイプに加えて、ストレンジ・シチュエーション法の再会時に、養育者への近接と回避が経時的あるいは同時に生じるのが特徴である**無秩序・無方向型**が後に見いだされている。この矛盾した行動は、養育者が接近したいアタッチメント対象であり、同時に避けたい対象でもあることを示しており、親に近接するための組織だった方略をもっていないと考えられる。

2-4　幼児期以降のアタッチメント

乳児期のアタッチメント経験をもとに、幼児期以降に**内的表象**モデル（Internal Working Model）が形成される。それは、自己や他者に対する一般的な認知で、自分は困ったときに助けてもらえる存在なのか、他者は自分を受け入れて守ってくれる存在なのかという確信であり、幼児期以降、この枠組みを通して出来事を認知し、行動するようになる。自己観・他者観が肯定的であれば、新しいことに興味をもち、少し難しいことにも挑戦し、他者と協力・協働し、認知的能力や**非認知的能力**（12章参照）が発達する。

乳児期の無秩序・無方向型は、幼児期以降子どもが養育者を統制するようになる発達経路が見いだされている。親に命令をするような態度の統制－懲罰型と、養育者の感情を敏感にケアをする統制－世話型である。いずれも、子どもが親の面倒をみる役割逆転が生じていると考えられ、それぞれ、被害的に感じやすく、攻撃をする**外在化問題**、不安や抑うつなどの**内在化問題**等の、感情や行動の制御の問題につながる傾向が報告されている。

子どもの心身の発達の基盤となるアタッチメントは、親子の関係だけが決めるものではない。親子関係の形成には、社会経済的状況や、養育者の喪失経

験、心身の不調、被養育経験などさまざまな背景要因がある。また、子どものアタッチメント対象は1人ではない。通常母親が主要なアタッチメント対象だが、父親、祖父母、保育者、教師のように、子どもの生活のなかで一定時間を共に過ごし、その子どもに心をくだいていて、質のよいケアをしている大人はアタッチメント対象になりうる。保育者や教師などの家庭外の大人との安定したアタッチメントが子どもの健全な発達を補償すると考えられる。

そのためには、乳幼児と日常的に長時間接する家庭外の保育・教育等の場で、子どもと保育士や教師等の間に良質な関係を形成する工夫が必要だろう。たとえば、施設保育においても、特定の乳児の保育が担当制になっていれば、子どもの危機状況に特定の保育者が敏感に対応をすることができるし、子どもも特定の保育者に向かってアタッチメント行動を向けることが可能で、保育者と子どもの間に安定したアタッチメントを形成しやすくなる。また、子どもと保育者・教師等の人数比が小さい方が、子ども1人ひとりのアタッチメント行動に気づいて応答しやすいだろう。

乳児期に養育者とのアタッチメントが不安定型で、成人期にも不安定型のままだった人と、安定したアタッチメントタイプになった「獲得された安定したアタッチメント」の人との相違は、主たる養育者以外の大人が、少なくとも1人は安定したアタッチメント対象として発達過程に存在していたかどうかであるとされている。養育者との関係の難しい子どもにかかわる専門職が、アタッチメント対象として果たす役割は大きい。

3節　感情制御の発達

3-1　気質

気質とは、生まれた直後からみられる行動や情動の特徴である。遺伝的素因にもとづく環境への反応なので、人生を通してある程度一貫しているが、発達過程での経験により、その強さや表現形は変化する。どのような特徴を気質としてとらえるかはいくつかの考え方があるが、ここでは2つの例を示す。

1つ目は、気質の9つの次元を取り上げ、その組み合わせで子どもの気質特徴を「扱いやすい子」「扱いの難しい子」「時間のかかる子」に類型化したトー

マスらの研究である[8]（表2-3）。「扱いやすい子」は約40％で、生理的に規則的で、新しいことや環境に対して積極的で、順応が早く、機嫌がよいという気質の組み合わせだ。養育者は子どもの行動や反応を予想しやすく、また、機嫌がよいので親としての自信をもちやすい。「扱いの難しい子」は約10％で、生理的に不規則で、新しい刺激には回避的で順応に時間がかかり、機嫌がよくない。子どもの授乳や睡眠のタイミングがわかりづらいし、機嫌が悪いので、養育者が自信をもちづらい。「時間のかかる子」は約15％で、扱いやすいタイプと扱いにくいタイプの両方の特徴があり、新しい状況や人に対して回避的で、順応に時間がかかるが、生理的に規則的で機嫌はよいタイプである。この他に、平均的な子が約35％であった。

「扱いの難しい子」は他のタイプに比して青年期までにメンタルヘルスや行動上の問題が生じる割合が高かった。そのなかで「気質と環境との適合性」がよかった子どもは、問題が生じなかった。子どもの気質自体を変えようとするのではなく、子どもの特徴として理解し、周りがそれに合わせた対応をすることが発達のリスクを減らす。

たとえば、入園にあたって、新しい場所への順応に時間がかかり、養育者との分離不安の高い子どもに対しては、場所や人に慣れるために十分な時間をとり、慣れるまでは子どもが安心できる人が送迎する；親子分離時にすることをルーティンとして決めておき、養育者が落ち着いて離れる；「出かけるけれど戻ってくるよ」という見通しを伝え、落ち着くために役に立つ、子どもが安心

表2-3 9つの気質次元（Thomas & Chess, 1977[8]）

①活動水準	からだの動きの度合い、活発な時間と不活発な時間の割合
②生理的周期性	睡眠・空腹・排泄などの生理的機能の規則性
③新しい刺激に対する接近―回避傾向	新しい状況や事物への最初の反応の仕方
④順応性	新しい状況や事物への慣れやすさ
⑤反応の強さ	外的刺激や内的刺激（空腹など）に対する反応の強さ
⑥反応の閾（いき）値	反応を引き出すのに必要な刺激の度合い
⑦機嫌	快・不快の感情表出の度合い
⑧気の紛れやすさ	行動をやめたり変化させたりするために必要な刺激の量
⑨注意の幅と持続性	ひとつの活動の持続時間と妨害があった時の執着

して落ち着ける人形やタオル等を準備する、などの工夫が有用だろう。

また、トーマス（Thomas, A.）らの気質を発展させたロスバート（Rothbert, M. K.）らは、気質を神経系の反応性と自己制御における体質的な個人差と定義した。[9] 反応性は環境の変化に対して個人が示す反応の特徴で、活動性のレベル、恐れ、知覚的敏感さ等である。これらは、身体・内分泌・自律神経系を介して表出される。反応性を統制するのが自己制御で、これは環境の影響を受けやすいと考えられており、対象への接近・回避や注意を向けたりそらしたりする行動が含まれる。乳児期には、「高潮性／外向性」「否定的情動性」「エフォートフルコントロール」（制御しようと頑張る）の3つの因子が見いだされている。

乳児の気質特徴は、養育者や環境からそれに応じた対応を引き出す。反応性の弱い乳児には穏やかな対応を、活動的で強い反応性にはそれに応じた対応がなされ、穏やかでのんびりしたやりとりや、テンポのよい覇気のあるやりとり、大きな声を出し合うやりとりなど、それぞれの親子に特有のやりとりを形成していく。気質と対応は、相互に影響しあって、発達と共に固定したパターンになる。そのため、子どもの気質が「扱いが難しい」場合や、親の対応が子どもの気質に合ったものでない場合、あるいは不適切な養育（11章、13章参照）のある場合には、早期から他者がかかわって、親子の相互作用の変容をめざす必要がある。また、気質特徴がどう解釈されるかによっても、働きかけが異なる。たとえば乳児の「活発さ」は、米国では積極性として肯定的に受けとめられるが、日本では制限されたことへの反発や落ち着きのなさと理解されることが多い。このような行動理解に基づけば、日本の乳児の方が、米国に比べて否定的な感情の制御を求められることがわかる。

3-2　感情の社会化

1-3に述べたように、乳幼児は、発達とともにさまざまな感情が分化し、感じることができるようになる。感情は身体感覚とも結びついた体験で、喜びも悲しみも怒りも同様に重要である。どのような感情を表出したり、好ましくないと考えて抑えるかは、個人や家庭、文化によって異なる。日本人は欧米に比較して、感情表現が控えめで、身近な人との関係を配慮して、否定的な感情を出さない傾向がある。また公の場所で否定的な感情を出すのは礼儀に反する恥ずかしいことだという不文律もあり、そのような表現を抑える傾向がある。

否定的な感情への養育者の対応が子どもの発達にどう影響するかを検討し

表2-4 乳児の否定的な感情への対応尺度 (Spinrad et al., 2004)[11]

もし、子どもが遊んではいけないもので遊んでいたので私がそれを取って、子どもが動揺していたら、私は、	
「もしそれにもう1度でもさわったら、他のものでも遊ばせないよ」と言う	罰する対応
子どもが他の楽しい遊びを考えるのを手伝う	問題焦点対応
自分自身が動揺する	苦痛反応
子どもに「怒った気持ちになるよね」と言う	感情表出対応
子どもの欲しがるものを与えて興味をひく他のもので気を紛らわす	感情焦点対応
動揺している子どもを無視して、それを取り上げる	最小化対応

　た研究では[10]（表2-4）、「泣いてばかりいるとおもちゃをあげないよ」のように罰する対応や「泣くほどのことじゃないでしょ」と感情を最小化する対応が、10代の外在化問題（暴力や非行等）や内在化問題（抑うつや不安等）と関連していた。本来ある悲しみや恐れ、怒りなどの感情を抑え込むことで、かえって行動や感情の制御が難しくなっていることがわかる。

　一方、否定的な感情に気づいて慰めたり、問題を解決しようとする対応や、むしろ感情表出を促してもらった子どもはそうでない子どもに比べて、幼児期・児童期に友人関係が良好で、注意を維持して集中でき、自分の要求を我慢して人に譲ったりする**向社会行動**をより示していたことが明らかになっている。つまり、養育者が乳児の①感情に気づいて、②それに名前をつけ、③その感情が生じるのはもっともであるという態度で感情の表出、表現を促し、④落ち着くまで寄り添うことで、子どもは感情を制御することができ、感情を手がかりに社会的に望ましい方法で目標を達成することができるようになる。

3-3　他者による制御と自己制御の関連

　乳児は、自分なりに行動・感情を制御しようと試みるが、神経系が未成熟であるためにうまくできない。そのため、大部分を養育者に委ねている。成長と共に、養育者にどう制御されたかが、子どもに内面化され、**自己制御**の方法として内在化されていく（図2-6参照）。特に、乳児期に他者からどのように感情を制御してもらったかは、心身の健全な発達の基盤となる。

　養育者自身が受容できずに望ましくないと考えている感情は、子どもがその感情を感じて、養育者と共に制御する機会を得られない。そのために、過剰に示すか、抑え込む対応が自動的に生じるようになり、メンタルヘルスのリスクになりうる。

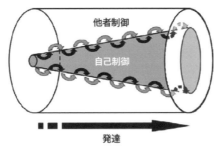

図2-6　自己制御と他者制御の相互作用（Sameroff, 2010）[12]

　反対に、否定的な感情の表出を促してもらい、気持ちが落ち着くまで支持的にかかわってもらえる子どもは、自分の感情に率直に気づいて、話して、落ち着くことができるようになる。感情を出さないのではなく、感情に率直に気づいて自分なりに制御することができ、養育者と分かち合って気持ちを落ち着けることもできることが感情制御の本質である。

　これは、大人でも同様で、発達の右端の成人期においても自己制御だけではなく他者制御がある（図2-6）。成人である養育者自身も、また幼児教育、保育にあたる専門家も、悲しみ、不安、怒りなどの否定的な感情を、同僚や配偶者等に話して受け止めてもらうことがバーンアウトを予防し、その支えられた経験をもとに、子どもの感情に寄り添うことができる。そして、寄り添ってもらった子どもは、困難なことがあってもそれに対応することのできる、**レジリエントなパーソナリティ**を形成する。

【コラム】　生殖医療と喪失経験

　女性の妊孕性は20歳代が最も高く、30歳から徐々に減少し、35歳以降急に下がる。これは、卵子となる卵胞細胞が、生まれたときに卵巣にあるものに限られるために、年齢とともに老化することが一因である。妊娠年齢が上がると、受精卵の分割がうまくいかずに、染色体異常が生じる確率が上がる。

　1年間避妊をせずに性生活を試みても妊娠に至らない状態を、不妊症といい、その原因は男女同程度の割合である。妊娠のための生殖補助医療は、排卵誘発法、体外に取り出した未受精卵と精子を受精させて子宮に移植する体外受精・胚移植や、卵子の中に精子を人工的に入れる顕微受精などがある。生殖医療により妊娠・出産に至る可能性もあるが、パートナー間に葛藤が生じたり、流産などの喪失を経験することも少なくない。

喪失とは、大切なものをなくしたり、人生で当然と思っていたことがなくなったり得られないことである。喪失後には怒り、混乱、悲しみ、気分の落ち込み等の心的プロセスが自然に生じる。また次の治療に進むか否かを決める等の現実的な対応も必要であるなかで、自分たちのパートナーやピアなどと経験を分かち合い、悲しみ、支えあうことも重要だ。この過程を共にし、否定的な感情を共有し支え合い、課題を探索することはパートナー間のアタッチメント経験であり、愛情の絆を強めるだろう。人生において「子ども」を育てることをどう位置づけるのか、家族をどうとらえるかについて話し合い、悩み、探索する必要がある。

【読書案内】

- 数井みゆき（編著）(2012)『アタッチメントの実践と応用：医療・福祉・教育・司法現場からの報告』誠信書房

　アタッチメント研究で得られた知見が、心理臨床の現場でどのように応用されているか、具体的な取り組みが紹介されている。ボウルビィが親子への臨床的取り組みから構築したアタッチメント理論が、日本の実践現場でどのように応用されているのかが紹介されている。

- 無藤隆・安藤智子（編著）(2008)『子育て支援の心理学：家庭・園・地域で育てる』有斐閣コンパクト

　子どもがほぼ健康に育つために、心理学発達心理学研究ではどのようなことがわかっているのかが紹介されており、子育て支援とは何かを具体的に考える手がかりになる。

【文献】

[1] Fantz, R. L. (1961) The origin of form perception. *Scientific American, 204*, 66-72.
[2] Meltzoff, A. N. & Moore, M. K. (1977) Imitation of facial and manual gestures by human neonates. *Science, New Series*, Volume 198, Issue 43127, 75-78.
[3] Tronick, E., Als, H., Adamson, L., Wise, S., & Brazelton, T. B. (1978) The infant's response to entrapment between contradictory messages in face-to-face interaction. *Journal of the American Academy of Child Psychiatry, 17*, 1-13.
[4] Bowlby, J. (1969/1982) *Attachment and Loss*; Vol1. *Attachment*. New York: Basic Books.
[5] Powell, B., Cooper, G., Hoffman, K. & Marvin, B. (2013) *The Circle of Security Intervention: Enhancing Attachment in Early Parent-Child Relationships*. Guilford.
[6] Ainsworth, M., Blehar, M. C., Waters, E., & Wall., S. (1978) *Patterns of attachment*. Hillsdale, NJ:

Erlbaum.

[7] 遠藤利彦・田中亜希子 (2005)「アタッチメントの個人差とそれを規定する諸要因」数井みゆき・遠藤利彦（編）『アタッチメント：生涯にわたる絆』(p.49) ミネルヴァ書房
[8] Thomas, A., & Chess, S. (1977). Temperament and Development. New York: Brunner/Mazel.
[9] Rothbert, M.K. (1981). Measurement of temperament in infancy. *Child Development, 52*, 569-578.
[10] Eisenberg, N., Fabes, A. R., & Murphy, C. B. (1996). Parents' reaction to children's negative emotions: Relations to children's social competence and comforting behavior. *Child Development, 67*, 2227-2247.
[11] Spinrad, T., Eisenberg, N., Kupfer, A., Gaertner, B., & Michalik, N. (2004) The coping with negative emotions scale: Paper presented at the International Conference for Infant Studies ; Chicago. May.
[12] Sameroff, A. (2010). A unified theory of development: A dialectic integration of nature and nurture. *Child Development, 81*, 6-22.

II 幼児期

3章 ことばを獲得する道筋

　ことばは人間の証である。ヒト以外に、ことばで他者との関係を紡ぎ、世界を認識し、思考しながら、「わたし」という自己をつくり上げていく生物はいない。こうしたことばを、子どもはどのように獲得していくのであろうか。本章では、幼児期のことばについて、話しことばと書きことばの2つを取り上げ、その獲得の道筋を描き出していく。その上で、ことばの獲得を支える環境として、特に絵本についてみていくこととする。

1節　話しことばの発達

1-1　象徴機能の発達

　ことばは、何かを表す**シンボル**（象徴）である。何をどう表すかは、人間が恣意的に決め、慣習的に使っているものである。たとえば、鼻の長い大きな動物を「ゾウ」と呼ぶが、このことばは本物の「象」とは何の関係もない。シンボルであることば（「ゾウ」）は、人間の思考（象のイメージ）が介在することで、指示対象（象）と結びついているのである（図3-1参照）。
　ことばの習得には、指示対象が目の前になくても頭の中にイメージし（表象機能）、そのイメージをことば（シンボル）に置き換えて表現するはたらき、すなわち**象徴機能**の発達が必要となる。象徴機能は1歳前後に成立し、1歳半頃から急速に発達する。語彙が急速に増える語彙爆発期は、象徴機能の発達とともに始まるのである。

図3-1　シンボル（象徴）・指示対象・思考（イメージ）の関係

1-2　ことばの理解の発達

　ことばの発達には理解と表出の2側面があり、理解の発達が先行する。子どもは5か月頃から自分の名前がわかるようになり、自分の名前が呼ばれれば、振り向くようになる。ただし、これはことばの意味を理解しているのではなく、よく聞く自分の名前の音のパターンを認識しているだけとも考えられる。

　子どもはことばを理解する際に、身ぶりや表情、イントネーションなども手がかりにしている。子どものコミュニケーション・言語発達を親の報告から評価する「日本語マッカーサー乳幼児言語発達質問紙」（以下、日本語CDIs）では、「こっちへおいで」ということばを10か月児の55%が理解していたが、「こっち」「おいで」という個別の語理解はそれぞれ17か月、12か月であった[1]。子どもは話し手の非言語行動を含め、文脈全体からことばの意味を理解していることがわかる。

　子どもが早期に理解することばを日本語CDIs「語と身ぶり」版の結果から抽出すると、「マンマ」「ワンワン」といった幼児語の事物名詞に加え、大人とのやりとり場面で使われる「バイバイ」「ちょうだい」「だめ」や、「ネンネ」「だっこ」といった動作語、「自分の名前」や「ママ」「パパ」があげられた[1]。生活に密着した必要度の高いことばが、早い時期から獲得されている。

1-3　ことばの表出の発達

　では、子どもが早い時期から表出することばには、どのようなものがあるだろうか。日本の子どもの早期表出語の上位20語を、データ収集方法を異にする3つの研究（CDIs、Web日誌、1女児の縦断データ）からまとめた結果では、「マンマ」「はい（はーい）」「ワンワン」「ママ」「ニャンニャン（ニャー）」の5語

が共通してあがっていた[1]。これらは、食べ物やあいさつ、身近な人や動物の名称であり、早期理解語と重複しているものも多い。理解語同様、子どもは生活のなかで実際にことばが指し示すものを目にしながら、繰り返し耳にすることばを文脈ごと習得しているのである。

その他、初期のことばの特徴には、語彙の適用範囲の誤りがある。前述したように、ことばが恣意的、慣習的なものであることを考えると、その習得は容易なものではないだろう。実際、ことばを習得し始めたばかりの子どもには、「ワンワン」をイヌだけではなく、ライオンやウマなど、あらゆる四足動物に使う**過大般用**（over-extention）や、逆に自宅で飼っている白い毛の小型犬のみを「ワンワン」と言い、他のイヌは「ワンワン」とは言わない**過小般用**（under-extention）が認められる。こうした般用は、子どもがもつ単語の概念が、大人とは異なることを示している。

就学を迎える頃には、こうした誤りはみられなくなるが、子どもが単語の意味を調整するためには、「これは、モウモウ、ウシさんね」など、子どもが話したことば（「モウモウ」）に対する周囲の大人のフィードバックが大きな役割を果たす。ことばの発達は、生活の中でことばがどう使われているかを学び、自分の中にその慣習を取り入れていく過程ともいえる。

1-4　語彙獲得を支える生得的基盤

ことばが対象の何を指示しているのかは、実は難しい問題である。たとえばウサギに対して「ウサギ」ということばが発せられた場合、「ウサギ」ということばが「ウサギの耳」を指すのか、それとも「ウサギのふわふわした感じ」を示しているのかは一意には決まらない。では子どもはどうやって、この問題を乗り越え、ことばの意味を獲得するのだろうか。

語彙獲得を支えるものの1つに**制約**がある。制約とは、ことばの意味をとらえる膨大な可能性のなかから、ことばの意味を絞り込むために、対象の特定の側面にのみ注意を向ける傾向であり、事物全体制約、相互排他性制約、カテゴリー制約、形状類似バイアスがある。

事物全体制約とは、子どもがことばを聞いたときに、事物の部分や属性ではなく、全体を表すと考えるものである。「ウサギ」ということばは、ウサギの「耳」や「色」ではなく、「ウサギ」全体を指示するというものである。相互排他性制約とは、1つの事物には1つのことばしか付与されないと考えることで

ある。カテゴリー制約とは、初めて聞くことばは固有名詞ではなく、その事物が属するカテゴリーの名称だと考えることである。「ウサギ」ということばを知っている子どもに「ドウブツ」という新しいことばを知らせると、そのウサギが「ドウブツちゃん」という名前ではなく、ウサギとイヌやネコなどを一緒にした集まりを「ドウブツ」だととらえるということである。形状類似バイアスとは、形や色、感触などを優先的に手がかりとして意味を推測することである。

語彙獲得と制約との関係を見ると、初期には形状類似バイアスがはたらき、知識や経験が増えるにつれ、カテゴリー制約など概念的な類似性や連想関係でことばの意味を推論するようになると考えられている。子どもは考えながら、ことばを獲得していくのである。

1-5　単語から文へ ── 文法の発達

子どもは、1歳代後半の**語彙爆発**を経て、一気に語彙を獲得すると、単語を2つつないで二語文を話すようになる。1つの単語にいろいろな思いや意味が込められた一語文では、聞き手である大人が、子どもの表現したいことを表情や身ぶりなど、場面の状況から推察する必要がある。たとえば「ママ」の一語は、「ママ」という呼びかけであったり、「ママ、来て」という要求であったり、「ママ、スキ」という思いを伝えるものだったりする。

それが二語文になると「ママ、だっこ」など、表現したいことを明確に相手に伝えることができるようになる。名詞が中心だった獲得語彙も、動詞や形容詞、助詞などに広がり、2歳頃になると助詞や助動詞を使った文を話し始める。3歳頃にはかなり長い文章を話すようになるが、「ヒコウキガ　ノリタイ」など誤用も多い。

文法獲得の機序に関しては、研究者間の一致を見ていない。チョムスキー（Chomsky, A. N.）は、人間が短期間に効率的に言語を獲得できるのは、世界中のすべての言語の文法に共通の**普遍文法**（universal grammar）を生まれつき備えているからだと主張している。一方、環境とのかかわりを重視するアプローチも近年注目されており、トマセロ（Tomasello, M.）らは、言語の基盤は、ことばを実際に使うことによって構築されるという「**使用基盤モデル**（usage-based theory）」を提案している。

1-6 ナラティブ（語り）の発達

ことばをつないで文を話せるようになると、子どもは過去に体験したことを物語るようになる。出来事を時間的な流れの中でことばで表現する**ナラティブ**（narrative）の誕生である。

ナラティブは、親子で経験が共有されている場合、早ければ1歳代の終わり頃からみられる。無論、この時期は、養育者が多くの情報を提供し、その質問に子どもが「はい」か「いいえ」で答えるといったやりとりが多い。その後、子ども自身が語り始めるようになるが、最初は断片的な語りである。2歳から3歳にかけて「きのう」「あした」など、時間関係をとらえることばが獲得されると、次第にまとまりができるようになる。3歳後半から4歳前半にかけて、時間の流れに沿って一連の出来事をことばで表現できるようになり、5歳後半になると**物語文法**（物語の出来事の展開の時間的枠組み）が獲得され、起承転結の構造が整ったナラティブを産出できるようになる。

ナラティブの発達は、子どもとともに語る大人の支えがあって初めて達成される。子どもが語るとき、周囲の大人は情報を与えたり、質問をしたり、話を引き出す援助をする。子どもの発達に応じて発話の量や質問の仕方を変え、**足場づくり**（scaffolding）を調節するのである。こうしたやりとりは、家庭だけではなく、保育の場においても行われる。

2節　書きことば獲得への道筋

2-1　読み書きを習得する前の道のり ── 萌芽的読み書き能力

私たちの生活環境には文字があふれている。こうした環境のなかで育つ子どもたちには、完全に文字を読んだり書いたりできるようになる前に、あたかも読み書きができるかのように振る舞う姿が見られる。遊びのなかで文字のようなものを書いたり（写真3-1）、何度も読んでもらって文章を覚えた絵本を読む真似をしたりする。これらは、**萌芽的読み書き能力**（emergent literacy）と呼ばれる、読み書き能力（literacy）の芽生えである。

写真3-1　文字のようなものをかく（4歳9か月）

　萌芽的な読み書き活動のなかで、子どもたちは文字のもつはたらきを知るとともに、読み書きに必要な技能も身につけていく。文字は何かを表すものであり、絵とは異なることを理解し、文字はまっすぐ直線的に並べて書くなど、その表現には一定の形式的な特徴があること（表現規則）にも気づいていく。

　しかしこの時期の子どもの文字理解は、大人とは異なる独自のものである。商品ロゴを読めるようになっても、その文字を紙に書いて見せると読めないことも多い。子どもは、ロゴの形や色を含めて、文字のかたまりを読んでいるのである。文脈を含めての読みであり、1文字1文字を読んでいるわけではない。

　また、同じような文字らしきものを書いても「自分の名前」を書いたというときもあれば、「ワンワン」を書いたというときもある。表記（文字らしきもの）と指示対象は恣意的で不安定であり、特定の指示対象に安定的に結びつくには至っていない。さらに、大きさや長さのような対象の物理的特徴をそのまま文字で表現しようとすることもある。「ゾウ」は大きく「アリ」は小さく書いたり、「ヘビ」はくねくねと長い線で書いてみたりする。

　文字を習得するためには、まず文字が話しことばの音と対応していることを知る必要がある。その上で、両者がどのようなルールで結びついているのか（対応規則）を理解することが不可欠となる。**音韻意識**（phonological awareness）の習得が必要なのである。

2-2　話しことばの音への着目 ── 音韻意識

　音韻意識とは、話しことばの音に注意を向け、操作する能力をいう。たとえ

ば、「えほん」という話しことばの連続音を「え／ほ／ん」と分解したり、最後の音である「ん」を抽出する能力である。「ことばについて」考える能力でもあり、メタ言語能力の一種でもある。音韻意識があってはじめて、文字と音の対応が理解できるため、音韻意識は多くの言語で読みの習得の前提となる。

　話しことばの音には、**音素**（phoneme）、**音節**（syllable）、**モーラ**（mora）がある。音素とは音の最小単位であり、母音、子音などがある。母音と子音が組み合わさった音のまとまりが音節である。モーラは規則的なリズムの単位で、拍とも言われる。日本語のひらがなの多くは「えほん」ならば「え／ほ／ん」のように、1文字・1音節・1モーラと対応している。そのため、習得が比較的容易である。一方、促音（こっぷ）（3文字・2音節・3モーラ）、拗音（きゃべつ）（4文字・3音節・3モーラ）、長音（ふうせん）（4文字・3音節・4モーラ）などの特殊音節は、文字と音との対応が一対一ではないため、習得が難しい。

2-3　書きことば獲得の特質

　日本の子どもの多くは、小学校入学前にひらがなの読みをほぼ習得する。1988年の調査をみると、5歳児クラスの子ども（平均年齢6歳2か月）のひらがな71文字（清音・濁音・半濁音・撥音）の平均読字数は、65.9文字（92.8％）であった。ただし、特殊音節の読みの習得は、5歳児クラスでも促音72.9％、拗音65.7％、長音55.4％にとどまっており、先述のとおり、その習得が難しいことがうかがえる。

　読字数の分布グラフ（図3-2）をみると、グラフの形がU字型になっており、

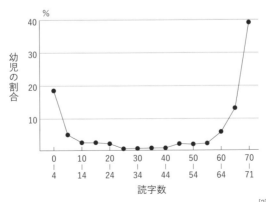

図3-2　71文字の範囲での読字数の分布（全体）（島村・三神, 1994, p.72 より）[2]

ほとんど読めないレベルと、ほぼ読めるレベルに二極化されている。このことから、子どもたちは、一度読み始めると、短期間にほとんどの文字が読めるようになることがわかる。

　一方、ひらがなの書きの発達は、読みほど容易ではない。先述の調査では、5歳児の平均書字数は44.6文字（62.8％）であった[2]。調査では、字形が正しく筆順も正しい回答のみを正答としているため、書字数が少なくなっている。しかし、幼児期の子どもは、正しい文字は書けないが、子どもなりの文字を書いている。左右反転した鏡文字が、そのよい例である。子どもは、正しい文字が書けるようになる前から、文字を書く行為を楽しんでいるのである。

　幼児期後半になると、子どもは文字が絵とは異なる表現手段であり、ことばの音を文字で表現できることや、逆に文字は音に変換することができ、それに意味が伴うこと（表現規則）は理解するようになる。文字の機能を知り、家族や親しい友だちに、絵とともに文字を書いた手紙をかいたり、お話を書くことを楽しむようになる。子どもは、日常生活の中で文字に関連した活動を目にしたり、参加することを通して、文字習得の基盤を身につけていくのである。

2-4　読み書きの習得を支える文化

　日本では、読み書きに高い価値が置かれており、子どもが読み書きを始めると賞賛の対象となる。読み書きできることが当然のことであり、生活のいたるところに文字があふれている。遊びのなかにも、しりとりやなぞなぞ、だじゃれなど、読み書きにつながるものが数多くある。

　これらのことば遊びは、音韻意識と密接な関係がある。しりとりであれば、まず単語の語尾音を抽出し、次にその音を語頭音にもつ単語を想起することが必要となる。しりとりを楽しむためには、一定の音韻意識を有していることが前提となる。しかし、音韻意識を完全に習得していなくても、年長の子どもや大人の助けを借りて、しりとりに参加することが可能である。「コアラ」で行き詰まれば、大人や年長児が次は「ラ」から始まるものだと知らせ、それでも答えが出なければ、「ほら、おなかの上で貝を石でトントンたたいて食べる動物」などとヒントを出したりする。こうした**足場づくり**によって、十分な音韻意識をもたない子どもも遊びに参加し、音韻意識を育むことができる[3]。読み書きの習得を支え、誘う文化の中で、日本の子どもたちは文字を獲得していくのである。

3節　ことばを育む環境 ── 絵本とことば

3-1　子どもと絵本の出会いの現状

　ことばを育む環境の1つに絵本がある。日本では、**絵本**は乳幼児期の子どもの生活に広く豊かに存在し、その重要性も認識されている。読み聞かせも日常的に行われており、0～1歳代の子どもをもつ養育者3000人弱を対象とした2017年の調査によれば[4]、1歳2か月以上の子どもに対する平日の読み聞かせ時間は、1日15分間が50.9％、30分間が27.1％、1時間以上が10.7％となっており、9割近くの家庭で絵本が読まれていた。

3-2　読み聞かせ初期のやりとりの特徴

　では、絵本の読み聞かせでは、どのようなやりとりが行われているのだろうか。8か月～1歳6か月までの子どもと母親の読み聞かせ場面の縦断研究では[5]、母親の発話には「注意喚起」（ほら！）→「質問」（これは何？）→「ラベルづけ」（子ども：喃語）→「フィードバック」（そう、うさぎさんよ）といったフォーマットが形成されていることが示されている。母親が、子どもの注意を絵本に引きつけ、ことばを引き出しながら、やりとりをしているのである。
　この「質問し、命名する」という対話パターンは、語彙爆発の時期を迎え、子どもが事物の名称を知りたがる1、2歳児の発達に適ったものである。しかし同時に、この時期には命名以外のやりとりも行われている。「この前、動物園行ったよね」と絵本の内容を子どもの生活経験と関連づけたり、「おもしろかったね」と感想を言い合ったりする。読み聞かせの過程が、絵本を介して展開する、親子の楽しい語らいの場にもなっているのである。この対話パターンは、子どもの発達に応じて変化し、「これ、何？」と指さし、会話を始める主導権が、母親から子どもへと移っていく。
　3歳頃にかけて、子どもは「本を読むとはどういうことか（The Contracts of Literacy）」といった本に関する慣習も学んでいく[6]。(1) 本は読むためのものであり、(2) 話題は本中心であること。絵は (3) ものの表象であり、(4) 名前

をもち、(5) 出来事も表し、ページ間には関連があること。(6) 出来事は現実とは別の時間・空間をもち、(7) 本は1つの独立した虚構世界である、といったことを3歳頃までに習得する。本を読むという文化的活動そのものを、読み聞かせの活動に参加しながら習得していくのである。

3-3　3歳児以降の読み聞かせの特徴

　3歳頃になると、時間の流れに沿って一連の出来事をことばで表現できるようになる。頭の中に物語のイメージを思い浮かべて操作する表象機能も発達する。起承転結といった物語構造も理解し始め、図鑑型の絵本だけではなく、物語絵本も楽しむようになる。最初は日常生活を描いた絵本や繰り返し構造をもつ絵本が好んで読まれるが、年齢が上がるにつれ、体験したことのない物語や複雑な展開の物語も読まれるようになる。聞き方も、話の展開を予測しながら聞いたり、登場人物に自己を投影しながら聞くなど、絵本の世界に入り込んで楽しむようになる。ことば遊びや詩、韻を踏んだ文章なども、ことばの音韻面に対する自覚の発達に伴い楽しめるようになる。オノマトペなど、文中のことばの表現にも注意を向けることができるようになり、絵本の世界の読み取りも深まってくる。
　こうした認知発達に伴い、読み聞かせにおける親子のやりとりも変化する。5歳に向けて、ことばの意味の質問や展開の予測、感想など、絵本の内容に沿ったやりとりへと集約されていく。一方で、家庭による独自の読み聞かせのスタイルもみられる。3〜4歳代の4組の母子の就寝前の読み聞かせを1年間分析した研究では[7]、読む絵本の種類や会話の内容など、家庭によって大きな違いがみられた。しかし、いずれの家庭においても子どもが選んだ絵本が読まれ、子どもの興味・関心にもとづく母子のやりとりが展開していた。

3-4　読み聞かせのことばの発達への影響

　絵本の読み聞かせはことばの発達にどのような影響をもつのだろうか。1970年代までの研究では、読み聞かせの量に着目し、読み聞かせ頻度の回顧データと子どものことばの発達の諸側面の相関を求めた研究が主流であった。読み聞かせの効果について、アメリカにおける過去30年間の研究を概観し、図3-3のようなモデルが作成されている[8]。幼児期の読み聞かせが就学後の読解

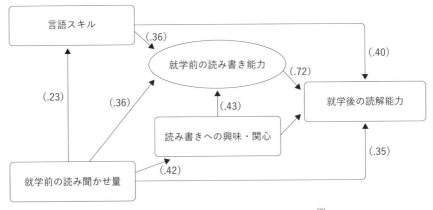

図 3-3　読み聞かせの効果モデル（Lonigan, 1994）[8]

能力を直接高めるだけではなく、読み書きへの興味・関心や就学前の読み書き能力を高めながら、間接的にも影響を与えていることが示されている。

　1980年代に入ると、「どのように読み聞かせるか」といった質が問われるようになる。多様な関連が検討されてきたが、近年では、最も語彙力を予測する発話は、物語内容を子どもの生活や体験に関連づけるような発話であることなどが明らかにされている。[9]

3-5　読み聞かせの情緒的な発達への影響

　識字率の高い日本では、読み聞かせに対する期待は、ことばの発達よりも「親子のふれあい」など情緒面の発達に対する方が高い。1990年代以降は、情緒的側面の影響についても研究が行われるようになり、愛着の安定性と絵本の読み方の関連性も示されている。愛着が安定していると、絵本の内容に関する会話が多くなり、子どもの能力や興味に沿った読み聞かせが行われるようになる。子どもも自発的に参加し、言語発達も促されるのである。

　近年では、脳科学の進歩に伴い、読み聞かせ中の脳の活動領域も明らかにされつつある。絵本を読んでもらっているときの子どもの脳は、思考等をつかさどる新皮質の前頭連合野ではなく、喜怒哀楽など感情や情動をつかさどる大脳辺縁系が活発に活動していることが示されている。[10] ことばの発達の土台には、情緒的な発達があることが示唆される。

3-6 ことばの発達の未来図 ── 新たな環境のなかで育つことば

　本章を通して、子どもが生得的な基盤も有しながら、大人とともに社会的、文化的活動に参加しつつ、ことばを獲得していく過程を描き出してきた。そこには、絵本をはじめ、ことば遊びなど、ことばの獲得を促し、支える文化があった。

　今、私たちを囲む社会は大きく変動している。Society5.0（狩猟社会、農耕社会、工業社会、情報社会に続く、第5の社会）の概念が打ち出され、その新たな社会では、現実空間と仮想空間が重なり、すべてにコンピューターが組み込まれていくともいわれる。

　そうした社会において、人と人との情緒的なつながりの上に、身体感覚と共に獲得されてきたことばは、どうなっていくのだろう。社会が動き、文化が変わるとき、ことばのあり方も変わる。ことばの本質とは何か、ことばはどう獲得されるのか、改めて問われる時代が始まる。新たな視点からのことばの研究が求められる。

【コラム】　ことばと思考：外言と内言

　ことばの機能には、主にコミュニケーション手段と思考の手段がある。ヴィゴツキー（Vygotsky, L. S.）は、これら2つの機能を外言、内言と呼び、区別した。人とのやりとりの中で声に出し、情報を伝達するためのことばを外言、声には出さず自分の頭の中で考えるためのことばを内言と呼んだのである。

　ヴィゴツキーは、ことばは社会的な関係の中で生まれると考えた。ことばはまずコミュニケーションの手段（外言）として生まれ、発達の過程で思考の手段（内言）としての機能を獲得すると主張したのである。そのため、外言から内言が生まれる過程で、外言の形をとりながら、内言の機能をもつことばが現れる。音声は伴うが、人とのやりとりを目的とはしない「独り言」のようなことばである。

　幼児期の子どもの遊びを観察すると「独り言」がよく見られる。3歳から6歳頃にかけて頻繁に観察され、ピアジェ（Piaget, J.）はこれを自己中心的言語と呼んだ。ヴィゴツキーは、この自己中心的言語は、思考の手段としてのことばが内面化が不完全なまま外に現れたものと考えた。音声をもたない内言へと発達しつつあることばだと捉えたのである。

人は社会的な存在である。ことばは、まず人との関係の中で意思や情報を伝達し合うものとして誕生する。音声を伴う外言が獲得され、幼児期に、音声を伴いながら思考する自己中心的言語の時期を経て、思考の手段として機能する内言が発達すると考えられるのである。

【読書案内】

- 今井むつみ (2013)『ことばの発達の謎を解く』筑摩書房
  子どもがことばを学習する発達の過程を、子どもを対象とした緻密な実験結果を紹介しながら、わかりやすく解説した入門書。ことばの学習が、いかに分析的で創造的、かつ挑戦的な営みであるのか、ことばの発達をとらえる新たな視点を与えてくれる。
- 内田伸子 (2017)『発達の心理 ── ことばの獲得と学び』サイエンス社
  近年の発達心理学では、脳科学や生命科学の成果を取り込み、人間発達の見方も大きく変わってきている。そうした情勢を踏まえ最新の研究結果を盛り込みながら、「ことばの獲得と教育」の観点から、人間発達を描き出した書。

【文献】

[1] 小椋たみ子 (2017)「話しことばの発達」秦野悦子・高橋登（編著）『言語発達とその支援』(pp.90-117) ミネルヴァ書房

[2] 島村直己・三神廣子 (1994)「幼児のひらがなの習得 ── 国立国語研究所の1967年の調査との比較を通して」『教育心理学研究』42, 70-74.

[3] 高橋登 (1997)「幼児のことば遊びの発達 ── "しりとり"を可能にする条件の分析」『発達心理学研究』8, 42-52.

[4] 東京大学大学院教育学研究科附属発達保育実践政策学センター（Cedep）・ベネッセ教育総合研究所 (2018)『速報版　乳幼児の生活と育ちに関する調査　2017　0−1歳児編』

[5] Ninio, A. & Bruner, J. S. (1978) The achievement and antecedents of labelling. *Journal of Child Language, 5,* 1-15.

[6] Snow, C. E. & Ninio, A. (1986) The contracts of literacy: What children learn from learning to read books. In W. H. Teale & E. Sulzby (Eds.) *Emergent literacy: Writing and reading* (pp.116-138), New Jersey: Ablex Publishing Corporation.

[7] 横山真貴子 (1997)「就寝前の絵本の読み聞かせ場面における母子の対話の内容」『読書科学』41, 91-104.

[8] Lonigan, C. J. (1994) Reading to preschoolers exposed: Is the emperor really naked? *Developmental Review, 14,* 303-323.

[9] Hindman, A. H., Skibbe, L. E., & Foster, T. D. (2014) Exploring the variety of parental talk during shared book reading and its contributions to preschool language and literacy; Evidence from the

Early Childhood Longitudinal Study - Birth Cohort. *Reading and Writing: An Interdisciplinary Journal, 27*, 2287-313.

[10] 泰羅雅登 (2009)『読み聞かせは心の脳に届く』くもん出版

4章 遊びが広げる幼児の世界

　楽しそうに一生懸命遊んでいる子どもたちの姿をみていると、こちらまでウキウキした気分になってくる。遊びは子どもの生活のすべてと言っても過言ではないだろう。子どもの発達に遊びはどのように影響するのか、という問いも大切だが、遊びの中で子どもは何を楽しんでいるのか、という問いは、子どもの生活の豊かさを考えることにつながる。本章を通じて、両方の問いへの考察を深めて欲しい。

1節　幼児にとっての遊び

1-1　遊びとは

　遊びの本質は「楽しさ」にあると、古くはホイジンガ（Huizinga, J.）によって定義されている[1]。子どもたちは、楽しいから遊ぶのであって、その遊びのなかで、発達が促されていくことは多くの研究が示している。楽しくて仕方がない様子で、夢中でティッシュをたくさん引き出したり、新聞紙をぐちゃぐちゃにしたりする活動のなかで、手指の巧緻性など身体機能の発達が促されたり、自分の行為とその結果を結びつけて考えるような認知発達が促されていく。仲間と遊ぶようになってくると、仲間と一緒に楽しく遊びたいという思いのなかで、情動のコントロールや、コミュニケーション能力など、社会で生きていくための力が養われていく。

1-2　遊びの種類

　遊びはこれまでさまざまに分類されてきた[2]（表4-1）。表に示されている遊び

表4-1　さまざまな「遊び」の分類

ビューラーの分類 (心理学的機能面)	カイヨワの分類 (遊びの内容)	ピアジェの分類 (知的発達の視点)	パーテンの分類 (遊び方の観点)
感覚遊び (機能遊び)	競技遊び	機能行使の遊び	専念しない行動 (何もせずにぶらぶらしている)
運動遊び (走る／投げる)	偶然遊び (サイコロ遊び)	シンボル遊び (ごっこ・想像・模倣遊び)	ひとり遊び
模倣遊び (想像・ごっこ遊び)	模倣遊び	ルール遊び	傍観者遊び (他の遊びをみているだけ)
構成遊び (想像遊び)	眩暈遊び (渦巻き)		並行遊び (他の子どものそばで、同じような遊びを展開するが互いに関わり合わない)
受容遊び (動植物・絵本)			連合遊び (他の子どもと玩具のやりとりをして遊ぶ)
			協同遊び (組織的遊び・共通の目標に向けて仲間関係が組織され役割を持って遊ぶ)

は、子どもが自由に触れたり動かしたりできるものや自分の身体を自由に動かしたりできる空間、自由にかかわることができる仲間、自由にできる時間があって取り組むことができる。しかし、子どもは自分でそうした環境を用意することはできない。周囲の大人が、どんな環境を整えるかによって、子どもたちの経験は変わってくる。

　ここでは、一例として、幼児期の外遊びの経験が運動に対する態度にどのような影響を与えているのか示す。図4-1は、スポーツ庁が実施した2016年度体力・運動能力調査「小学校入学前の外遊びの実施状況」の結果のなかで、入学前の外遊びの実施状況と現在（10歳）の運動・スポーツ実施状況との関係を示したグラフである。入学前の外遊びの実施頻度が高いほど、現在の運動・スポーツ実施状況が高いことがわかる。なお、この傾向は6〜11歳のすべての年齢でみられるという。図4-2は、入学前の外遊びの実施状況別に、10歳（小学5年生）の新体力テストの合計点を示している。合計点は男女ともに、入学前に外遊びをしていた頻度が高い群ほど高くなっており、入学前に週6日以上

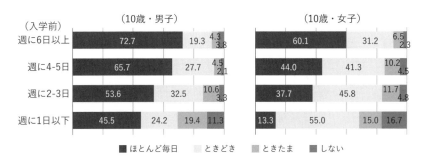

図 4-1　入学前の外遊びの実施状況と現在の運動・スポーツの実施状況（10歳）
（スポーツ庁, 2017）[3]

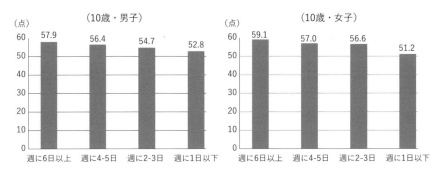

図 4-2　入学前の外遊びの実施状況と新体力テストの合計点（10歳）
（スポーツ庁, 2017）[3]

外遊びをしていた群と週1日以下の群とでは、男子で5点、女子で8点程度の大きな差となっている。就学前に外遊びができる環境で過ごしたことが、その後の運動へ取り組む態度や体力に影響を与える結果になっている。

　昨今では、外遊びが自由にできる環境が少ない地域や、外に遊びに行けても少子化で仲間を見つけることが難しい地域もある。子どもはどんな環境のなかでも、面白さを見いだして遊ぶことができるのかもしれない。しかし、遊んでいる環境が、仲間・空間・時間などが限られていて、自分の経験が制限されている可能性もある。子どもたちはそんな環境を自分で変えることは難しい。

　また、電子ゲームなど新しく開発された遊びは、その「楽しさ」から子どもたちの心をつかみ、産業的には急成長している。子守の道具としても使われ、欠かせないおもちゃになっている家庭もあるだろう。一方で、日本小児科医会では「スマホに子守りをさせないで！」というリーフレットを発行して警告し

ている。こうした遊びをどのように遊びとして位置づけていくのか、今後の研究が待たれる。

1-3 遊びのパターン

表4-1の中の「パーテン（Parten, M. B.）の分類」は、子どもが遊びにどのように社会的参加しているかという視点で分類している。非社会的な**ひとり遊び**、**傍観遊び**から、**並行遊び**を経て、社会的な様相を呈する**連合遊び**、**協同遊び**と発達していく姿を示している。3歳の頃は並行遊びが中心で、5歳までに次第に社会的な遊びをするようになるとしている。しかし、このような年齢による一次関数的な変化は、子どもの遊びの実態をあまりに単純化しているという指摘があり、近年では遊びのタイプが示す社会的な機能に着目する研究が増えている。たとえば、仲間入りしたい集団のそばで同じような遊びをはじめてみたり（並行遊び）、入園したての頃に1人で製作活動に取り組みながら周囲の様子を観察していたりする様子（一人遊び）が見られる。パーテンの分類は、年齢による遊びの特徴を大きく示す一方で、年齢にかかわらず子どもの興味や関心による遊び方の違いともとらえられる。5歳でも、図鑑を見たり絵本を読んだりするのが好きな子どもは一人遊びに分類される遊びが多くなることもあるだろう。その一方で、いつまでも一人遊びや傍観遊びを続ける子どもたちについては、注意深く見守る必要がある。自らの遊びの好みというよりは、人とかかわることに不安が強かったり、周囲から排除された結果という可能性もあり、何らかのリスクを示すシグナルとして、受け止めなければならない場合もある。

また、性別と遊びが結びついているような様子がよくみられる。たとえば、戦隊もののヒーロー遊びは女子よりも男の子がしがちだ。3歳から4歳までには、同性と好んで一緒に遊ぶ様子がよくみられるようになる。しかし、性別の認識が性差のある遊びに先んじて生じるかどうかは定かではない。考え方は大きく2つある。1つは、本人は性別を認識していて、所属している社会の性別役割分業観のような価値観にさらされることによって、「男の子らしい遊び」「女の子らしい遊び」を選択し、その結果同性で遊ぶことが多くなるのかもしれない。もう1つは、生物学的に好む遊びがある場合である。男性と女性の遺伝的特徴によって、好みが選択されているという可能性がある。どちらなのか、あるいはもっと他の理由があるのかはよくわかっていない。言えることは、好

む遊びによって、子どもたちの経験が違うものになる可能性があるということだ。たとえば、お母さんごっこのようなある役割をするような遊びでは、見立てやふりを共有していくことが求められ、調和的な言語活動を経験しているかもしれないし、戦隊もののヒーローごっこでは、より身体的な活動を求められるのかもしれない。子どもたちのジェンダー教育としては、スウェーデンでは「Add but not deprive」をスローガンとしている。子どもたちの行動のレパートリーを変えるのではなく、多様な経験を付け足していくことの必要性に言及している。

2節　園生活における遊び

2-1　園生活の役割

　子どもの最初の遊びのパートナーは、通常、親かきょうだいである。しかし、幼稚園や保育所のような就学前機関・施設に通うようになると、同年代の子どもとの遊びが中心となってくる。現在では、就学前に保育所や幼稚園などの園生活を経験する子どもは、日本では9割を超えている。このような状況のなかで、幼児期の遊びは、園生活という文脈を抜きに実態をとらえることは難しい。また、園以外の場所での遊び相手は、図に示したように、親が中心になるという調査報告がある[4]。このことからも、園生活では、親の価値観や教育的態度とはある程度無関係に、子どもの発達に適した遊びを促す環境を提供できる唯一の場となっているのかもしれない。

　昨今では、子どもの貧困の問題が大きく取り上げられるようになっている。アメリカでの研究で、乳幼児期に貧困だった子どもは、学齢期に貧困だった子どもより成人後も貧困状態に陥るリスクが高いことがわかっている。また、ある調査ではさまざまな経済的な背景をもつ子どもたちの脳を、産まれたときから4歳になるまで、数か月ずつに分けて検査した。その結果、産まれたときの脳の大きさはどんな背景をもつ子どもでもほとんど変わらなかったのに対して、成長の早さでは特に貧困層と富裕層に有意な差が確認されている[5]（図4-4）。貧困対策の重要なポイントは「貧困の世代間連鎖・継承」にストップをかけることである。ノーベル経済学賞受賞者のヘックマン（Heckman, J. J.）は、幼児期

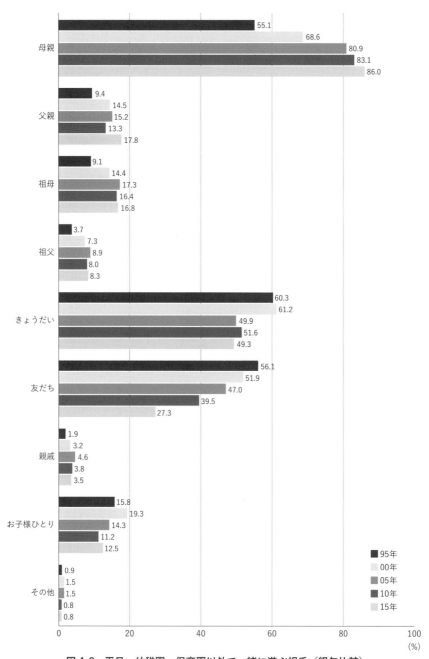

図4-3　平日、幼稚園・保育園以外で一緒に遊ぶ相手（経年比較）
（「幼児の生活アンケート」ベネッセ教育総合研究所，2015）[4]

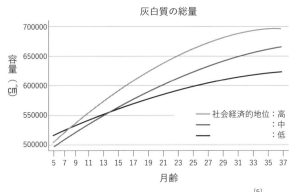

図 4-4　経済状態の脳への影響（Hanson et al., 2013）[5]

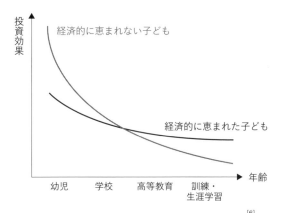

図 4-5　さまざまな教育段階への投資効果（Heckman, 2016 より改変）[6]

に教育を受け、学習意欲と読み書きの基礎が培われた子どもには、「学びがさらなる学び」を促す好循環がみられ、「同じ1ドルを、幼児期に投資した場合と大人になってから投資した場合とでは、前者の方がリターンが高い」と説明する。教育の投資効果率が一番高くなるのは、幼児期の経済的に恵まれない子どもに投資する場合であることも算出された（図4-5）。

　幼稚園や保育所などの就学前機関・施設に通う幼児が9割を超えた現状では、園生活での経験はその後の子どもたちの成長に大きな役割を果たす。遊びは、子どもが周りの世界を学ぶ基本的な文脈といえる。「遊び」の根本である子どもにとっての「楽しさ」、遊びに取り組む子どもの「主体性」を失わずに、現代的課題に応えうるような経験を遊びのなかでできるような園生活、それをど

の子にも保障していくことが求められる。

2-2 園生活と保育の質

　OECD（経済協力開発機構）は、2001年より「Starting Strong（人生の出発点を力強く）」を継続的に刊行し、加盟国における経済効果や将来投資の実証研究を踏まえながら、21世紀知識基盤社会に対応した人材育成に資する就学前教育・保育のあり方について提言を行っている[7]。OECDのバーバラ・イッシンガー教育局長は、ノルウェーのオスロで行われたハイレベル会議で、「幼児教育・保育（ECEC）はさまざまな恩恵をもたらしうるが、どの程度の恩恵をもたらすかはその質如何である。質を考慮せずにサービスの利用を拡大しても、子どもによい成果はもたらされず、社会の長期的な生産性が向上することもない。実際、調査研究によれば、質の低いECECは子どもの発達に好影響をもたらすどころか、長期的な悪影響を及ぼしかねない」と述べている。図4-6は、園の保育の質がその後の学校教育の影響を除いても、学びに向かう力と言われる自己調整能力や向社会的行動のような社会情動的なスキルに効果を与えることを示している。読み書きや算数などの学力でも同様の効果がみられている[8]。

　昨今では、保育の質を具体的に評価する項目の開発が行われている。たとえば、イギリスではSSTEW（Sustained Shared Thinking and Emotional Well-being：「ともに考え、深め続けること」と「情緒的な安定・安心」）スケールが開発されている。このスケールは発達科学の最新の知見にもとづき、子どもたちの活動への集中や問題解決、想像力の発達を支える保育実践について記述している[9]。

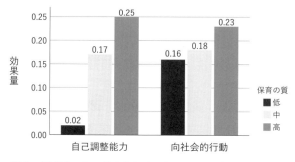

図4-6　保育の質がその後の社会的発達に与える影響（小学校6年、11歳時点）
（Sylva et al., 2010 より改変）[8]

また、日本の全国保育協議会では、環境面に焦点を当て、保育の質を支えるためには、(1) 物的環境の向上、(2) 保育士等の配置基準の改善、(3) 保育内容の向上、(4) 保育士等の資質・専門性の向上が必要であるとしている。[10]また、日本では保育士の配置基準は決められているが、さらに子どもたちのグループサイズの基準も必要だと指摘されている。たとえば、1歳児クラスで、1クラス12名で保育士2人のときと18人で保育士3人のときでは、同じ1対6でも子どもと保育士の相互交渉の質、子どもの感染症の罹患率など違ってくる可能性がある。

こうした保育の質は、全国統一的基準で評価できる部分と、地域の特徴や文化に即して何を評価するのかを検討していかなければいけない側面もある。たとえば、都会で園庭が十分に確保できないところでは、子どもの運動の機会が十分確保されているかどうかをみることができる評価項目が必要になってくるだろう。ひとり親が多い地域、貧困家庭が多い地域、商店街、農村地域など、子どもにとって何が必要なのかを丁寧にみながら作り上げていく評価も必要だろう。

2-3　園生活のなかの遊び

遊びは、子どもにとって予想もつかないことがいろいろ起こる。次の事例は、A夫とB夫の2人で「世界一美味しいチャーハン屋さん」を開店しようとしている場面である。

【事例1】　4歳児、3月

保育室では、A夫とB夫が、机を並べてテーブルクロスを敷き、その上にお花を飾り、「世界一美味しいチャーハン屋さん」の場を作っていた。お客には、3人の女の子が来ていた。突然A夫が、「ピンポンパン、地震です」と言う（昨日は避難訓練があった）。B夫は「いいよ、そんなの」と言うが、お客で来ていた女の子たちが、「机の下に隠れなくちゃ」と大騒ぎになる。B夫は急いで「ピンポンパン、もう止まりました」と言う。A夫も、「止まりました」と言う。しかし、違う遊びをしていたC夫がやってきて、「止まってないの」と言う。A夫は「止まりました」と言い張り、A夫とC夫が口論になる。そのやりとりを聞いていたB夫が「Aちゃんの方が止まったんだよ、Cちゃんの方はまだなんだよ。チャーハン屋の方だけ大丈夫です。」と仲裁にはいる。そして、チャー

ハンを女の子たちに配り、お店を再開する。

　B夫は、きれいに飾り付けをして、お客さんも来てくれて、これから開店というときに、まさか、A夫が地震が来たと言うとは全く思っていなかっただろう。そこに、たまたまC夫が来て騒ぎをさらに大きくするとは、A夫も思っていなかっただろう。しかし、そんな状況でも、B夫は見事に対応して、自分が望んでいたことを実現させていた。B夫は園に入園してすぐにこうしたことができたわけではない。この場面のように、楽しく遊ぼうと思った瞬間に思いがけないことが起きたこともあっただろう。どうやったら自分の遊びたいことができるのか、仲間と一緒に遊べるのかを、他の子どもたちがやっていることをみたり、保育者に支援されたりしながら考えて、解決していく方法を身につけていったのだろう。

　こうしたことは、園だからこそ、可能にしている側面がある。園生活での遊びは、保育者によって、子どもたちが安全で安心して生活できる環境の中で生じている。保育者は、個々の子どもたちの個々の課題を考え、子どもたちが主体的に遊びに取り組みながら発達が促されるように、さまざまな工夫をしている。事例の子どもたちが「世界一美味しいチャーハン屋さん」というイメージをもって遊べるように、保育者はお花やテーブルクロスになるものを用意したり、チャーハンに見立てられるようなものを用意し、遊び込める環境を整えていた。そうすることで、B夫はこの遊びを継続したいと自発的に思い、A夫とC夫の諍いに巻き込まれずにそれを終了させることができた。

　保育のなかでの子どもたちの発達を促すようなさまざまな配慮は、確かに見えにくい。たとえば、子どもの作品について、保護者はついその見栄えの良さなどできあがった結果に注意を向けてしまいがちである。その作品ができるまでに、保育者は子どもたちの課題を考え、イメージを膨らませるための活動をしたり、主体的に作品作りに取り組めるように環境を整えたりしているがそのプロセスが見えにくい。園でのそのような配慮や工夫も含め、子どもの育つプロセスを保護者と共有できたら、園での遊びについての理解が保護者にも深められ、園と家庭との連携を進めることができるだろう。

3節　幼児と仲間関係

3-1　仲間関係の役割

　乳児期から、子どもは見知らぬ大人より仲間を長く注目し、よく知っている仲間に対しての方がよく知らない仲間よりもさまざまな方法で相互交渉をする。子どもたちは仲間に対して独特な興味関心を示すようだ。
　仲間は、情緒的な支援を与え、仲間がいるから楽しく活動に取り組め、継続して活動することができたり、失敗することを恐れずにチャレンジすることもできる。また、仲間はリソースとなり、仲間がいるからこそ新たな活動を展開できたり、新しい発見が導かれたり、学びを産んだりする。一緒に遊ぶなかで、情動をコントロールすることや、コミュニケーションの仕方を学んだりもする。一方で、仲間は圧力をかけてくる存在でもある。いじめの問題は減る傾向にはない。力関係が一方向的になってしまい、つらい思いをしている子どもたちもいる。園生活や学校生活のように、固定的なメンバーで過ごし、そこから自らの意思で脱出することができない場合、こうした力関係が生じていないか、十分に配慮していく必要がある。
　仲間関係はいろいろな経験を子どもたちに与えるが、最近の社会脳研究から、脳の発達に他者の存在が欠かせないことがわかっている。社会脳とは、豊かな社会性を与える脳のはたらきのことで、ダンバー（Dunbar, R. I. M.）によって提唱された[11]。ダンバーは、脳の中で比較的新しく進化してきたといわれる大脳新皮質が脳の中でどれくらいの割合を占めているかと、その種が生きている環境との関連を分析した結果、その種がどれくらい大きな群れの中で生きているかという社会的要因と強く関連していることがわかった(図4-7)。つまり、より大きな群れで生活している種ほどより大きな脳を持っているということが示された。脳は、複雑な人間関係を処理して、社会のなかでうまくやっていくのに適応するように進化したのではないか、ということだ。社会脳は、さまざまな社会とのかかわりがあって、はじめて発達する[12]。またまだ解明されていないことも多いが、養育者や仲間との生々しいさまざまなかかわりを通して、社会

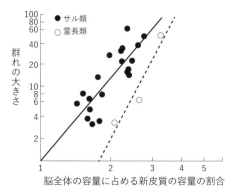

図 4-7　霊長類における脳のサイズと群れの大きさの相関
(Dunbar & Shultz, 2007[11] ／千住, 2012[12] より引用)

脳は発達していくようだ。日本学術会議では、さまざまな学術分野が協力して社会脳研究に取り組むことで、よりこの分野の研究の発展が見込まれるとして、融合社会脳研究の創生を提言している[13]。仲間の存在が、子どもの発達にどのよう役割を果たすのかが、脳科学の研究からも明らかになってくるだろう。

3-2　仲間関係の特徴

　仲間関係は親子関係のように、自分で選択できない関係と異なり、自ら作り上げていく。幼児期の仲間との経験は、幼稚園や保育所などの園生活が中心となる。次の事例は、仲間から排除される場面である。

　【事例2】　4歳児、5月
　　A子たちが、おままごとコーナーでお母さんごっこをしている。そこへ忍者の格好をしたA夫が「入れて」と言ってくると、A子が「忍者は入れないんです」と言う。A夫「ほら、めがね作ったよ」と、自分で作っためがねを持ってみせるが、女の子たちは、「忍者は入れない」と盛んに言う。A夫は、作っためがねを捨てて、ロッカーに行き、鞄を背負う。「おうちに帰る」「楽しくなくなったから、おうちに帰る」と言う。それを聞いた保育者が、女の子たちのところに連れて行き、「忍者じゃなくて、A夫君ならいい？」と聞くが、A子は「忍者は入れません」と繰り返す。A夫は、自分で作っためがねをまた投げるが、どうしても入りたいらしく、再び、おままごとコーナーに行き、「A夫も

入りたい」と言う。しかし、A子が「忍者は入れない」を繰り返す。保育者は、A夫とおままごとコーナーの近くに積み木でおうちを作り始める。

事例2では、仲間に入りたがるA夫を「忍者はだめ」とA子は拒否し続けた。A夫は、楽しくない気持ちになったようで、「おうちに帰る」とまで言い出していた。A夫がこのように頑なに拒絶されたのは、それまでに仲間に入っては勝手に振る舞ってきた結果なのかもしれない。集団のなかで共通の時間を過ごすことで形成される「かかわりの歴史」が、子どもたちの相互作用に影響を及ぼすことがある。「かかわりの歴史」とは、直接的に他者とけんかをしたり遊んだりすること、あるいは間接的に、他者がけんかをしたり遊んだりするのを見たり聞いたりすることとの積み重ねをさし、こうした具体的な生活経験からの情報をまとめて、子どもは他の子どもを認識していく。

3-3 仲間文化

子どもたちは、長期的な対面相互交渉を基盤に、ローカルな、子どもの**仲間文化**（peer culture）を形成していく。コルサロ（Corsaro, W. A.）は、意味や価値観を共有するローカルな仲間文化は、すでに存在する文化を単純に内化したのではなく、あくまで当該仲間集団の成員が仲間集団形成時から対面相互交渉を積み重ねる過程において、主体的に協同して作り出し共有するものであるとしている。仲間文化の存在を仮定し、仲間集団において子どもが仲間文化を作り出し共有する具体的過程を明らかにすることは、子どもという存在を、大人によって育てられる受動的な存在、大人になる途上の存在としてだけみるのではなく、自ら主体的に生きる存在、自らのライフヒストリーのなかで今を生きている存在、社会を構成している独自の存在として理解する上で重要であろう。[14]

主体的に仲間文化を形成していくという視点に立つことで、子どもたちの集団のなかでの活動に対する理解を深めることができる。子どもたちの遊びを「低次・未分化な存在から高次・分化した存在へ」発達していくという枠組みでとらえると、大人という完成体となるために遊びを通じてさまざまな能力を獲得していることになる。しかし、子どもたちは仲間集団のなかで仲間文化を創り出し、共有していくことに積極的かつ主体的にかかわっている。仲間集団のなかで生じているさまざまな出来事は、子どもたちにとって意義がある。そ

のことに気づくことで、子どもたちの世界へ近づくことができる。子どもたちは、いろいろなことから保護しなければならない存在だが、周囲の大人が子どもたちを思うようにコントロールできるわけではない。子どもたちの主体性を大事にする必要性を、仲間文化という視点は強調してくれるだろう。

【コラム】　義務教育のなかの幼児理解

　昨今の少子化のなか、乳幼児と触れ合わないままに親になる割合が増えている。学校教育に所属している期間が長いと、地域に出ることも少なく、地域にいる乳幼児と触れ合う機会もないだろう。そもそも少子化で乳幼児の数が減少している状況では、親になる前に乳幼児と触れ合う機会が増える見込みはないだろう。そうした状況のなか、児童虐待件数の増加は歯止めがかからない。

　発達心理学の知見は積み重ねられ、安定した愛着関係の大切さ、乳幼児期の経験の大切さがわかっている。しかし、このことが十分に一般的な汎用性のある知識となっていない。国民のコモンセンスとしていくことが必要だ。そのためには、義務教育段階で知識として伝えていくことが考えられる。家庭科は、小学校高学年から高校まで男女必修の授業科目としてある。この教科では、保育について扱い、乳幼児との触れ合い体験も実践している。もちろん、まだ育てられている段階の子どもたちに教える難しさはある。しかし、乳幼児と触れ合うことで、乳幼児へのイメージはポジティブに変わることがわかっている。教科のなかで取り上げることで、乳幼児期を今の自分とのつながりのなかでとらえられ、適切なかかわり方について考える機会が与えられる。積み重ねられた知見を学校教育の教科を通じてコモンセンスにしていく工夫が求められる。

【読書案内】

- ガーヴェイ, C.／高橋たまき（訳）(1980)『「ごっこ」の構造：子どもの遊びの世界』（育ちゆく子ども：0才からの心と行動の世界 6）サイエンス社
　古典といえる本かもしれないが、子どものごっこ遊びの様子を丹念に観察して分析していて、子どもの遊びの世界を垣間見ることができる。子どもの遊びを研究対象とする際には、ぜひ読んでほしい。
- 千住淳(2012)『社会脳の発達』東京大学出版会
　脳研究の進歩は著しいが、脳機能の発達、特に社会脳について非常にわかりやすくまとめている。人間の脳は社会に適応するためにどのようになっているのか、

推理小説を読むように楽しんで読むことができる。

【文献】

[1] ホイジンガ, J.／高橋英夫（訳）(1973)『ホモ・ルーデンス』中央公論新社
[2] 橋本・枡 (2016) http://www.glico.co.jp/boshi/futaba/no80/con01_03.html
[3] スポーツ庁 (2017) 平成28年度体力・運動能力調査「小学校入学前の外遊びの実施状況」
[4] 第5回幼児の生活アンケート (2015) ベネッセ総合教育研究所
[5] Hanson, J. L., Hair, N., Shen, D. G., Shi, F., Gilmore, J. H., Wolfe, B. L., & Pollak, S. D., (2013). Family poverty affects the rate of human infant brain growth. *PLoS ONE, 8*(12).
[6] Heckman, J. J. (2006) Skill formation and the economics of investing in disadvantaged children. *Science, 312*, 1900-1902.
[7] 内海緒香 (2017)「5つの保育カリキュラムとOECD保育白書の議論：カリキュラム策定への示唆」『お茶の水女子大学人文科学研究』13, 151-160.
[8] Sylva, K., Melhuish, E., Sammons, P., Siraj-Blatchford, I., & Taggart, B. (Eds.) (2010). *Early Childhood Matters: Evidence from the effective preschol and primary education project*. Routledge
[9] Siraj, I., Kingston, D., & Melhuish, E. (2015) *Assessing Quality in Early Childhood Education and Care: Sustained Shared Thinking and Emotional Well-being (SSTEW) Scale for 2-5-year-olds provision*. London: IOE Press.〔秋田喜代美・淀川裕美（訳）(2016)『「保育プロセスの質」評価スケール』明石書店〕
[10] 社会福祉法人全国社会福祉協議会全国保育協議会 (2009)「第6回社会保障審議会少子化対策特別部会保育第一専門委員会参考資料2」
[11] Dunbar, R. I. M., & Shultz, S. (2007) Evolution in the social brain. *Science, 317*(5843), 1344-1347.
[12] 千住淳 (2012)『社会脳の発達』東京大学出版会
[13] 日本学術会議心理学・教育学委員会 (2017)「提言　融合社会脳研究の創生と展開」
[14] Corsaro, W. A. (1985). *Friendship and Peer Culture in the Early Years*. Norwood, NJ: Ablex.

5章 事物と心に関する幼児の理解

　幼児期の子どもは世界をどのように見て、どのように理解を深めていくのだろうか。乳児期の発達からの質的転換と児童期以降の発達に向けた土台づくりの特徴をもつ幼児期の認知発達について、社会文化的な影響の重要性を示しながら、1節と2節では物理的世界と心的世界への理解の発達について説明し、最後の3節では近年注目が集まっている実行機能との関連について、さまざまな知見を紹介しながら概観していく。

1節　物理的世界への理解

1-1　表象の発達

　子どもは発達とともに自分の身の回りの対象や事象といった物理的世界についての知識を増やし、その仕組みやはたらきかけ方について理解するようになるが、どのような認知的な枠組みを用いて身の回りの世界を理解しているのかについては、幼児期の初めに大きな質的な変換期を迎える。ピアジェによると（表5-1）、乳児期の間は、対象に触ったり、叩いたり、落としたり、といった直接的な身体感覚や運動行為を通して対象を理解しており、このような**感覚運動的な認知**を繰り返し経験すると、1歳半頃から他の人が行った動作に対してしばらく時間を置いて模倣を行う**延滞模倣**がみられるようになる。延滞模倣は、他の人の動きを直接見ながら（知覚しながら）その場で真似ることとは異なり、動きを頭の中で一定時間保持しておくことが必要になるため、目の前にない対象のイメージを頭の中に思い浮かべること、すなわち表象能力が発達していることを意味する。

　2、3歳頃になると、ままごと、電車ごっこ、ヒーローごっこのようなごっ

こ遊びを盛んに行うようになるが、そのなかで子どもは三角のブロックをケーキに見立てたり、ブロックのケーキを食べるふりをしたり、お母さん役になり切って動きや発話を再現したりする。これは、ある事物を他の事物（シンボル）に置き換える**象徴機能**を用いた遊びであり、幼児期はこのような遊びを盛んに行いながら、周囲の現実の世界を自分のなかで象徴的にとらえ直し、象徴的な意味をもった世界を楽しみながら生活するようなる。やがて、自分や他者が何を表象しているかを表象する**メタ表象能力**が発達してくると、自分の知覚的な「見え」に頼らずに心的操作ができるようになり、「私の目の前のものは私からは見えるが、向こうの人からは（障害物に遮られて）見えない」というようなことがわかってくる。

　では、子どもは自分以外の人が現実とは異なる何かの「ふり」をしていることをいつ頃から理解するのだろうか。大人が水の入った蓋付きの容器からグラスにふざけた様子で注ぐ「ふり」をする場面、あるいは容器からグラスに真剣に注ごうと試行するがうまくいかず失敗する場面を子どもに見せると、どちらもグラスに水は注がれないという結果は同じであっても、2歳頃には大人がふり行動をしているのか、現実的な試行行動をしているのかを区別して、大人が意図した行動と同様の行動の模倣を示す[1]。しかし、このような他者のふり行動と現実の試行行動の区別はあくまでも模倣といった行動面で表されるものであり、他者の行動がふり行動かどうかを言語的に明示することは6歳児でも難しい[2]。このことから、ふり行動とはどのようなものをさすかについて意識的に理解することは、児童期以降に発達するものであると考えられる。

1-2　ふり行動への文化的影響

　どの文化においても、**ふり行動**は子どもにとって身近な社会に存在する何らかの役割（たとえば、電車の車掌さん役、お母さん役）に「なり切る」という形態で示されることが多い。その一方で、子どものふり行動に対する大人の考え方、価値観は文化によって異なる。西洋文化では、ふり行動は社会認知的な発達に貢献するととらえられ、大人は子どものふり遊びを奨励するようなはたらきかけを行うが、欧米諸国以外の文化では、子どもの健全な発達にとってふり行動は重要ではないととらえられ、大人が子どもと一緒に遊んだり、遊びの環境を整えることが少ないことがわかっている。

　このような、ふり行動に対する大人のとらえ方や価値観は、子どもの発達に

どのような影響を与えるのだろうか。ふり行動は子どもの認知発達に影響するととらえる文化（カナダ）の子どもと、異なるとらえ方をする文化（ふり行動を娯楽ととらえるペルー、**社会的模倣**であるととらえるインド）の子どもを比較した研究[3]では、前者の子どもの方が他者のふり行動と試行行動を区別でき、特に他者のふり行動を見た後に同様のふり行動を行うことが多いことが示されている。どの文化においても、母親は子どもが2～3歳の間に初めてふり行動を示し始めたと報告したことから、ふり行動がいつ発現するかは文化による影響を受けにくいが、ふり行動に対する子どもの理解（ふり行動とは、まるでそうであるかのように振る舞う意図的な行動であり、現実の行動とは異なるものである）については、大人が子どものふり行動をサポートし、奨励するようなかかわりを日常的に実践しているかどうかが、子どもの発達に大きく影響すると考えられる。

1-3　概念化の発達

幼児期はことばがめざましく発達していき、ことばの発達とともに周囲の世界の事象をことばで表し、個々の事物の共通性を見いだしてカテゴリー化したり、事物同士の関係性に応じて階層的に分類する、といった概念化が進んでいく。ピアジェは、2～7歳を認知の発達段階の**前操作期**として他の発達段階と区分し、さらに4～7歳頃までは記憶や思考の範囲が広がっていく一方で、知覚的な制約を受け、直感的に物事を判断する**直観的思考段階**であるとした（表5-1）。たとえば、2つの同じ形、大きさのコップに同量のジュースが入っている場合、その片方のコップに入っているジュースを別の形、大きさのコップに

表5-1　ピアジェの認知発達の段階

発達段階	年齢範囲	特　　徴
感覚運動期	0歳～2歳頃	感覚運動操作による対象への働きかけ
前操作期	2歳～4歳頃	象徴的思考段階：象徴的機能の発現、ことばや心的イメージの発達、自己中心的コミュニケーション
	4歳～7歳頃	直観的思考段階：ことばや心的イメージスキルの改善、事物の分類や関連付けの際の推理や判断が直観作用に依存
具体的操作期	7歳～11, 12歳頃	具体的なものを扱う際に論理的操作が可能
形式的操作期	11, 12歳～	形式的・抽象的操作が可能、仮説演繹的思考が可能

Ⅰ. 左図
　子どもに「コップの水はどっちが多い？ それとも同じ？」と尋ね、AとBの水の量が同じであることを確認する。
Ⅱ. 右図
　子どもの目の前でBの水をCに移し替える。
　再び、「水はどっちが多い？ それとも同じ？」と尋ねる。

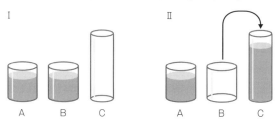

図5-1　保存課題（液量の保存）

入れ替えた場合、入れ替えた後のジュースの量は当初の量と変わらないが、幼児期の子どもは異なる形状のコップに入ったジュースの液面の高さの違いなど見かけ上の変化に左右されて、量が「たくさんになった」とか「少しになった」と答えてしまう（図5-1）。これは、この時期の子どもは新たに付け加えたり取り除いたりしない限りものの数量は変化しないという**保存の概念**を用いて論理的に判断することがまだ難しく、ものの見かけの変化といった知覚的な情報を根拠にして物事を判断する段階であることを表している。

　また、幼児期は他のさまざまな概念も発達していく。数の概念の発達については、3までの数を弁別することは乳児期においてもできることから、ものの個数は瞬時に判断できる3までの過程と、数えることで計数を行う4以上の過程に分かれるとされている。「いち、に、さん …」と数を唱えていく数唱の発達は、最初は機械的な数詞の記憶で数称を羅列していたのが、3歳頃には1から順に数を増やしていく上昇方向ならば数を唱えることができるようになる。この頃は、まだ数詞を途中で分割することはできず、「7の次の数は？」のような質問にすぐには答えられないが、2つの集合の数を数え上げるという方略で基礎的な足し算ができるようになる。その後、数詞の分割が可能となり、足し算も大きな数の集合に小さな数の集合を足す方略（たとえば、3＋2ならば3の方が大きな数の集合であることを判断し、それに4、5を数え足していく）が獲得される。下降方向の数唱や分割などの数唱の能力の完成は8〜9歳頃の児童期に達成されるが、幼児期は普段の生活や遊びのなかで、楽しみながら身の回りのものや人を数えるといった経験を繰り返しながら、数に関する基礎的な概

念を獲得していく時期であるといえる。

1-4　社会的文脈の重要性

　これまでみてきたように、幼児期の認知は乳児期からの質的な変換を迎え、次の児童期の発達に向けた基礎的な能力が形成されるという特徴があるが、このような発達の様相はどのように説明されるのだろうか。

　認知能力は、種に普遍的で、通常の養育環境にあれば大人が取り立てて教えなくても子どもの自発的な動機づけのもとで習得される**一次的認知能力**（言語、簡単な数量計算など）と、社会文化的な要請にもとづいて学校教育などの教育的なはたらきかけによって習得される**二次的認知能力**（文字や高度な計算など）に分けられるという考え方がある[4]。この考え方に従うと、幼児期は一次的認知能力と二次的認知能力の橋渡しをする時期ととらえることができる。つまり、一次的認知能力の特徴である自らの動機づけの下で、積極期に環境との相互作用を行いながら自分の経験を吸収・発展させていくが、それは二次的認知能力の特徴である社会文化的要請に添った方向性のものであるため、児童期以降の認知能力の基礎となりうるのである。

　幼児期の認知能力は児童期の発達に大きな影響を与えるが、特に、幼児期に大人から読み書きなどを教え込まれた子どもよりも、自発的にそれに関連する活動を行った子どもの方が児童期の能力が高くなることがわかっている。このことは、子ども自身の興味・関心にもとづいた経験こそが認知能力の発達につながることを証明している。そのため、子ども自身が「もっと知りたい」「もっとやってみたい」と感じるような豊かな環境を身近な生活のなかで整え、大人が子どもの自発的な好奇心を伸ばすかかわりを行いながら、社会文化的に必要とされる発達の方向性へと導いていくことが、幼児期において重要であるといえる。

2節　心的世界への理解

2-1　行為としての理解

　人は心をもつ存在であるが、目で直接見ることはできない人の内面にある心の状態について、子どもはどのように理解していくのだろうか。
　1歳半頃になると、人が自分とは異なる好みをもつことを理解し始め、大人が子どもの嫌いなもの（たとえば、ブロッコリー）を喜ぶ様子と、子どもが好きなもの（たとえば、菓子）を嫌がる様子を見せると、子どもは自分の好みではなく、その人の好みに応じたものを相手に渡すことができる。また、この年齢の子どもは、きょうだいげんかの場面で相手が嫌がるものを持ってきたり、大事にしているものを壊すといった、きょうだいの好みを理解した行為を行うことが日常的に観察されている。
　さらに発達が進むと、子どもは人を「欺く」ことができるようになっていく。欺く行為とは、事実とは異なる情報を相手に伝えることであり、事実を隠したり、誤った情報を伝えるといった行為が挙げられる。子どもが日常的にも経験しやすい場面である「誘惑への抵抗」を扱った研究[5]では、子どもは、大人がいない間に魅力的なおもちゃを触ってはいけないと指示された上で、部屋に1人で残される。多くの子どもは誘惑に負けて触ってしまうが、戻ってきた大人に禁止されていた行為を行ったかどうかを質問されると、3歳児でも触ったことを否定することがわかっている。このことから、3歳児でも自分と他者の心の状態（何を知っているか）が異なることを区別することができ、その区別にもとづいて相手を欺く行為を行うことが可能であると考えられる。
　このように、子どもは幼児期の比較的早い段階から自分の心と他者の心を区別し、その区別に応じた行為を示すことができる。しかし、この時期にみられる理解は、あくまでも「自分とは異なる他者の心の状態を自分の頭の中で表象し、それに応じた行為を行う」ことで表される理解である。このような行為としての理解から、「他者の心の状態を表象し、さらに自分の行為によって他者の心の状態がどのように変化するかを表象した上で、相手の心を意図的に操作するための行為を行う」といった、行為や状況が他者の心の状態をどのように

変化させるかを表象できるようになるには、この後の心の理論の発達を待たなくてはならない。

2-2 心の理論の発達

子どもがもつ自他の心についての理解のなかでも、信念（その人が思い込んでいること）や誤信念（その人が事実と異なることを思い込んでいること）など人の認識に関する理解を扱ったものは、**心の理論**と呼ばれている（コラム参照）。そして、心の理論を子どもがどのように獲得するのかを調べるために考案された代表的な課題が、**誤信念課題**である。

たとえば、「予期せぬ移動」を扱った誤信念課題（図5-2）では、主人公があるものをある場所に入れていたのが、主人公が不在の間に別の人によって別の場所に移動されてしまう、というストーリーを人形などを用いて子どもに説明

図5-2 予期せぬ移動課題の例（サリーとアンの課題）（フリス, 1991より作成）[6]

5章 事物と心に関する幼児の理解　73

し、戻ってきた主人公がどこを探すかについて子どもに尋ねる、という手続きをとる。主人公はものの場所が移動した（以前と状況が変化した）ことを知らないので、この課題の正答である「当初の場所を探す」と答えることは、主人公が事実とは異なることを思い込んでいる（誤信念をもっている）ことを理解していることを表している。

多くの研究の結果、3歳ではほとんどの子どもが状況の変化を主人公が知っているかのような間違った答えを出すが、4歳以降になると主人公の誤信念にもとづいて正しく答えられるようになることが明らかにされている。他の課題を用いた研究においても正しく答える年齢に大きな違いはなかったことから、心の理論はおよそ4歳頃に獲得されると考えられている。

その後、児童期になると「Aさんが○○と考えているとBさんが考えている、とAさんが考えている」といったような、ある人物の心の状態についての表象を別の人物が表象する、といった二次的な信念に対する理解が進んでいくと考えられている。

2-3　ことばの役割

ことばは表象能力と不可分に結びついているため、子どもの心の状態についての理解に重要な役割を果たす。たとえば、言語能力が高い子どもは心の状態についての理解が発達していることや、言語の能力を伸ばすトレーニングを受けると他者の誤信念に対する理解が発達することがわかっている。また、耳の聞こえない子どもは耳の聞こえる子どもよりも誤信念の理解が遅れることが指摘されているが、このような遅れは子どもの親も耳が聞こえない場合には見られないことから、親の手話の流暢さによって与えられる言語環境の違いが影響すると考えられている。このように、子どもが心の状態について理解していくためには、日常生活のなかで豊富な言語環境が提供されることが重要である。

次に、子ども自身が話すことばについてみてみると、「欲しい」「したい」などの欲求を表すことばは2歳半頃から話し始めるが、「思う」「わかる」などの信念を表すことばはそれよりも遅れて4歳頃に話し始めることがわかっている。これは、心の理論において他者の誤信念を正しく表象することが可能となる年齢とほぼ一致しており、人の信念に関する概念が欲求の概念よりも遅れて獲得されることを表している。

このように、子どもが目には見えない他者の心に気づき、考え、理解してい

くためには、人の心を表象するためのことばの存在が欠かせないのである。

2-4　社会的なはたらきかけの重要性

　心の状態に関する理解の発達には言語能力が影響するが、そのなかでも特に、心の状態に関する会話に触れる経験が重要であることがわかっている。たとえば、幼児期に感情や欲求、思考状態について養育者がよく話す家庭に育った子どもは、そうでない子どもよりも、その後の他者の感情や誤信念を理解する能力が高いことや、養育者が感情や欲求、思考状態について話す際に子どもの発話に関連させることが、子どもの情動理解や誤信念理解につながることが明らかにされている。このことは、日常的に養育者が子どもを「心をもつ存在」としてとらえ、子どもとの会話のなかで「心」について触れることが、子どもが「心」について理解する上で重要であることを示している。

　また、心の理論の発達には文化差があり、欧米の子どもと比較すると日本の子どもは誤信念理解の発達が遅れることが示されている[7]。その理由として、日本ではことばではっきりと明示せずに表現することが多いため、会話の中で心の状態について明確な言及がされていないことが影響している可能性が指摘されている。そこで、日本においても養育者が子どもとの会話において心の状態についての明確な言及を行うことが、子どもの誤信念理解と関連するのかについて検討した研究が行われている。誤信念理解の発達途上にあるとされる3歳代の子どもを対象に、複数の場面での母親の子どもに対する心の状態に関する会話を調べた研究[8]では、母親が子どもに思考状態について多く話すことが（表5-2の会話例を参照）、子どもの誤信念理解と関連することが示されている。このことは、日本においても曖昧な表現で伝えるのではなく、人の心の状態についてはっきりとことばで明示することが、子どもが心の理論を発達させていく上で重要であることを示唆している。

　幼児期の子どもが人の心の世界についての理解を発達させていくことは、その後の仲間関係や社会的スキルの発達など社会性の発達に大きな影響を与える。そのため、目には見えない「心」について子どもが理解することを促すはたらきかけを、周囲の人が積極的に行うことが重要である。

表5-2　子どもに対する母親の心の状態についての会話の例

〈本読み場面での母親と子ども（43か月の女児）の会話〉
　（本の中で、色々なものがどの店で売られているか、ものの絵と店の絵を見ながら組み合わせを考えるページを見ている。子どもは、"みかん"と"八百屋"を結び付けられずにいる）
母親：（八百屋の絵の中にバナナが描かれていることに気付いて、子どもに話しかける）
　　　八百屋さんにバナナ売ってるんじゃない？　みかんは売ってないのかな？
子ども：（八百屋の絵を見ながら）みかんはうってないみたいよ。
母親：　でも・・・（バナナを指す）。
子ども：（少し考えて）・・・みかん、あるんだ！
母親：　みかん、<u>あると思うよ</u>。みかんは八百屋さんで<u>買えると思うな</u>。
　　　（しばらくの間、別のものがどの店にあるかについてやりとりする。その後で）
母親：　みかんは？
子ども：やおやさん！
母親：　<u>覚えているね</u>。八百屋で買えるんだね。

母親は子どもに対して、「あると思うよ」「買えると思うな」「覚えているね」といった、自分や子どもの思考状態を表すことばを使って話している。もしこれらのことばが、「あるよ」「買えるね」「そうだね」などの別のことばで話されていたとしたら、子どもはこの場面で思考状態についての会話に触れる機会をもてなかっただろう。このような思考状態についての会話を多く経験している子どもは、そうでない子どもよりも誤信念課題の正答率が高かった。

3節　実行機能との関連

3-1　実行機能とは

　これまでみてきた物理的世界の理解、心的世界の理解といった子どもの認知発達は、子ども自身のどのような認知過程に支えられているのだろうか。認知的な課題を解決する際には、必要のない思考や行動を抑制したり、必要な情報を頭の中で保持し続ける必要があるが、そのような自らの行動や思考、情動を意識的にトップダウンでコントロールする認知過程は、その総称として**実行機能**と呼ばれている。

　これまでの研究では、幼児期の実行機能は抑制コントロール、ワーキングメモリ、認知的柔軟性の3つの下位機能に分類できるとされ（表5-3）、それぞれの下位機能は特定の発達結果に影響すると考えられている。

　また、この実行機能の発達は、神経系の発達を基盤にしながらも、社会文化

表5-3 実行機能の下位機能の定義と課題例

下位機能	定義	課題の例
抑制コントロール (inhibitory control)	葛藤抑制：優勢ではあるが不適切な情報や反応を抑制する機能 遅延抑制：衝動的な反応を抑制する機能	例：太陽の絵が提示されたら「夜」と答え、月の絵が提示されたら「昼」と答える
ワーキングメモリ (working memory)	入力情報を処理しながら一方で正確に保持し、必要なときに適切な情報を活性化させる機能	例：一続きの数字やことばを聞き、それを順番通り正確に答える
認知的柔軟性 (cognitive flexibility) (またはセットシフティング set shifting)	ある特徴から別の特徴へ思考や反応を柔軟に変える機能	例：複数のものをグループに分類する際に、最初はある特徴（例えば、色）に基づいて分類した上で、次に別の特徴（例えば、形）を用いて分類する

的要因や言語的要因による影響を受けることが明らかにされている。

3-2　実行機能と物理的世界への理解

　実行機能は、幼児期の子どもが物理的世界を理解する上で、どのような役割を果たすのだろうか。
　これまで、数唱や文字の同定といった早期の学業的スキルの獲得に、実行機能が影響することがわかっている。特に、実行機能の3つの下位機能を併せた合成変数を作成した場合の方が、個々の下位機能よりも読み書き能力（文字や単語を同定したり、読むこと）や算数のスキル（数、量、数唱、単純な計算）の発達と強く関連するとされている。また、子どもが4歳時点での実行機能の合成変数は、読みの理解力やIQの影響を統制しても、6歳時点での算数の成績を予測することが示されている[9]。一方、実行機能の下位機能それぞれが学業的スキルにどのように関連するのかについては、学業的スキルに最も強く影響するのは抑制コントロールであるという結果や、ワーキングメモリであるという結果が混在しており、一致した結果が得られていない。
　このように、実行機能が後の学業的スキルの発達と強く関連することはわかっているものの、実行機能のどの下位機能がどのように働くことが学業的スキルにつながるのかは不明のままである。今後、実行機能がどのようなプロセスを経て後の発達につながっていくのかについて、理論的な説明を構築してい

くとともに、実証的な研究を積み重ねていく必要があるだろう。

3-3　実行機能と心的世界への理解

　心の理論の理解を測るために用いられている誤信念理解の課題においては、自分の知識を抑制して主人公の心の状態を考えることや、課題のストーリーを記憶しておくことなど、実行機能と関連する部分が大きいとされており、実際に多くの研究で両者の間に関連があることが明らかにされている。
　さらに、このような心の理論と実行機能との間の関連を説明するための複数の理論が提唱されている（表5-4）。これまでの研究結果からは、実行機能が心の理論の獲得の前提条件であるという、心の理論の発現に依拠した説明が他の説明よりも妥当である可能性が高いと考えられている。しかし実行機能の各下位機能と誤信念課題との関連については不明な点も多く、まだ確固たる結論が出ていないのが現状である。実行機能にはこれまで取り上げられていない別の下位機能が存在している可能性も否定できないため、今後さらに検討を進め、子ども自身の認知過程が心の世界への理解とどのようにつながるのかについて、明らかにしていく必要があるだろう。
　実行機能の発達は、養育者のかかわりなど社会文化的要因の影響を受けることがわかっている。たとえば子どもが2、3歳時点での問題解決場面において、子どもの能力に合わせて課題を解決できるように援助する**足場づくり**を母親が行うことは、それ以前の実行機能、言語能力、性別の影響を統制しても、4歳時点での実行機能を説明することが示されている。[10] また前節でみてきたように、心の理論の発達は、養育者との心の状態に関する会話によって促されることや、欧米と比べると日本の子どもは心の理論の理解が遅れることなど、周囲の大人のはたらきかけや文化の違いの影響が大きいことが示されている。
　このように、社会文化的要因は、実行機能、心の理論それぞれに影響を与えるものであることから、実行機能が心の理論とどのようにつながるのかを考える際にも、当然ながら社会文化的要因の影響を省いて考えることはできないだろう。実際に、心の理論と実行機能との関連において、欧米の子どもでは誤信念理解を促進するとされる実行機能が、アジアの子どもでは同様の促進効果がみられないことが示されている。このように、実行機能と心の理論の関連の仕方には社会文化的な要因が媒介している可能性が高いため、実行機能が子どもの理解の発達にどのような役割を果たすのかについて社会文化的な視点でその

表5-4　心の理論と実行機能の関連に関する理論的説明

理論的説明	内容	主な研究結果との整合性
課題の表示 (expression) に依拠した説明	誤信念理解の課題の表示の仕方が、ワーキングメモリや抑制といった実行機能の下位機能を必要とするため、両者が関連する。	・メタ分析の結果、誤信念課題のタイプによって誤信念理解と実行機能の関連の仕方が異なっていた。【一致】 ・実行機能の必要性が低い課題においても、標準的な誤信念課題と同様に葛藤抑制が強く関連していた。【不一致】
心の理論の発現 (emergence) に依拠した説明	実行機能が心の理論の獲得の前提条件であるため、両者が関連する。	・メタ分析の結果、実行機能と誤信念課題との関連は、実行機能の下位機能の課題の違い（遅延抑制／葛藤抑制など）による影響を受けなかった。【一致】 ・複数の縦断研究の結果、実行機能の発達は誤信念理解よりも先行し、その逆ではなかった。【一致】
心の理論のメタ表象 (meta-representation) に依拠した説明	自分の行動をコントロールするためには、先に自分の心的な表象に気づく必要があるため、心の理論の獲得が実行機能の前提条件になることから両者が関連する。	・複数の縦断研究の結果、実行機能の発達は誤信念理解よりも先行し、その逆ではなかった。【不一致】
課題の複雑さ (complexity) に依拠した説明	誤信念課題と実行機能の課題は知覚的、あるいはルールの複雑さのレベルが共通しているため、両者が関連する。	・メタ分析の結果、実行機能と誤信念課題との関連は、実行機能の課題の複雑さの違いによる影響を受けなかった。【不一致】

意味を問い直すことが必要である。

　幼児期の認知発達は、表象能力の獲得という認知的枠組みの変化を迎え、児童期に向けてめざましい発達を遂げていく。周囲の人や事物とのかかわりの経験を自ら吸収し、それを糧にしながら物理的世界や人の心の世界に対する理解を発達させていくなど、子どもは身近な生活から理解を深めながらその後の発達の基礎部分を形成していくのである。そのなかで養育者をはじめとする周囲の人々からのはたらきかけは、幼児期の認知発達に社会文化的な方向性を与えるという意味において、きわめて重要な役割を果たしている。

---【コラム】「心の理論」とは何か――――

　心の理論研究は、もともと霊長類が他の個体を欺く行動に対して、それが他の個体の心の状態を推測しているかのようにみえることから、「心の理論 (theory of mind)」という概念を用いて説明しようとしたことに由来する。「理論」ということばが用いられている理由は、心は直接観察できるものではなく推論にもとづいてとらえる必要があるものであり、そのような心の状態に対する理論は他者の行動をある程度予測することを可能にするためである。一方、心の理論の「心」ということばから、人の心の広い範囲を扱うものととらえられがちであるが、実際には自分や他者の信念や思考、知識などの認知的なはたらきへの理解について、誤信念課題などの限定的な方法で検討されてきたという経緯がある。そのため、子どもの心的世界の理解に対して心の理論は何をどこまでさすものなのか、どれくらいの重要度があるのかなどについて、さまざまな議論が起きている。

【読書案内】

- ウーシャ・ゴスワミ／岩男卓実・上淵寿・古池若葉・富山尚子・中島伸子（訳）(2003)『子どもの認知発達』新曜社

　乳幼児期を中心に、知覚、記憶、学習、推論、概念発達、論理的思考などの基本的な認知発達について、研究方法も含めてわかりやすく整理されている。乳幼児期の発達の全体像をつかむのに適している。

- 子安増生（編著）(2016)『「心の理論」から学ぶ発達の基礎：教育・保育・自閉症理解への道』ミネルヴァ書房

　これまでの「心の理論」研究で明らかになったさまざまな知見がわかりやすくまとめられている。さらに、保育や教育の実践、自閉症児の理解についても発展的に書かれており、参考になる。

【文献】

[1] Rakoczy, H., Tomasello, M., & Striano, T. (2004). Young children know that trying is not pretending: A test of the "behaving-as-if" construal of children's early concept of pretense. *Developmental Psychology, 40*, 388-399.

[2] Rakoczy, H., Tomasello, M., & Striano, T. (2006). The role of experience and discourse in children's developing understanding of pretend play actions. *British Journal of Developmental Psychology, 24*, 305-335.

［3］Callaghan, T., Moll, H., Rakoczy, H., Warneken, F., Liszkowsky, U., Behne, T., & Tomasello, M. (2011). *Early Social Cognition in Three Cultural Contexts*. *Monographs of the Society for Research in Child Development, 76*, Serial Number 299. Hoboken, NJ: Wiley.

［4］Geary, D. C. (1995). Reflections of evolution and culture in children's cognition: Implications for mathematical development and instruction. *American Psychologist, 50*, 24-37.

［5］Polak, A., & Harris, P.L. (1999). Deception by young children following noncompliance. *Developmental Psychology, 35*, 561-568.

［6］Frith, U. (1989). *Autism: Explaining the enigma*. UK; Blackwell Ltd.〔富田真紀・清水康夫（訳）(1991)『自閉症の謎を解き明かす』東京書籍〕

［7］Wellman, H. M., Cross, D., & Watson, J. (2001). Meta-analysis of theory-of-mind development: The truth about false belief. *Child Development, 72*, 655-684.

［8］園田菜摘 (1999)「3歳児の欲求、感情、信念理解：個人差の特徴と母子相互作用との関連」『発達心理学研究』*10*, 177-188.

［9］Clark, C. A. C., Pritchard, V. E., & Woodward, L. J. (2010). Preschool executive functioning abilities predict early mathematics achievement. *Developmental Psychology, 46*, 1176-1191.

［10］Hammond, S. I., Müller, U., Carpendale, J. I. M., Bibok, M. B., & Liebermann-Finestone, D. P. (2012). The effects of parental scaffolding on preschoolers' executive function. *Developmental Psychology, 48*, 271-281.

Ⅲ 学童期

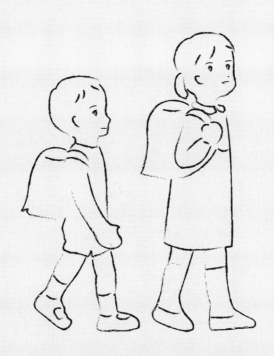

6章　自律的な学習への転換

　「6歳頃」というのは、人類学的に学びの転換期としてしばしば語られる。世阿弥の『花伝書』に描かれる学びの転換もその年齢の頃だ。近代の日本では満6歳になると間もなく小学校に入学する。就学後の知的社会的経験は、身近な環境における直接的な操作と関与によるものから、概念的な操作と社会的な広がりをもつものへと変わる。この変化に学校での生活や経験は大きな影響を及ぼしており、その意味で、児童期は学童期でもある。本章では発達における学校教育の影響を念頭に、学習の側面から学童期を考えたい。子どもは学校の社会的文化的環境を資源として、いかに自律的に学ぶようになるのだろうか。

1節　思考を促す学習

1-1　小学校における学習の特徴

　小学校に入学し、真新しい教科書を前に学習への期待が高まる。その時、最初に出会う算数の単元は足し算ではない。10までの数による一対一対応である。次は「なんばんめ」という順序数の単元で、さらに「いくつといくつ」といった数の合成と分解の単元が続く。足し算は多くの教科書でおおむね4番目、6月になる頃に単元として登場する。
　小学校入学時には、ほとんどの子どもは数字やひらがなを読み書きでき、数や文字の機能的価値についてもおおむね理解している。また、一対一対応はもとより簡単な足し算ができるし、二桁まで数えたり、10の塊りをつくって個数をとらえたりすることも少なからずできる。幼児期の遊びや生活の中で自然に使えるようになっているのだ。そのような子どもたちにとって、入学直後の算数は「簡単すぎる」ものではある。多くの子どもがひらがなの読み書きがで

きるにもかかわらず、最初の文字学習はひらがなの書き方である。

　小学校の学習として、何が重視されているのか。それは、1つには数やことばの使用などによって記号操作の論理や概念の意味がわかることであり、2つには円滑な記号操作によって正確に問題解決ができるようになることである。つまり、単に数えられることだけではなく、数が順序や位置を表すことや、分解や合成の機能を有すること、足し算の同じ数式であっても合併や増加という異なる意味があることを理解する。文字は、書き順を含めて正確に表記し、練習を通して書字を自動化させ、文章表現や思考の交流の道具として自在に用いることが期待されている。

1-2　読むことと書くこと

　学校教育において、ことばは、国語だけでなく種々の学習における**媒介物**である。

　読むことについては、(1) 文字を読む、(2) 単語を読む、(3) 文章を読む、(4) 文からイメージを喚起する、(5) 自分の読みを振り返る、という過程がある。音読や黙読を通して文字綴りの読みの処理速度を上げ、語としてのまとまりをとらえ、読み取りの行為自体を自動化させていく。語彙の習得においては、既有知識を活用したり、文脈から推測したり、文字や熟語の構成についての知識（語スキーマ）から類推したりしている。

　さらに、子どもは推論しながら文章を読み、登場人物の気持ちや行為の原因を考えたり、エピソード間を因果で関係づけたりすることができる。また、子どもは、文章に対して、一貫した意味を読み取ろうとし、小学1年生でも文章の主旨をとることができる。国語の『おおきなかぶ』(ロシア民話) の授業で、おじいさんはなぜ次々と助けを求めるのか、全体としてどのような主旨の話なのか、子どもたちは説明することができる。ただし、低学年では、単語や一文ずつの意味に注意を向けさせると、全体の主旨はとりにくくなり、高学年にさしかかると字面を把握することと、主旨を把握することの両方の処理を並行して行える。また、高学年では、読みながら自らの読みをモニタリングし、理解できているかどうか評価したり、理解できるように読みを修正したりすることが可能である。

　書くことについては、就学してから大きく発達する。書き順どおりに正確に書くことから始まり、単語を書く、書字速度を上げる、句をとらえて書く、文

を書くと進む。作文については、就学後、話しことばによる口頭作文から、書きことばによる文章作文へと移行していく。作文する過程では**外的制御**が変化し、1文字ずつ音声を伴って書く段階から、ささやいたり唇を動かしたりしながら書く段階を経て、黙ってすらすらと書く段階へと移行する（表6-1）。

幼稚園5歳児の5月から小学1年生の6月にかけて、音声やささやきの使用は減少し、1年生の9月では7割以上の子どもが円滑な作文を可能としている[1]（図6-1）。また、文字作文において、5歳児では会話体と文章体を用いる子どもが約半数ずついるが、1年生の9月には9割近くが文章体を用いている[1]。読み書きの発達には個人差はあるが、就学後、おおむね半年のうちに解消される。

書字における**外言**は、初期には音声の文字化を促進するが、書字能力の向上にしたがい、外言の支えは不要となる。手が止まる停滞は、初期には文字の想起のために文字間で起きていたが、その後、文節間や意味単位の区切りでみら

表6-1　作文過程の外的制御（内田, 1989[1] より改変）

段　階	外　的　制　御	
第1段階	**外言の多用**	次に書く文字を言ってから書く。音声を伴い書く。
第2段階	**ささやき声の外言**	ささやき声や唇の動きを伴って1字ずつ書く。
第3段階	**外言の限定**	ささやきは難しいことばに限定。黙って1字ずつ書く。
第4段階	**外言の減少**〔停滞〕	ささやき声や唇の動きを伴い、比較的すらすらと文字を書く。ことばの途中でも生じる。
第5段階	**外言が不要**〔停滞〕	黙ったまますらすらと文字を書く。文や句などの意味の区切れ目で生じる。

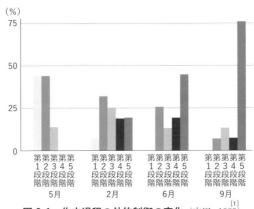

図6-1　作文過程の外的制御の変化（内田, 1989[1]）

6章　自律的な学習への転換

れるようになる。これは、命題の産出や文章の編集をしたり、表現や意図を調整したりしているのであり、すらすらと書くようになることは内的に思考し始めることと相互に関連しあっている。

1-3　生活的概念と科学的概念

　子どもは、無知な学習者として就学するのではない。それまでの生活経験から、自らが生きる環境についてさまざまな概念を形成している。たとえば、家庭で金魚を3か月以上飼育し世話をした経験のある5歳児は、飼育経験のない子どもに比べて、金魚の生態についてよく知っており、その反応を合理的に予測することができる。また、金魚鉢の水の交換について、「水が汚れるから」という事実だけでなく、水の汚れと金魚の不健康との関連を指摘するなど、飼育手順とその理由を結びつけて説明することができる。さらに、カエルといったよく知らない生物の反応についても類推的に予測する[2]。子どもは金魚の飼育という生活経験から、概念的知識を得ているのである。

　ヴィゴツキー（Vygotsky, L. S.）は、生活において自然発生的に得られる**生活的概念**と、就学後、科学的知識の体系にもとづく教授により発達する**科学的概念**とは相互に浸透しあい統合されていくとする[3]。生活的概念は具体性に富むが、抽象化や体系化がなされず、随意の操作性が乏しい。科学的概念は、ことばによる定義と制約が課され、具体性に欠けるが、自覚的、随意的な使用が可能である。学校教育を通して、生活的概念は「下から上へ」、科学的概念は「上から下へ」と相互に浸透し、それが繰り返されて両概念は統合されていく。たとえば、子どもは、氷と水、水と蒸気の変化について生活の中で経験しているが、理科で三態（固体・液体・気体）という概念を得たところで生活的概念はすぐには変わらない。しかし、科学的概念は、生活的概念が一定程度に発達していることで形成が可能であり、その意味はより具体性と現実性を帯びたものになる。また、科学的概念を得ることで、生活的概念が見直されその水準が高まる。

　たとえば、小学3年生の理科の単元「風の力」の導入として、「空気」のはたらきを取り上げた実践がある[4]。空気は透明であるため、視覚では空気の存在を確認することは困難である。子どもの生活経験上、空気は「物」ではない。そこで、パラシュートはなぜゆっくり落ちるのかということを考え「空気の存在」に気づいていく。また、注射器に閉じ込めた空気を圧縮したり簡便な噴水装置に空気を送って水を出したりすることから、空気の圧力や抵抗について推

測する。さらに、風の動きでシャボン玉の動きがなぜ変わるのかという問いから、風と空気の関係を考えたりもして、物質としての空気の性質について理解を深めた。この単元の学習によって、生活上、空気はすぐには可視化されないかもしれないが、パラシュートの落下や噴水、シャボン玉の浮遊など、生活でも出会う現象を取り上げた意味は大きい。子どもは空気に関する科学的概念を、それまでの生活的概念と結びつけるとともに、それを自覚的随意的に用いて、今後の生活で出会う諸現象を理解することを可能にするのである。

1-4　素朴理論と概念変化

　前項のように、学校の学習は「生活から科学へ」「科学から生活へ」という両方向において構成されており、子どもが生活で得た経験則や感覚、見方などを科学的知識の体系から意味づけることとしてとらえることができる。子どもが日常の生活経験で得る直観的な理屈は**素朴理論**といい、体系的な整合性を前提とする**科学的理論**とは区別される。たとえば、幼児は「生きていること」と「そうでないこと」を区別するのに「目に見える」「自ら動く」という基準を適用し、ぬいぐるみや自動車を生き物としたりする。幼少期から共に過ごしてきたぬいぐるみは、いくつになっても話し相手として「生きている」のである。

　つまり、素朴理論には「理論」としての要件が備わっていて、領域的なまとまりと整合性があり、因果や相関、帰納、演繹などの説明の論理がある。しかし、素朴理論は科学的な説明とは必ずしも一致せず、科学的理論や実証的なデータと矛盾があると、感覚による判断が優先されたりする。科学的説明を受けても、日常的な感覚や見方は変えにくいのである。

　では、子どもの概念はどのように変化するのだろうか。ヴォスニアドウ（Vosniadou, S.）らは小学生を対象に地球についての素朴理論を調査した[5]。子どもたちは、日常の経験から、地面は平らであり、地球上で人は支えがなくても立っていられることを認識している。また多くの子どもが「地球は丸い」と言い、地球の果てまで行くと人は落ちてしまうと述べる。そのような子どもたちに、地球はどのような形をしているか答えてもらうと、球体モデルのほかに5つのモデルに分類された（図6-2）。

　このうち、長方形のモデルは「地面は平ら」であることを、円盤形のモデルはそれに加えて「地球は丸い」ということを反映したもので、多くの子どもた

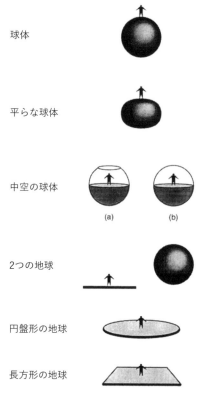

図6-2　子どもが考える地球のモデル（Vosniadou & Brewer, 1992[5]）

ちがまず最初に考えるモデルである。興味深いのは残りの3つであり、「地球は丸い」と「地面は平ら」を合成したモデルである。中空の球体モデルは球体の内部に平らな地面がありそこに人が住んでいるというものである。2つの地球モデルでは、空に浮かぶ球体と、それとは別に人が住む平らな地面があるというものである。平らな球体モデルは、球体の上部が平らに押しつぶされ、人はそこに住んでいるというものである。1年生から5年生にかけて、初期モデルから科学的な球体モデルへと緩やかに移行していく。ヴォスニアドウらによれば、素朴理論が変化しがたいのは、生活の中で繰り返し経験され適用されており、それなりにつじつまのあう説明になっているからである。概念を変化させるには、自らの概念を大幅に見直すような現象に出会い、思考の枠組みを転換させることが必要になるという。

　学校での学習を通して得た科学的概念によって素朴理論が修正され、学童期

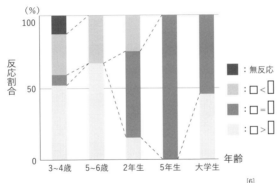

図6-3　等周長課題に対する反応別割合（西林, 1988）[6]

らしい知的な発達を遂げていくが、概念理解が進めば必ずしも正答に至るというわけではない。たとえば、60cmの長さが等しい2本の柵をそれぞれ折り曲げて、1本で正方形、もう1本で長方形を形づくり、それらを見せて面積の比較をさせたところ、意外な結果となった。正答率が最も高いのは幼児で、最も低いのは小学生、大学生で5割に届かなかった（図6-3）[6]。小学5年生はほぼ全員が誤答した。なお、同じように正答したものの、幼児は素朴に見た目で判断した結果であるのに対し、大学生は「底辺×高さ」という四角形の面積の公式を適用したことによるものであり、質的には異なっている。

　誤答で多いのは、「周囲の長さが等しい正方形と長方形は、面積も等しい」という判断である。これは、学齢期になり、保存概念を獲得しているがゆえのエラーとみられる。すでに獲得された概念と、別の概念とを関連づけようとしてうまくいかなかった例でもある。学齢期において**具体的操作期**から**形式的操作期**に移行していくが、この事例のように抽象的な思考を要する場合、その移行においてつまずきがみられることがある。3〜4年生頃に顕著なため、しばしば**9歳または10歳の壁**とされるが、異なる概念同士を関連づけようとすることも、それにつまずき誤答となることも発達の一過程ではある。

2節　問題解決としての学習

2-1　日常生活での問題解決

「何のために算数の勉強をするの？」――子どもに聞かれたらどう答えるだろうか。買い物での計算など、生活では演算が必要となるからだろうか。

では、買い物場面を考えてみよう。表6-2のように、箱入りと袋入りの4つのフルーツグラノーラから1つを買うとしたら、どのように選ぶだろうか。

価格や内容量はどのくらいか。1グラム当たりの価格を計算して比べればどれがお得なのかがわかる。また、味に好みがあり、原材料も確認したい。エネルギーはできれば控えめがいい。これも1グラム当たりで計算すれば比較は可能だ。この上でどれを選ぶだろうか。廉価なものか、グラム比で価格がお得で量が多いものか、好みの材料が入っているものか、収納しやすい箱入りか。

商品選択において、計算は問題解決の手段としてしばしば用いられる。レイヴ（Lave, J.）によれば、計算は自分の商品選択に合理性を与える手段である[7]。計算の結果、先の事例のようにグラム比の価格が安ければ功利性を優先し、内容量の多いA社の袋入りを選択するだろう。レイヴの調査では、買い物客は複雑な計算を要する問題を自らつくり出し、解決している。1つの商品選択で、平均で2.5回の計算を行っている。筆記テストの計算問題は誤答しても、買い物では計算間違いをしない[7]。買い物においては、計算という手段を選ぶこと、商品情報を確認すること、計算問題をつくること、計算を遂行すること、検算することは同時に進行しているのである。しかし、計算が煩雑であったり、味覚や収納を優先させたりしたくなったときは、計算自体を止めて、別の店で欲しかった商品を購入することもある。この瞬間、計算という問題自体が解消される。したがって、買い物において計算を「行うこと」は、商品選択の状況に規定され、何がお買い得か「知ること」と結びついている。

また、**ストリート算数**の研究では、ブラジルのレシフェという都市の路上市場で家計を助けるためにココナツや果物などを売る子どもたちが、売り子としていかに有能に計算するか、示されている[8]。彼らは、仕入れ値に利益を上乗せして、加減乗除が組み合わさる多くの計算を行うが、その際、紙や鉛筆は使わ

表6-2 フルーツグラノーラの商品情報

情報＼商品	A社 箱入り	B社 箱入り	C社 箱入り	A社 袋入り
価格	¥325	¥417	¥198	¥398
内容量	230g	230g	170g	400g
原材料	オーツ麦、玄米、パパイヤ、レーズン、りんご、いちご、キウイ、カボチャの種、ほか	全粒オーツ麦、シリアルパフ、ココナツ、キウイ、クランベリー、メロン、ほか	小麦、玄米、バナナ、イチゴ、リンゴ、カボチャの種、アーモンド、ほか	A社箱入りに同じ
栄養成分（エネルギー）	1食分(50g)当たり 223kcal 牛乳をかけた場合 361kcal	1食分(40g)当たり 185kcal 牛乳をかけた場合 319kcal	1食分(40g)当たり 162kcal	A社箱入りに同じ

ない。調査者は客として商品を求め、計算の仕方をインフォーマルに聞き取る一方、フォーマルには計算問題と文章題を彼らに解いてもらった。子どもたちには1〜8年の通学経験があった。

たとえば、12歳の子どもは、調査者である客から1つ35クルゼイロのココナツを10個求められて次のように計算した ──「3個で105Cz。もう3個で210Cz。あと4個か。えーと315Cz。で、350Czだ」。

つまり「35×10＝」という問題は、1セット3個で105Czとして、105＋105＝210、210＋105＝315、315＋35＝350と計算された。ココナツ10個は3個、3個、3個、1個と分解されている。学校でもとられるやり方だが、独特の分解と合成がなされている。

子どもたちは、路上の売買におけるインフォーマルテストでは98.2％の正答率であったが、別の機会に行われたフォーマルテストでは計算問題は36.8％、文章題では73.7％の正答率だった。フォーマルテストでは、自分が経験した学校でのやり方を適用しようとしてむしろ誤答に至ったケースもあった。つまり、彼らは、家計を助けるために路上で商売し売買を成立させるという現実の状況で用いられる計算では有能であるが、学校教育のように計算だけを取り出されて解答することは得意ではない。前者は売買の成立ということが子どもにとっての「問題」であるのに対し、後者は計算だけを取り出して解答するという

ことが「問題」となっている。「計算」が共通項となっているようにみえるが、「問題」自体が異なっているのである。

2-2　学校教育における問題解決

では、学校の学習における「問題」とは何だろうか。前掲のように、学校での学習では、学問や科学の見方を用いて現実の世界に新たな意味づけを行うことがめざされている。**問題解決**においては、現実の世界を切り出し対象化し、解決すべき問題を設定し、抽象化や検証を行い、その結果を現実世界に照合して解釈するという方法をとる。この点で、「知ること」と「行うこと」が不可分な、日常生活での問題解決とは異なる。

小学1年生は足し算の学習にどのように出会うだろうか。ある学級では足し算の初回の授業の冒頭で、教師は次のように板書し読み上げ、「知りたいことはありませんか」と尋ねた。

> おんなのこがいました。
> おとこのこがきました。
> どっじぼうるであそびました。

すると、表6-3のように、次々と子どもたちから疑問が出された。ドッジボールで遊ぶ場面を想起しながら反応しているのだろう。次に、教師は「足し算としてはどういうことをするのか」と投げかけると、K児はピンクのおはじきを取り出し、最初に2個、間を空けて右隣に3個、さらに右隣に5個並べ、「2たす3。2と3を合わせて5」と説明する。

しかし、足し算のお話を作ろうとしたとき混乱が起こる。このおはじきの並びに5の塊りを2つ見いだし、「女の子」も「男の子」もそれぞれ5人だとする意見が多数を占めた。そこで「2と3を合わせて5」という命題が再確認され、知りたいことの⑥「みんなで、したのか」に着目する。この「みんなで」はおはじきの塊りの「5」に相当すると、子どもたちは一斉に応える。そして「女

表6-3 子どもたちが知りたいこと

知りたいこと	精査の採否
①どんな洋服を着ていたか	否
②バッヂをつけていたか	否
③リボンをつけていたか	否
④どんな色の服か	否
⑤なぜドッジボールをしたか	採
⑥みんなで、したのか	採
⑦男の子が何人で、女の子が何人か	採
⑧どっちが勝ったか負けたか	未決
⑨何で女の子は「いました」なのに、男の子は「きました」なのか	採
⑩なんていう名前なのか	否
⑪どこの学校の人か	否
⑫どこでやっているか	否
⑬何年生か	否
⑭帽子をかぶっていたか	否
⑮何組なのか	否
⑯誰が外野になったのか	否

の子」は「2」で「男の子」は「3」だと確認された。

　続けて、冒頭で知りたいこととして挙げられた項目1つずつについて、足し算のお話に関係があるかどうか、精査された。ちなみに、足し算の問題の定式化には、数学的な考え方として、足される数と足す数、加算の要求という条件が必要である。精査の結果、表6-3の⑤⑥⑦⑨が採用された。このうち、⑦は数値で、⑨の「いました」と「きました」は足される数と足す数の関係を示し、足し算のお話の必須条件である。⑥の「みんなで」も合算を示す用語として必須である。子どもによれば「『みんなで、した』を消すと、したのは2人か、3人か、5人かわからなくなる」とのことだった。⑤についてはドッジボールの対戦状況を思い起こすのに必要とされた。

　⑧が未決となったのは、⑯の外野は誰かという議論を受けてのことである。「女の子」は2人なので1人が外野に出ると内野は1人しかいなくなる。「男の子」が弱くて「女の子」が強ければそれでもゲームは成立するだろう。だから強さを示す勝ち負けは除外することはできない、とされた。

6章　自律的な学習への転換

上記の事例では、男女でドッジボールをするという現実的な世界から、それぞれのチームに何人いて、合わせて何人でするのかという数的処理を要する問題が切り出される過程が示されている。「2たす3を合わせて5」という命題について、「2」と「3」と「5」はそれぞれ何をさすのか、おはじきのどの塊りに対応するのか、時間をかけて確認された。つまり、数的処理の結果は現実の世界に照らして再解釈され、「2たす3を合わせて5」という命題に込められた意味が追究されている。

　算数の問題解決においては、1つには問題文が示す状況を読解する過程と、その状況を数学的な問題構造としてとらえる過程がある。たとえば「バケツの水が5杯、コップの水が8杯あります。かけるといくつでしょう」に対し、5×8＝40としてしまうのは、後者の算数の問題構造の把握には長けているが、前者の状況理解が不十分であることを示している。就学して間もない小学1年生にとって、後者の数学的な問題把握は習慣化されておらず、自らの生活経験を踏まえて、問題文に描かれた状況の表象を形成する。それが表6-3の数々の知りたいことに表れており、2人と3人のチームでドッジボールをすることの不自然さが浮き彫りにされた。しかし、子どもが知りたいことの多くは精査によって却下された。

　つまり、学校の算数における計算活動は、切り出された問題を解決する手段として用いられるのであり、数的処理の妥当性が確認されるまで、問題は「問題」として残り続ける。学童期の子どもにとって、算数の問題には現実世界や生活経験が反映されてはいるが、数学的な条件として必要なもの以外は排除して解決に当たるということに馴染んでいくことになる。

3節　システムとしての学習

3-1　学習の社会文化的構成

　学級は生活と学習のために組織された集団であり、子どもたちは多くの時間を級友や担任と共に過ごす。科学や芸術、学問などの文化的所産は学級での学習を媒介するとともに、学級なりに活用されて学級独自の文化をかたちづくる。たとえば、学級で好まれる物語や自然物、話題、文化的道具の使い方などは学

級の誰かによって持ち込まれ、級友に支持され共有されて、学級の文化となっていく。学級文化とは、学級集団の成員に共有される学級独自の象徴表現や意味の体系であり、成員が学級において行為を生成させるときに参照される。子どもの行為は学級の文化的所産に媒介され、文化に規定されると同時に、学級で起こりうる行為として学級内で参照される。したがって、学級文化の生成と、子どもの個性の生成とは相互交渉的である。

ワーチ（Wertsch, J. V.）によれば、「行為」は道具という文化的営為に「媒介されて」いる。行為はことばなど文化的道具に媒介されているばかりでなく、**媒介物自体が媒介される行為**に本質的にかかわり、行為を変形させうる。したがって、行為は、文化的、社会的、制度的な制約を受ける。ワーチが提唱する**社会文化的アプローチ**とは、「社会文化的に状況づけられたものとしての媒介された行為こそが一方の文化的、歴史的、制度的な状況と、他方の個人の精神機能とに本質的な連続性を与える」[9]という見方をさす。

例をあげてみよう。小学3年生のある学級では、毎週2～3回、ことばを領域とする自主学習を実施していた。授業時間の前半は個別に作業を行い、後半は学級で発表を聴きあう。とりわけ詩の暗唱活動は活発に行われていた。ある日、Y児は「魔女の天気予報」（川崎洋・作）という詩を、声色と抑揚を駆使して暗唱した。詩の内容を活かしたパフォーマンスに学級はどよめき、歓声があがった。大好評を博し、1週間もたたないうちに指名されて再演したほどだった。

暗唱された詩は、カードに書写されて学級で保管される。Y児の発表に動機づけられて、カードを取り出しY児の口調を模倣して暗唱する、後続の演者が現れた。後続演者の暗唱に対しては、聴き手が「こわくいえてよかった」、「（Y児には）かなわないな」などと評価し、後続演者との比較で、Y児は徐々に権威づけられていった。「師匠」として、後続演者に教示することもあった。Y児が二度、三度と「魔女の天気予報」を暗唱すると、聴き手は高い評価を示し続けるとともに、どういう工夫がなされているか、探索するようになった。それに対してY児は、模範や工夫を示した。

この一連の過程は、Y児のレパートリー形成としてとらえることができる。レパートリーは、本人が特定の媒介物を好み、繰り返し発表しているだけで形成されるわけではない。詩を媒介物として、演者Y児と聴き手と後続演者とが相互作用を行い、関係性を変容させていく過程としてとらえることができる。好んで行うY児の暗唱は、聴き手や後続演者によって高く評価され、権威づけ

られ、Y児と特定の詩との結びつきが学級で承認されていった。つまり、Y児の「個性」は、学級の他児による承認によって現れた。

詩に媒介されるレパートリー形成は、学級文化としての談話や環境や自主学習の進め方に状況づけられると同時に、暗唱活動として起こりうる事例として学級文化を変容させる。Y児による特定の詩のレパートリー化は、同じ状況に参加する他児のレパートリー認識の形成を促し、レパートリー形成自体を一成員の出来事から学級文化化していく可能性をはらんでいるのである。

ワーチは学習について、習得としての内化と区別して、他者との相互作用によって、他者の「声」や性質を取り入れ「わがものとする」ことを**アプロプリエーション**（収奪と専有）による内化と呼んだ。Y児は耳にしたことのある魔女の声を取り入れ、自分なりに解釈した詩文に適用し、パフォーマンスをわがものとしたといえるし、後続演者たちは、Y児の口調をそっくり復話し、わがものとしようとしたといえる。学習は、学級の文化的所産と、社会的な関係性が絡み合って「わがもの」として形成される。

3-2　学習の複雑性とその縮減

学校の教育実践の当事者にとって「学習」は多義的である。1つには、活動自体を「学習」と呼ぶ場合がある。子どもを能動的学習者と位置づけ、能動的に行われる目的的な活動を「学習」とみるのである。2つには、一連の経験に対して「学習」と命名することがある。それは、教師の側からすれば教育的意図をもって構成された子どもの経験であり、子どもの側からすれば個性的で意味ある経験である。3つには、「生活」の対として「学習」がとらえられる。その生活とは、「科学」と対置されたり、学業や勉学に対置されたり、「生活即学習、学習即生活」のように「学習」と相互的相乗的な関係にあったりする。4つには、「学習」の使用には評価実践が伴う。「学習がなされた」「いい学習だ」という表現は、活動が起きた事実だけでなく、活動に価値や成果があったことを示している。すなわち、その活動への肯定的な評価を含意する。

このように学校の実践で学習が多義的になる背景には、学習の規定にいくつかの文脈が影響を及ぼしていることがある。1つには学校教育の制度としての文脈があり、2つには教育の科学性を是とする文脈があり、3つには、既存の教育を変えようとする教育運動の影響がある。4つには、学習主体が能動的主体的で「あらねばならない」とする学習者観の影響がある。これらの文脈は一

貫しているのではなく、状況や意図や談話のコミュニティなどによって、どの文脈が優先され、学習のどの意味がより強調されるのか、違ってくる。すなわち、学校の教育実践における「学習」は文脈依存性が高い。

これは、心理学における学習が「経験によって生じる、比較的永続的な行動（あるいは知識構造）の変容」などとして一義的に定められることと異なる。同じ「学習」という語の定義でありながら、心理学と、学校現場との間に、差異や不整合があるのである。

そもそも実践において起きているのは延々と続く相互作用であり、道具に媒介された行為の連鎖である。それらは切れ目がなく、複雑性を帯びており、切り出されなければ状況に埋もれ、意味の不明な相互作用や行為である。この状況において、「今日の実践は」あるいは「学習は」と言ったとしよう。その瞬間に、起きていたのはまとまりと意味を有する出来事となる。そして、一連の出来事を「実践」なり「学習」として他者と了解しあえることになり、同じ出来事について語り合え、子どもの発達を共通の文脈でみることができる。

ルーマン（Luhmann, N.）によれば、環境のカオス的な複雑性がシステム内部に取り込まれるとき、システムが不安定化することへの対処として**複雑性の縮減**が起こる。システムとは「複雑で変化しうる環境において内／外の区別を安定化することによって、自己を維持する同一性」である[10]。たとえば、自然環境の複雑性に対し、いわゆる「環境問題」として社会システムが対処しやすい範囲に複雑性を縮減する。学校は何でも学べる場であるが、あらゆる環境の複雑性を扱えるわけではない。学校教育においては子どもが学べる程度に、環境や内容、学習形態などの複雑性を縮減する。その際に、学校における「学習」がリフレーミングされ、その境界が自己言及的に産出される。

たとえば、教師が授業で子どもに「噴水装置で水を高く噴き上げる学習をしているね」と言うとき、この発話は、噴水実験の活動中であるとも、休み時間ではなく授業中であるとも、ここに至る経緯を含意しているとも、肯定的な評価がなされたとも解釈できる。言い換えれば、装置の組み立てや空気の送り出しなどの作業を為しながら、この場と時間において「適切な」活動であると自己言及しているといえる。つまり、噴水実験自体の複雑性を自己言及によって「学習」へと縮減させ、「意味あること」の生起を浮かび上がらせる。

延々と続く相互作用の集積であり、予定調和的には進まない授業において、「意味あること」の実現に向けて、授業は文脈化され、授業の複雑性が縮減されて、まとまりと意味を有する「学習」が出現する。すなわち「学習」とは

「学習なるもの」への希求と期待において現れ、教師も子どもも自らの実践を無意味にしないための努力によって、意味を有する出来事に遭遇しているのである。

　学校の教育実践において、ある活動や状況が「学習」として維持、継続されているのは、学習や発達の複雑性を縮減させるシステム作用が、学習自体に埋め込まれているからである。教育実践における学習は自己産出し続けることによって境界づけられ、他の環境におけるそれと区別することが可能となる。学童期の子どもたちは、この自律的な学習システムにおいて発達する存在なのである。

【コラム】「子ども」という存在

　「子ども」という存在は自明ではない。アリエス（Aries, P.）は著書『〈子供〉の誕生』（みすず書房, 1980）で、ヨーロッパの中世に「子ども」は存在せず、存在していたのは「小さな人」「背の低い大人」であったとした。その後13〜18世紀にかけて家族や共同体の在りようや宗教観などが変化し、子どもは独立した存在となる。子どもは「可愛がり」と「激昂」という2つのまなざしを向けられ、保護と教育の対象として意識されるようになった。18世紀には衛生と身体的健康への配慮などから2つのまなざしが統合され、子どもの「現在」の姿や「存在」そのものに関心が向けられ、子どもは家庭のなかで中心的地位を占めるようになった。したがって「子ども」は近代の産物であり、「子ども」という存在は歴史的に誕生したとされる。

　近代になると戸籍法や学制が敷かれ、一定期間、子どもは家庭から離れて、同世代の子どもと学校で学ぶようになる。それまで家庭などで労働に服していた子どもにとって、学校で学ぶ学問は立身のための資本であり、就学は労働から解放され将来の選択可能性を拡張する点で自由を得る手段となった。日本では、1890（明治23）年に公布された第二次小学校令の第1条に「小学校ハ児童身体ノ発達ニ留意シテ道徳教育及国民教育ノ基礎並其生活ニ必須ナル普通ノ知識技能ヲ授クルヲ以テ本旨トス」と「発達」という言葉が登場する。ヴント（Wundt, W. M.）が心理学の祖として研究を活発化させたのは19世紀後半である。心理学においては当初より近代の学制下の子どもを対象として「発達」の研究が進められてきている。子どもの存在は制度によって社会的に承認されるとともに、その発達は制度によって支えられているといえよう。

【読書案内】

- 石黒広昭 (2016)『子どもたちは教室で何を学ぶのか:教育実践論から学習実践論へ』東京大学出版会

　　学習は学校の教授のもとで閉鎖的特権的になされるものではなく、社会参加へと拓かれ導かれるものである。本書では、豊かな学習を可能とする社会の実現に向けて、現在の教育制度の脱構築がめざされる。社会参加を見据えた上で、学校で学ぶとはいかなることか。学習を再定義し、学習者の側からその意味を捉え直し、豊富な事例と共に問いかける書である。

- 榊原知美（編著）(2014)『算数・理科を学ぶ子どもの発達心理学:文化・認知・学習』ミネルヴァ書房

　　発達心理学、認知心理学、文化心理学、教育実践などの視点から、幼児期から学童期における算数や理科の学習のメカニズムや、学習における文化間移動の影響を表す書である。概念学習から状況論的学習まで扱い、学習支援にも示唆が多い。

【文献】

[1] 内田伸子 (1989)「物語ることから文字作文へ:読み書き能力の発達と文字作文の成立過程」『読書科学』33(1), 10-24.

[2] Inagaki, K. (1990) The effects of raising animals on children's biological knowledge. *British Journal of Developmental Psychology, 8*, 119-129.

[3] ヴィゴツキー, L. S.／柴田義松（訳)(2001)『新訳版・思考と言語』新読書社

[4] 白數哲久 (2017)『児童の科学的概念の構造と構成:ヴィゴツキー理論の理科教育への援用』福村出版

[5] Vosniadou, S. & Brewer, W. F. (1992) Mental models of the earth: A study of conceptual change in childhood. *Cognitive Psychology, 24*, 535-585.

[6] 西林克彦 (1988)「面積判断における周長の影響:その実態と原因」『教育心理学研究』36, 120-128.

[7] レイヴ, J.／無藤隆・山下清美・中野茂・中村美代子（訳)(1995)『日常生活の認知行動:ひとは日常生活でどう計算し、実践するか』新曜社

[8] Carraher, T. N., Carraher, D. W. & Schliemann, A. D. (1985) Mathematics in the streets and in schools. *British Journal of Developmental Psychology, 3*, 21-29.

[9] ワーチ, J. V.／田島信元・佐藤公治・茂呂雄二・上村佳代子（訳)(1995)『心の声:媒介された行為への社会文化的アプローチ』福村出版

[10] ルーマン, N.／馬場靖雄・上村隆広（訳)(1990)『目的概念とシステム合理性:社会システムにおける目的の機能について』勁草書房

7章　学級や授業への参加にみる社会的変化

　学校へ入学し、学級や授業に参加していくということは、より社会の一員となっていくことでもある。子どもたちは、学校で学ぶことを通して、これからの社会で求められる資質・能力を培っていく。それは、よりよい問題解決に向けて、自分たちで考え、判断し、さまざまに対話し協働しながら、学び続けていく力である。民主的な社会の担い手として、誰かに盲目的に従うのではなく、自分たちで考え対話しルールをも生み出していく力でもある。このようなことを踏まえると、学級や授業への参加にみる社会的変化とは、学級や授業へ参加することを通して、これから社会で生きていく力を培う学習者になっていくということである。この章では、どのようにして子どもたちがこうした学習者になっていくのか、それにはどのようなことが重要なのか、論じていく。

1節　自覚的な学習者へ

1-1　保幼小のつながりのなかで

　これからの社会で求められる資質・能力は、就学前教育の段階から培われ始めている。幼稚園や保育所、認定こども園では、子どもが自らかかわっていく環境が保育者によって構成され、遊びのなかで子どもたちはさまざまなことを自分なりに考え、試し、工夫していく。それと同時に、さまざまなことを感じ、気づき、わかり、できるようになっていく。心が動き、やってみたいと意欲をもち、挑戦し、ねばり強く取り組み、やり遂げていく態度も育っていく。遊びのなかに総合的に多様な領域にわたる学びが埋め込まれているのである。ただし、子どもにとっては「学んでいる」という自覚はなく、体験的に学んでいる状態といえる。

小学校に進学すると、子どもは、教室で行われる授業のなかで、教科による学習をベースに学んでいく。そこでは、子ども自身が何をどう学ぶのか、見通しをもち、自覚的に学んでいくようになる。お互いに考えたことを学級で対話を重ね、さまざまな問題を解決しながら、知識や技能を身につけ、思考力・判断力・表現力を培いながら、教科としてのものの見方・考え方を深めていく。

社会構造の変化や人工知能の発達といったこれからの社会の大きな変革のなかで、受身的に与えられた知識や技能を習得するだけでなく、予期せぬ変化に耐え、解決に向かって知を創造していく力が必要とされている。こうした考え方は世界的にも共有されており、学習指導要領等においても、就学前から義務教育以降にわたって、育てたい資質・能力の柱や、それを実現するための「主体的・対話的で深い学び」の必要性が、共通して提起されている[1]。

こうした背景を踏まえて、本節では、子どもが小学校でどのように学んでいくのかを検討していく。小学校へ進学した子どもたちは、園とは違うところには不安をもちながらも、授業のなかで改めてわかることや新しく知ることに大きな期待をもっている。子どもたちが学校での学び方に馴染み、自律的な学習者になっていく過程について、3つの視点で述べていく。

1-2　活動の枠組みのなかで

園において子どもは、自分のやってみたいことに向かって遊んでいくなかで、徐々に興味や関心の幅を広げていく。そして、幼稚園教育要領等においても示されているように、同じ目的に向かって協力して試行錯誤していく「協同」が重要となっていく。特に年長児クラスの後半くらいになると、興味・関心をもって取り組むことが複数の子どもたちやクラスとしてより共有され、やってみたいことが膨らんで共通の願いとなり、友だちと同じ目的に向かって試行錯誤していくようになる。このように協同していく過程では、保育者側もその活動がどのように発展し、どのような学びが展開するか、大まかな見通しをもちながら、保育者側のねらいも編み込まれるように子どもたちと相談して進められていく。これらは毎日、まとまりのある一定の時間をとって行われ、それが日々つながり、発展していくことが多い。

小学校においても、入学してしばらくは「スタートカリキュラム」として、緩やかな枠組みで活動が構成されることが多い。幼児教育との連続性を意識した学級では、園での活動の枠組みのように、子どもの生活文脈から生まれた問

いや意欲を大事に、そこから学習が展開される。たとえば、生活科の一環で学校探検に出かけると、子どもたちはさまざまな物や人に出会う。花壇の花の数や敷石の数、校内に飾られている絵や掲示物、体育館の床に幾重にも貼られているビニールテープの線。校長先生や保健室の先生、給食を作ってくれている人。大人が想定している以上に多様なことに目を向け、どういうものがどれだけあるのだろうか、なぜそこにあるのだろうか、何をしているのだろうかと、いろいろな疑問をもつ。集めた情報を整理して、子どもの問いをもとに学習を進めていくことで、見つけた物や場所を活用して活動し、数や文字の学習や、話す・聴く学習などにもつながっていく。

　このように、個々の子どもやグループの興味・関心にもとづいて探究していく活動がなされる場合にも、小学校では学級全体でその活動の「めあて」が明確に言語化されることが多い。園での協同的な活動では、子どもたちが共有している目的は「お化け屋敷を作ろう」「お店やさんをしよう」というくらいの大まかなものであったりする。それに対し、小学校では「学級探検へ行こう」というだけでなく「見つけたことを書こう」「紹介しよう」「みんなの発見をまとめよう」など細やかに毎回の「めあて」が設定されることが多い。それは、子ども自身が見通しをもち、何をめざして活動するのか、ことばによって自覚することにつながる。

　また小学校では、各教科での学習内容が学習指導要領で規定されていることもあり、学級集団で、ある程度効率よく学習を進めることが必要になる。そのため、時間割のような時間的枠組みが設定され、時間割で区切られたさまざまな教科の学習を、細切れの時間で進めていくようになっていくことが多い。学習指導要領において原則として45分で各教科の時数が規定されているため、時間割もたいていの場合45分で設定されている。これら毎回の授業で「めあて」が提示され、子どもたちはクラスで共有された目標に向かって活動していく。

　前述の学校探検のようなプロジェクト的な活動に教科の学習が連動して授業が行われていくと、子どもにとっては必然性をもって学習していきやすい。一方で、教科として身につけるべき知識・技能の要素について、決められた目標を達成していくことを、毎日の細切れの時間で繰り返し、習得していく授業が行われることもある。もちろん、子どもにとって、生活の文脈から切り離して現象を概念化したり公式化したりしてさまざまな記号を操作できるようになることは重要である。教科の概念を通して世界をより的確に認識することもでき

るようになる。しかし、習得すべき知識・技能が生活の文脈から切り離され、効率的に教えられるだけの授業になると、子どもは教師の求める正解を探して毎回小さな目標達成を繰り返すだけになっていく。

　学校のなかで、子どもたちは、授業で行われる学習活動に対して自分なりに興味や関心をもち、必然性や目的意識をもって取り組んでいくことができると、そこで身につけられた知識・技能は断片的な記憶ではなく、生きて働くものになりうる。時間の枠組みを弾力的に形作りながら、子どもの文脈に寄り添っていかに「めあて」をつくるかが問われるともいえる。

1-3　行為の型の枠組みのなかで

　園においても小学校においても、暗黙のうちに、きまりやルーティンが存在するものである。たとえば、小学校1年生を担任する教師は保育所に参観に行った際、「給食のとき、食事が終わると教師が何も言わなくても、どの子も必ず食器をすべて重ねて1つにまとめて返しにくることを不思議に思っていた。保育所に参観に来たら、保育所ではそうするきまりになっていたので納得した」と語った。1つの保育所の子どもがみんな同じ1つの小学校に通うという小さな地域だったため、子どもたちが保育所でのきまりをそのまま小学校に持ち込み、暗黙に成立していたのであった。

　小学校に入ると、座り方や話し方・聞き方などについて、行為の型がより明確に示されることが多い。地域によっては、多くの教室に、背筋を伸ばして椅子に座り、足を床につけ、机とおなかの間にこぶし1つ分空けるという座り方の絵が掲示されている。また話をするときには、状況に応じて声の大きさに気をつけるよう、「声のものさし」といった掲示もみられる。みんなの前で話すときには、立ち上がり椅子を入れて、みんなの方を向いて、大きな声で話す。話を聞くときには、相手に体を向け、目を見て聞く。こうした行為の型の細かさや徹底具合は、学級によって異なるが、このようなルーティンがある程度存在することで、教室で求められる振る舞い方が共有され、子どもたちが無秩序に動き回ることを防ぎ、規律を保つことが可能となる。また子どもにとっても、座り方や話し方・聞き方の型は、それを手がかりに自分の体や声を自覚し、自分でコントロールすることができるようになるという意味があるといえる。

　一方で、座っていられず立ち歩く等の問題が小学校1年生になって現れると「小1プロブレム」と言われてきた。園においては、多くの場合、子どもた

ちは座る必要のある活動ならば「座りなさい」と言われなくても座って行うし、聴きたいと思うことであれば「静かにしなさい」と言われなくても黙って他者の話を聴いているものである。子どもの文脈と関係なしに、学校側・教師側の文脈に従わせようとすると、それに沿わない子どもは「問題」にみえてしまいがちである。ある保育所では、入学後の子どもたちが落ち着かないので様子を見に来てほしいと小学校側に要請されて授業を参観したところ、保育士の目には、子どもたちにとって授業があまりに形式的で面白味に欠けることが問題に思われたという。その意味で、保幼小の接続を推進していくなかで、前述の「スタートカリキュラム」のように、活動のあり方を見直すことも重要であろう。同時に、教育観をとらえ直すことも必要である。たとえば、声が小さくても、見つけたことを自分のことばで伝えることができることに意味があるととらえ、教師がそれを復唱して支えれば、声の大きさは問題にならなくなる。この時期の子どもたちに何を期待し、何を大事にするべきか、考えた上でかかわっていくことが求められるといえる。

さらに、前述の給食の片づけの例のように、子どもたちは園ですでにさまざまな経験をしてきてもいる。1つの小学校に多様な園から入学者がいる場合においても、共通することがあるに違いない。たとえばそれらを子どもに尋ねながら、一方的に教師が決めた型に沿わせるのではなく、子どもたちと相談しながら進め、子どもたち自身の思考を経て納得した形で行為の枠組みに結びつけていくこともできる。小学校に入った子どもは「白紙」ではなく、すでにさまざまな経験を重ね、自分で考え判断することが可能な存在として、かかわっていくことが必要といえる。

1-4　対話の仕方の枠組みのなかで

伝統的な授業においては、**I-R-E 連鎖**といわれるパターンがある。すなわち、教師が主導し（Initiation）、それに対して子どもが反応し（Reply）、それを教師が評価（Evaluation）するという一連の流れである。[2]「○○についてわかりますか？」といった教師の問いに対して「□□だと思います」と子どもが答え、「そうですね」と教師が評価するのである。ほかにも、子どもの発話に対して「同じです」と同調的な発話を斉唱したり、「似ています」「違います」と言って挙手し、さらなる発話を行ったり、発話者の子どもが次に発話する子どもを挙手したなかから指名したり、学級によってさまざまな発言パターンがあ

る。それは暗黙の了解として形式化する場合もあれば、教師が明示的に導入する場合もあるが、このような対話の仕方の枠組みに則って発言することが求められるのである。

　一方で子どもは、こうした枠組みに沿わない形での発話も行うものである。たとえば、フォーマルともインフォーマルともつかない両義的な発話や、内容や形式の点で授業の進行から外れた発話[3]などである。実際のところ、授業において、どのタイミングでも好き勝手に何を言ってもいいというのではあまりに無秩序で授業は成立しなくなってしまう。しかし、枠組みに沿わずに発話をする子どもにも、その子なりの文脈がある。たとえばふざけているようにみえる発話も、その子にとっては授業の内容と生活経験とが重なったがゆえに出てきた発話かもしれない。教師や友だちとの関係性のなかで出てきた発話かもしれない。教師は瞬時にそれを判断しながら、時に発話を受け流し、時に敢えて発話を取り上げながら、授業の秩序を保ちつつ、学習活動を展開し、子どもの関係性を調整し、対応するのである。

　このように、教室にはさまざまな制約がある。教師にとっては、集団に対して学習内容を指導する上で、このような枠組みが秩序を保つ上で効率的である。子どもにとっては、教科の学習内容のカリキュラムの裏側で、このようなあるべき振る舞い方が学習されていることになり、それは**隠されたカリキュラム**（ヒドゥン・カリキュラム）とも呼ばれる。そして、これは、子どもがどのような学習者になるかということに連動してかかわってくる。どう課題に向かうのか。どう話し、どう聞くのか。指示に従い、言われたとおりにするのか。自分たちで考えて判断して動くのか。教師のもつ正解を当てようとするのか。自分なりの考えを表現しようとするのか。本節で述べてきたように、小学校に入った学童期の子どもは、自分の振る舞いや学習プロセスに自覚的になっていく。こうした発達を支えるためにも、就学前教育からの接続において、単に入学後の適応を良くすることだけでなく、学びのあり方や活動のあり方も含めた接続に目を向け、検討していく必要がある。

2節　学級コミュニティで学ぶ

　学級は1つのコミュニティであり、そのなかでコミュニケーションが図られ、

さまざまに関係性も構築されていく。前節で述べたような、教室における枠組みは、学級の関係性にもかかわってくる。教師の求める型をあるべきものとして規制する学級は、子ども同士でも注意しあい規制しあう。自分たちで考え、判断し、対話し、協働していく学級は、課題に対して協働で知恵を出し合い励ましあって探究していく風土が培われる。本節では、こうした風土がどのように培われ、どのような発達に結びつくのか、述べていく。

2-1　一対一から一対多へ

　小学校1年生の教室では、しばしば「先生！」という呼びかけがいくつも飛び交う。子どもは教師と一対一の関係を結んでおり、教師に対して個々に反応し、何か発言するときも、教師に向かって話すことが多い。一方で教師は、それに応えながらも、朝の会や授業などを通して、子どもに「みんな」に向かって話すことを促していく。たとえば1人の発話を復唱して「みんな」に意見や感想を求めたり、「みんな」の方を向いて話させたりして、一対多の関係に移行させていくのである。聴き手もまた、他者の発話を先生に話されているものとして聞くのでなく、自分に向けて話されているものとして受け止めるようになっていく。たとえば聞こえないときには「聞こえません」と伝えて、聞こえるような声で話すことを求めたりする様子も出てくる。このような過程を経て、話し手も聴き手を意識して話すようになっていく。

　このようにして、子どもは、特定の人と私的なやりとりのなかで表情や身ぶりも使って文脈を共有して交わす**一次的ことば**だけでなく、必ずしも経験を共有していない不特定多数に向けて話を組み立てて状況や考えを公的に伝える**二次的ことば**[4]を使えるようになっていく。

2-2　対話的なコミュニケーションへ

　一対多の公的なことばを使えるようになるといっても、それは「○○です。その理由は○○だからです」など型にはまった形で話せるようになることを意味するのではない。むしろ自分の考えをもち、それをことばにして他者に伝えることができるのが重要である。それは、子ども同士で考えを出し合うことを通して、新たな知を創造していく力を培っていくことにつながっていく。子どもたちが対話を通して学びあう授業には、お互いの異なる意見を認めあい、絡

み合わせる、対話を支える前提が暗黙に了解されている。

　たとえばある小学校6年生の学級では、次のようなグラウンド・ルールが前提となっていた[5]。1つは、お互いの考えとの向き合い方に関するルールであり、具体的には、「自分なりの考えを大切にする、自分の立場にこだわる、話し合いのなかで考えをつくる・変える」などである。2つ目は、他者とのかかわり方についてであり、「考えを積極的に提示する、積極的に質問や反論を行う、積極的に情報を付け足す」などである。3つ目は、活動主体としての責任についてであり、「授業の主体として参加する、助け合いの尊重」などである。こうしたルールは教師が一方的に提示するのではなく、授業の話し合いの文脈において、子どもの発話へのことばがけや意味づけを通して示されていた。

　子どもが課題に対して協働で探究していくためには、それぞれの子どもが活動にどのように向き合い、互いの向き合い方に対してどのような態度をもつか、どのように他者の考えを聴き、自分の考えを表現するのか、ということもかかわってくる。こうした対話を通して、課題の理解が深まっていくと同時に、子どもは学び方そのものを学んでいく。そして、また子ども同士が認めあう関係性も構築されていく。

2-3　学級の規範

　学級が集団としてまとまりを持っていくと、規範も共有されるようになっていく。たとえばある小学校3年生の学級では、「命を大切に、心を大切に、人の勉強を邪魔しない」という原則を教師が持ち込み、教室でのさまざまな活動のなかで事あるごとに適用する様子がみられた[6]。そのうち、子どもたちも教師の真似をして適用する場面がみられるようになり、時にはふざけた言い方をして自分たちのものとして使い、学級で大事にされるべき規範が共有されていった。

　中学年くらいになると、**ギャング・エイジ**といわれ、仲の良い同性の仲間で集まって、自分たちの規範をもつようにもなる。身体的にも認知的にも発達していくなかで、本音と建て前があることに気づいたり、大人の思惑を見透かしたりもし、自分たちの納得できないことには抵抗を示すようにもなっていく。こうした点でも、教師が一方的に理想的な規範を示してそれに沿わせるのではなく、原則的なことは押さえつつ、子どもたち自身が参与する形で学級の規範を共有し醸成していくことが重要となる。

これらは道徳性の発達にもかかわってくる。コールバーグ（Kohlberg, L.）によれば、道徳性の発達段階は、教師や保護者に「怒られないように」正しい行いをするという、罰と服従の段階から始まる。それが「良いことをしてもらったからしてあげる」というギブ・アンド・テイクのような判断ができるようになる。やがて成長していくにつれ、「教師や保護者に褒められたい」「友だちや仲間に良く思われたい」とか「きまりだから」というように他者との関係性やルールにもとづく判断ができるようになっていく。さらには、きまりに従順に従うのでなくきまりそのものを問い直しながら個人の権利と社会的な利益を鑑みて判断していく段階、普遍的な倫理的原理を志向していく段階へと発達していく。

　このように、共通の課題に向けて子どもたちがさまざまに考えをもち、協働して探究していく過程では、それを支えるコミュニケーションの編成があり、学習が深まっていくと同時に、学び方や関係性が培われ、一定のルールや規範を共有したコミュニティになっていく。このような学級の風土のもとで、学習と生活が営まれ、子どもたちは発達していくのである。

3節　異質な他者との協働

　学級は、異質な他者の集まりでもある。協働で探究していくと、うまくいかないことも生じうるものである。それにも耐え、なんとかしようとする力を培っていくことが必要となる。異質な他者同士だからこそ新しい知を生み出すこともできる。

　1節でも述べたように、幼児期においては、幼稚園教育要領等でも、同じ目的に向かって協力して試行錯誤していく「協同」が重要とされている。小学校においても、授業は共通のめあてに向かって学級みんなで課題解決していく協同の場であるといえる。一方で、中学年くらいになると、認知的にも運動的にも個人差が目に見えてきて、たとえば体育で試合などをすれば「あの子のせいで勝てない」というようなことも生じてくる。こうした状況は葛藤状況にもなりうるが、勝つために作戦をメンバーで考えて力を合わせて補いあう方向にも向かいうる。それぞれの子どもが真剣に自分のこととして課題に向かい、責任を負って、自分の利益だけでなくさまざまなリスクをマネジメントしながら、

異質な者同士が互いの力を出し合い、認めあい、補いあい、よりよい解決をめざしていくことにつながるのである。立場を異にしながらの協力を越えて、このように、まさに社会のなかで1つの仕事に向かって働くように力を出し合うという意味で「協働」という表現が使われることもある。どこまでが協同でどこからが協働かという厳密な定義は難しく、重なりもかなり大きいことから、この節では、これらを広く含むものとして異質な他者とのやりとりを取り上げ、学校のなかでどのような形でみられるようになるのか、述べていく。

3-1 道具を共に用いる

授業はさまざまな道具を介して学習が進められる場である。課題に対して、物理的な道具としては、たとえば教科書やノート、筆記用具などさまざまな道具を用いて思考し、解決に向かっていく。そこでは同時に、認知的な道具も使用される。たとえばことばもその1つといえる。それは物質としては存在しないが、認知的に使用可能な道具である。たとえば算数で用いられる記号や公式などもその1つであろう。自然や社会のさまざまな現象を、自然科学的にとらえたり、社会科学的にとらえたりする、物事の見方の枠組みも1つの認知的道具ということができるだろう。授業においては、課題解決に向かって、解法や、それにかかわる教科としてのものの見方・考え方を学び、自分なりに使いこなしていくことになる。そこでは、教師が教えた枠組みをそのまま「記憶」するように習得するというよりは、一緒にやってみたり真似たりしながら、子どもが自分なりに試行錯誤し、その枠組みを1人で使いこなせるように「専有（アプロプリエイト）」していくことが重要となる。それでこそ、ものの見方・考え方が深まっていくのである。

授業において、課題に対する考え方を子どもたちが出し合い、共有していく過程は、このような認知的道具を学級みんなで使用していく場であるともいえる。たとえば小学校5年生のある学級において、算数の平行四辺形の面積の解法を考える授業場面で、面積の求め方についていろいろなやり方を考えて出し合う場面を考えてみよう。[8]

この授業では、ある子どもが考えた求め方について、「○○さんはこう考えたんだと思う」と、ほかの子どもがそれを説明するということが行われていた。説明している途中でうまく言えなくなってしまったときには、同じ班の子が一緒に前に出て助けたり、説明を聞いていた子どもたちが小さな声で助け舟を出

したりする様子もみられた。このクラスには、学習に困難があり、算数や国語になると教室から出ていってしまうような、「問題」とされがちな子どももいた。その子もまた前に出て、自分の考えた求め方をほかの子の助けを借りて説明する様子がみられた。ほかの子が考えた求め方についても、図形に引いた線を実際に鋏で切る局面で指名され、前に出て行う様子がみられた。

　面積の解法は、面積を知るための道具でもある。クラスの議論は、いくつかある解法のそれぞれについて、道具としての特徴を利用し、いずれかを選び使用するための過程である。よって、解法も1つの認知的道具といえる。そこでは、複数の子で1つの道具を使い、うまく使えない子がいるときには、助け合っていた。授業のなかではこのように、互いの考えを出し合い共に課題の解決に向かうなかで、「問題」とされがちな子どもも含めて共に学ぶ関係が構築されながら、学習活動が進められていくのである。

3-2　関係のなかで育つという発達観

　このような授業の背景には、教師の発達観や学習観が大きく作用する。先述のような共に学ぶ関係のなかで学習を進めていく授業の背景にあるのは、子どもが独力で課題解決をしなければならないという考え方ではない。むしろ他者の助けも借りながら道具を自分のものにしていく過程が大事にされている。このような考え方の教師は、授業を通して、すでに成熟した現在の発達水準と、他者の力を借りればできる成熟・発達し始めた明日の発達水準とのくいちがい（発達の最近接領域[9]）にはたらきかけているともいえる。

　一方で、たとえば誰かが発表したときに口をはさむと「教えちゃいけないんだよ」「言っちゃいけないんだよ」と遮る文化の学級もある。学校のなかでは、テストに代表されるように、与えられた課題を誰の力も借りずに1人でできるようになることが求められる文化も根強い。

　よりよい問題解決に向けて、自分たちで考え、判断し、さまざまに対話し協働しながら、学び続けていく力を育んでいく上では、子どもが他者との対話を通して自分の考えをことばにし、相互にやりとりすることが不可欠である。習得すべき知識・技能が「正解」として位置づけられ、それを1人で使えるようになることだけを良しとする学習観から脱却し、1つひとつの学習内容を注入していくだけのコンテンツ・ベースのカリキュラムを転換していくことが求められる。十分に知識や技能が習得できていない子を「できない子」とするので

はなく、その子なりの考えの過程を丁寧にとらえ、他者とのかかわりのなかで時間をかけて学習内容の理解を促し、資質・能力を培っていくことが必要といえる。

3-3 共に課題を解決する

　道具を共に用いることにとどまらず、異質な者同士が力を合わせて課題解決していくプロジェクト活動を展開していくことは、子どもにとって大きな学びにつながる。たとえば長野県にある伊那小学校では、「学校は子どもたちにとってこころゆく生活の場、詩境でなければならない」（伊那小学校ホームページより）という理念のもと、学校の研究テーマを「内から育つ」と掲げ、総合学習・総合活動の充実に力を入れ、総合的な活動を中核に学習が推進されている。「こうでなければ」「一人前にさせなければ」などととらわれずに子どもをよく見ることが学校内で共有されており、子どもの願いや求めを大事にしながら、活動が教科などの学習の基盤となると同時に教科などの学習で得たものを実地に生かし統合することができるよう、題材が選定され活動が進められている。

　活動のなかでは、子どもたち自身がさまざまに試行錯誤していく。たとえばヤギやブタなどの動物飼育も多く行われており、子どもたちは、どのような場所でどうやって飼育していけばいいか、地域の人々の助けも借りながら、時には小屋を作ったり、時には出産に立ち会ったり、さまざまな経験をしていく。活動の過程では、子どもたち自らが心を動かし課題を見いだして、それに向けて意欲をもち、あきらめずに挑戦してやり遂げていく態度が養われていく。1人ではできないような大掛かりな活動であるため、互いの思いや考えを表現しあい、理解し尊重しあっていくことにもなる。自分の思いだけでは前に進めないことも生じ、情動をコントロールしたり、自身を振り返って省察したりもする。さらに、教科での学習としても、国語での話す・書く学習や、理科や社会科の活動にかかわる単元、造形や音楽などの創作など、真正な課題に取り組んでいるからこそ、活性化することができる。お互いの得意なことを生かし、苦手なことは補償しあい、自己肯定感の安定にもつながっていく。

　このように、授業をはじめとするさまざまな活動のなかで、子どもたちが他者と相互作用して課題に向かっていく場が作られ、生きる力を育んでいくのである。

4節　子どもの育ちを支える基盤をより豊かに

　ここまで述べてきたように、幼児期から学童期にかけて、子どもは身近で直接的な対人関係に支えられた生活環境に参加していたのが、学級や授業への参加を通して、対象化可能な社会の範囲が広がっていく。生活圏が広がり、社会との接触が増え、社会参加も促されていき、高学年になると地域や日本の社会問題をまさに社会の一員として考え、議論することが可能になっていく。学校はこうした育ちを支える大きな基盤である。とりわけ、学校で多くの時間を過ごすのは授業である。この章で述べてきたように、授業においては、教科の学習を通して認知的な知識・技能だけでなく、これからの社会で求められる資質・能力が育まれていく。この節では、このような育ちの基盤をより豊かなものにしていくためのポイントを3点指摘したい。

　第一は、学校での授業をはじめとする活動をより質の高いものにしていくことである。与えられた知識や振る舞い方を受身的に獲得するという伝統的な学習を超えて、子ども自身が主体的に考え、それをことばにして対話し、判断していくような学習者になっていくことが必要である。こうした授業や学級を実現していくことは実は容易ではない。教師自身が伝統的な学習観をもっていることも多いからである。その意味で、教師の学習観そのものを転換していくことが必要である。

　第二に、それは教師個人の問題だけではない。たとえば、この章で述べたような、子どもが協働で探究していくプロジェクト活動をしていこうと思うと、学年や学校全体でのカリキュラム・マネジメントが必要となる。それには、教師同士で子どもたちにどのような力をつけるのか、共通理解を図り、めざす方向に向けて教師集団としても協働していくことが求められる。

　第三に、こうした教師の協働は1つの学校内にとどまるものではない。特に幼児教育の現場では子どもが主体的に活動し、遊びのなかで学んでいく実践がなされている。そして、幼児教育から小学校教育へと学びや育ちが連続していくよう、接続の実践もさまざまになされている。しかし、幼児教育と小学校教育には考え方の違いも大きく、めざす方向を共有し、実践していくことには困難もある。この困難を乗り越え、校種を越えて協働していくことが求められる。

このように、子どもたちの育ちを支える基盤として、教師や学校の協働が求められるといえ、そのための体制づくりについても今後検討していく必要があるといえる。

【コラム】　発達障害

　日本において、発達障害とは、2004（平成16）年に定められた発達障害者支援法による定義が参照されることが多い。それは、世界保健機関（WHO）の「ICD-10（国際疾病分類第10版）」の基準に準拠するものであり、「自閉症、アスペルガー症候群その他の広汎性発達障害、学習障害、注意欠陥多動性障害その他これに類する脳機能の障害であってその症状が通常低年齢において発現するものとして政令で定めるもの」とされている。

　一方で、2013年に改訂された、アメリカ精神医学会の診断基準DSM-5（精神障害の診断と統計の手引き第5版）では、「神経発達症群／神経発達障害群（Neurodevelopmental Disorders）」という用語が使われるようになった。これは、知的障害などの知的能力障害群、言語障害や吃音などのコミュニケーション症群／コミュニケーション障害群、自閉スペクトラム症／自閉症スペクトラム障害、注意欠如・多動症／注意欠如・多動性障害、読字障害などの限局性学習症／限局性学習障害、発達性協調運動障害などの運動症群／運動障害群、チック症群／チック障害群、他の神経発達症群／他の神経発達障害群を含む。

　「神経発達症／神経発達障害」は、「発達障害」と重なるものではあるが、より広い範囲を含み、神経の発達の障害という共通した問題によって生じる連続的なものであるということが前提となっている。また、自閉症やその特徴を部分的にもつことで「広汎性発達障害」と呼ばれてきた分類が「自閉スペクトラム症／自閉症スペクトラム障害」とされた。自閉症の特徴をどれくらい、どのようにもつか、社会へどれくらい適応できるか、知的にどれだけ高いかなど、多様なパターンを連続的に含む複合体としてとらえられるようになっている。

　これらの障害は、かつては親の育て方や親子の情緒的関係など心因的な問題として考えられたこともあるが、現在では、脳機能や神経発達の障害、染色体の問題等が指摘されており、こうした医学的知見の発展に伴い、概念も進化してきた。ただし臨床像としては、外見からはわかりにくいこと、障害の境目が明確でないこと、多様な障害が重なることも多いことなどから、周囲に理解されづらく、本人の努力の問題に帰されてしまうこともある。それにより否定的な評価や叱責など不適切な対応がなされると、自己肯定感や自尊心が損なわ

れ、二次障害にもつながりうる。不適切な理解と対応は、虐待やいじめ・からかい、不登校やひきこもりといった問題につながる可能性もある。

　これらの障害は、現段階では根治することは難しい。しかし、発達がアンバランスであるがゆえに生じる困難さが起こりにくくなるよう環境を調整すれば社会生活の支障もなくなるものでもある。適切な理解にもとづき、合理的配慮を行いつつ、得意なことや特性を生かしていくことで問題を防いだり改善したりすることが可能である。同時に、社会生活を送りやすくなるよう本人がソーシャル・スキル・トレーニングなどを受けたり、特性の理解やかかわり方について親がペアレント・トレーニングなどを受けたりして、適切な認知や行動を習得していくことも有効である。また、症状によっては、投薬により改善することもあり、それには医療機関での相談が必要といえる。

　学校や家庭など子どもを取り巻く場において、診断名がつくと、子どもがラベルづけされ、何か問題が生じてもそれが障害のせいにされて終わる危険性もある。同じ診断名であっても、子どもによってその特性はさまざまである。また、この障害は決して個人の問題ではなく、他者とのかかわりをはじめとする環境との相互作用のなかで生じる問題でもある。個々の特性を丁寧に理解していくとともに、かかわりや環境そのものを見直すことがきわめて重要であるといえる。

【読書案内】

- 秋田喜代美 (2000)『子どもをはぐくむ授業づくり：知の創造へ』岩波書店
　　子どもの育ちを支えるために授業がどのように作られているのか、研究による知見と具体的な例を交えて紹介されており、子どもの発達と授業について考えを深めるのに役立つ。
- 伊那市立伊那小学校 (2012)『共に学び共に生きる』信州教育出版社
　　子どもたちが協働して学んでいく姿やそれを支える教師のありようについて、具体的な実践事例が複数掲載されており、子どもの学びを支えるためにどのような実践が可能なのか、考えることができる。

【文献】

［1］中央教育審議会 (2016)「幼稚園、小学校、中学校、高等学校及び特別支援学校の学習指導要領等の改善及び必要な方策等について（答申）」

［2］Mehan, H. (1979) *Learning Lessons*. Cambridge, Mass.: Harvard University Press.
［3］岸野麻衣・無藤隆 (2005)「授業進行から外れた子どもの発話への教師の対応：小学校2年生の算数と国語の一斉授業における教室談話の分析」『教育心理学研究』53(1), 86-97.
［4］岡本夏木 (1985)『ことばと発達』岩波新書
［5］松尾剛・丸野俊一 (2007)「子どもが主体的に考え、学び合う授業を熟練教師はいかに実現しているか：話し合いを支えるグラウンド・ルールの共有過程の分析を通じて」『教育心理学研究』55(1), 93-105.
［6］岸野麻衣・無藤隆 (2009)「学級規範の導入と定着に向けた教師の働きかけ：小学校3年生の教室における学級目標の標語の使用過程の分析」『教育心理学研究』57(4), 407-418.
［7］コールバーグ, L.／永野重史（監訳）(1987)『道徳性の形成：認知発達的アプローチ』新曜社
［8］岸野麻衣 (2016)「小学校における『問題』とされがちな子どもの学習を支える授業の構造：協同での学習過程における認知的道具の使用をめぐる事例分析」『質的心理学研究』15, 65-81.
［9］ヴィゴツキー, L. S.／土井捷三・神谷栄司（訳）(2003)『「発達の最近接領域」の理論：教授・学習過程における子どもの発達』三学出版

8章 「私」として生きる

　私とは何か。ほかの人と私は何が違うのか。私はどのように私を知るのか。私をめぐる問いは、考えれば考えるほど生まれてきて、根源的かつ魅力的なものであるが、簡単に正答がわかるものでもなければ、正答があるものともいえない。それでも私は私として生まれ、生き続けている。この章では、私すなわち**自己**について、乳幼児期から青年期にかけての発達過程を説明する。

　自己について初めて体系的に考察したジェームズ（James, W.）によれば、自己は**主体的自己**（I）と**客体的自己**（me）の2つに分けられる。主体的自己とは、行為主体としての自己、つまり歩いたり、考えたり、さまざまな行動をする私（主体）としての自己である。一方、客体的自己とは、対象としての自己であり、外見、洋服や持ち物、所属、性格などを含む、他者や自分が私と認めるすべてのものを意味する。まずはこれらが乳幼児期にどのように発達していくのかみていこう。

1節　乳幼児期の自己

1-1　環境のなかにある自己 ── 私が動かす私の身体

　乳児は自分に気づいているのだろうか。これまでの研究によって、乳児が自分の身体を環境中の他のものから分化されたものとして知覚していることがわかっている。[1]新生児にはさまざまな原始反射がみられるが、その1つである口唇探索反射は、口の端に何かが触れると、その刺激の方に顔を向け、口をあけるものである。この反応を、実験者が乳児の頬に触れる（外部刺激）条件と、乳児の片手が頬に触れる（自己刺激）条件で比較したところ、外部刺激条件では自己刺激条件の約3倍の口唇探索反応が生じた。この結果から、乳児は、他

者に触られることと、自分で触ることを区別していること、すなわち自分と他者を分化して知覚していることが示されている。

　自分で自分の身体を触ることは特別な感覚をもたらす。なぜならば自分の身体を触ると、身体を触っている感覚と同時に身体に触られているという感覚（二重接触）が生じるからである。そして触ると触られるを両方一度に感じるのは、環境のなかにさまざまなものがあるなかで、自分の身体だけなのである。乳児は、自分の手や足をなめたり、髪の毛を引っ張ったりするが、これらの自己刺激的行動を通して、他のものや人とは異なった存在としての自己の感覚を確認していくと考えられている。

　ほかにも生後3か月頃から**ハンドリガード**と呼ばれる、自分の手を目の前にかざし、その手をじっと見つめる姿がみられる。乳児の目の前に見えている手は、自分が動かすと目の前で動く。手をじっと見つめながら「目の前にあるこれは自分の手である」と感じること、さらには「この手を動かしているのは自分である」と感じることで、自分の身体を発見し、行為主体としての感覚を確かなものにしていく。

1-2　対象としての自己 ── 他者が見ている私に気づく

　客体的自己の理解については、**マークテスト**という方法によって、鏡に映った姿が自分とわかるかどうか（鏡映像の自己認知）が、その指標として用いられている（図8-1参照）。具体的には、子どもに気づかれないように子どもの鼻の頭に口紅などでしるしをつけておき、子どもを鏡の前に連れて行く。そして鏡を見せたとき、鏡の像ではなく、自分の鼻の頭のしるしを触ることができれば、自己認知が可能と判断する。マークテストを用いた研究によると、鏡映像の自己認知ができる子どもは、1歳半頃から急激に増え、2歳ではかなりの子どもが自分の姿に気づくようになることが示されている。

　このように鏡に映った自分がわかるようになることは、単に自分の外見がわかることを意味しているのではない。自分が他者からどのように見えるのかについて理解し始めることも含んでいる。他者を理解することは、一対一の関係性のなかでは比較的早期から、ものを介したやりとりのなかでは、生後9か月過ぎに、三項関係が成立し、他者と注意を共有し、指さしを理解できるようになることが、他者の注意や意図の認識の始まりといえる。そして1歳前後にことばによるコミュニケーションがはじまり、他者に対して自分の思いをことば

図8-1　鏡映像の自己認知

でも主張できるようになる。1歳半〜2歳頃は、一般的に第一次反抗期やイヤイヤ期と呼ばれ、「イヤ」「ジブンデ」と自分の思いを強く主張するようになる。この時期には、さまざまな面で自分でできることが増え、自分でやりたいという気持ちが強くなるが、すべてをうまくできるわけではなく、思いどおりにいかないことも多い。また自分の主張を他者に受け入れられないことも多く、イヤという気持ちとして表出される。さらにこの時期には、人に注目されて照れくさい、恥ずかしいという気持ち（自己意識的情動）が生じる。自己意識的情動は、客体的自己の認識の成立と関連していることが明らかになっている。この関連は、自己の認識とともに、他者から見られていることへの気づきが、照れという感情を生じさせることを表している。このように2歳前後の自己意識と他者意識の高まりは、子どもの発達のさまざまな面に影響を及ぼすのである。

　乳幼児の自己の発達をまとめると、主体的自己はかなり早くから、そして客体的自己は2歳頃から理解が進んでいく。そしてこの時期には、表象能力、記憶能力、認知能力、言語能力などが急速に発達していく。特に自分の経験に関する記憶（**自伝的記憶**や**エピソード記憶**）の発達と、言語能力の発達は、私の経験を語ることを可能にし、それは自己概念（概念的自己）の形成と子どもの語りによって自己をとらえることを可能にする。

1-3　概念的自己 ── 私を語る

　自分がどのような人であるのかについての経験や知識は、概念的自己と呼ばれる。これらの子どもがもつ自己の経験や知識は、子どもへ直接インタビューすることや、日常生活場面での語りに着目することで、とらえることができる。
　インタビューを行った研究によると[2]、幼児期から青年期までの自己理解の

発達過程が、図8-2のようにまとめられている。また日本で行われた研究では[3]、自分の好きなところ、嫌いなところ、いいところ、悪いところについて、幼児と小学生にインタビューを行い、子どもが語った内容を分類し、各年齢時期の特徴を明らかにしている。幼児に「自分のどんなところが好き？」と尋ねると、「手」や「心臓」といった身体の一部、「かばん」などの持ち物、「なわとびをする」などの行動、「やさしい」や「おりこう」といった簡単な人格特性を答える。幼児期の自己描出は、身体面から人格面までにわたっており、具体的な描出や全般的な回答（いい子、やさしいなど）が多い。また幼児は、嫌いなところや悪いところは「ない」と答えることが多く、自己を肯定的にとらえている。幼児期の自己評価が肯定的なのは、他者と自分の能力を比較して自己概念に反映することができないため肯定的な方向に偏ってしまうこと、さまざまな能力が発達している幼児期だとできるようになることが多く肯定的な自己評価をもち続けることができるためと考えられる。

日常生活場面での語りに着目した研究では[5]、親との日常会話における幼児の語りの日誌記録による分析によって、概念的自己の発達と、過去から現在、そして未来に続く連続的な時間の流れのなかでの自己認識である時間的拡張自己の発達を明らかにしている。親子の語りを分析することの利点は、文脈や状況を共有している他者とのやりとりのなかで自己の理解をとらえることができることである。実際に、子どもへのインタビュー研究よりも、幼児が豊かな自他

		共通の組織化の原理＼客観的自己の側面	身体的自己	行動的自己	社会的自己	心理的自己
発達レベル	青年期後期	体系的信念と計画	がんばりのきく丈夫な体	信仰のため教会に行く	生き方としてのボランティア	世界平和をめざす
	青年期前期	対人的意味づけ	強いので頼られる	遊びが好きで人に好かれる	人に親切	判断力があって頼りになる
	児童期中・後期	比較による自己査定	人より背が高い	ほかの子より絵が上手	先生にほめられる	人より頭が悪い
	児童期前期	カテゴリ的自己規定	青い目をしている	野球をする	妹がいる	ときどき悲しくなる

注：各セル内は例。

図8-2　自己理解モデル（山地, 1997[4]をもとにして作成。元資料：Damon & Hart, 1988[2]）

表 8-1　A児と母親の会話の語りにみられる自己の発達 (坂上, 2014[5]をもとにして作成)

2歳7か月	自己や仲間の行動や能力に関する語り	園からの帰路で走っていて「A、速いよ」（そうだね。A、かけっこ速いんだよね）「dも速いよ」（ほんと？あと誰が速い？a？）「aは速くない。」（じゃ、bは？）「うん、そう。Aとdとbと、速いの」（hは、ゆっくりなんだよね）「うん、そう」（じゃあ、iは？）「i【当時、組で一番小柄だった子】は、赤ちゃんだから走れないの」。
3歳9か月	自己や仲間の特性に関する語り	園からの帰路で、「fって、ばかちん、って言うんだよ。悪い子でしょ」というので、（そうだね、ばかっていうのは、悪い子だね）と母が言うと、「Aよりいい子だよ」という。それから、「A、今日、汚い言葉、ばばあ、って言ったの」と話す。（なんでそんなこと、言ったの？）と尋ねると、「だってcがさ、入れて、って言ったのに、入れてくれないんだもん」（何してる時に？）「お医者さんごっこしてる時に」
3歳6か月	自己の記憶にない自己の過去をめぐる語り	夜、絵本を見ていると、急に、「Aの赤ちゃんの時のご本見たい。いい？」と言って、棚からアルバムを引っ張り出し、自分で頁をめくってじーっと見ている。Aがまだ生まれていない頃の、父母二人だけの写真を貼った頁では、「ママ、この時Aくんまだいなかったんでしょう？」と言い、Aが生まれた後の写真を貼った頁になると、「A、赤ちゃんの時、かわいいねえ」と言う。（これはAが初めて立った時の写真だよ）と母が言うと、嬉しそうに「えー、すごいね」という。
4歳0か月	過去から現在への連続性に関する語り	家で数回しかTVアニメの「サザエさん」を見たことがないはずなのに、サザエさんの主題歌を歌っていたので、驚いた母親が（すごいね、どこで覚えたの？）と尋ねると、「え？3歳の時から知ってるよ。じゃなくて、もっともっと前、小さい時にサザエさん、見たでしょ？」と答える。
4歳1か月	自己の未来に関する語り	入浴中、「おばあさんはお仕事しないの？」と尋ねる。（そうだね）と母が答えると、「なんで？」（年取ると、疲れちゃうからかな）「A、どんな先におじいさんになる？」（あと60年くらいしたら？）「A、どんな先に大人になる？」（あと15年くらいかな）と、矢継ぎ早に母に質問を向ける。
4歳7か月	現在と未来の対比がみられた語り	その日はいていたズボンがAにはまだ大きかったので、母が（これはまだ大きいから、来年にとっておこうか？）と言うと、「そうだね。でも、大人になったら小さいよね」（そうだね）「小学生になったら？」（うーん、どうだろう？A、細いから小学生でもまだ履けるかな）と答えると、自分よりも小柄で細身のcの名前を挙げて、「じゃあ、cだったらちょうどいいんじゃない？」（cが小学生になったらちょうどいい、ってこと？）「そう」。

理解を示すことが明らかになっており、表8-1に示すように、2歳台でも自己や仲間の行動や能力についての語りがみられ、4歳前後に自己や仲間の記述に特性的な表現が用いられていた。また時間的な流れの認識に関しては、3歳半頃に、自分がいなかった頃や生まれた頃に関する語りがみられ、自己の存在の

始まりや過去への関心が芽生えていること、4歳頃にはまず過去から現在に至る自己の時間的な流れが認識され、次に未来の自己への関心が芽生え、過去から現在、未来に至る自己の時間的連続性が認識されることが明らかになっている。

時間的拡張自己の理解に関しては、先に述べたマークテストに類似した遅延自己映像認知課題で、録画した映像を用いて実験的にも検討されている[6]。子どもに気づかれないように頭にシールを貼り、その様子をビデオで録画し、3分後にその録画映像を見せたところ、3分前の映像を見て、シールを取ろうとする子どもは、2、3歳では少なく、4歳になって増加することが明らかになった。このように時間的な一貫性をもって自己を認知すること、すなわち時間的拡張自己は、4歳頃に可能になるのである。

2節　学童期の自己

2-1　社会的比較 ── 他者と私を比べる

小学校での生活が始まると、勉強や運動、仲間との関係など、さまざまな場面で自分と他者を比較する機会が増加する。そして小学校中学年では、認知能力の発達に伴い、社会的比較にもとづく自己評価をするようになる。先ほどの自己理解インタビューの小学生の回答でも、身体的特徴に関する描出が減少し、ただ単に「サッカーをする」ではなく、「サッカーがうまい」、「サッカーで得点できない」といった得意なこと、苦手なことを述べる子どもが増える。また「サッカーがうまいこと」がなぜ好きなのか、その理由を尋ねると、「クラスで一番うまい」「友だちからすごいって言われる」など他者との比較や他者からの評判への言及がみられる。自分について語る上で、先生やクラスの友だちなどの自分の周りにいる他者が評価の基準となり、また他者が自分についてどう思っているのかを自己評価に取り入れるようになる。

幼児期には非常に肯定的だった自己評価も、肯定・否定の両面からの評価が可能になり、評価基準も分化していく。自己理解インタビューの「好きなところ・嫌いなところ」、「いいところ・悪いところ」という2種類の質問に対して、肯定と否定の両側面を回答できたか否かを調べたところ（図8-3参照）、幼児で

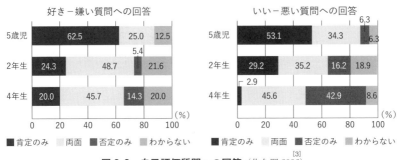

図8-3　自己評価質問への回答（佐久間 2006）[3]

は肯定的側面のみが中心であるが、年齢が上がるにつれて両面から自己をとらえられるようになり、4年生では肯定的側面のみを答える子どもが減少していた。また4年生では「好き－嫌い」質問よりも「いい－悪い」質問の方で否定のみが多く、2つの評価次元に対して異なる反応をみせた。小学校中学年では、他者が自分に対してもつ意見や、社会的な規範や基準を取り入れることができるようになるために、「好き－嫌い」という個人的な基準と、「いい－悪い」という社会規範を反映した評価基準が分化し、自分には好きなところもあるが嫌いなところもあると理解ができるようになると考えられる。

2-2　学校生活と自己 ── 勤勉な私

学童期では、学校が生活の中心となり、仲間とともに勉強しながら、集団生活を送ることへの自覚的な意識が高まっていく。そのため学童期の自己概念に関する語りにおいて、特に自分のいいところや、どんなふうになりたいかという質問への回答では、「規則を守る」、「真面目」、「話をきちんと聞く」といった勤勉性に関する描出が増加し、「しっかり、ちゃんと、きちっと、てきぱき、こつこつ」などの語彙も増加する[7]。これらの内容は、学校生活を送る上で重視され、日々繰り返し意識化されることがらではないだろうか。さらに他者や社会からの期待や評価が、自己概念に取り入れられ、自己を語る際に勤勉性がより意識化されるのだろう。この時期には、責任をもって行動し、仕事や学習を適切にこなし、秩序のとれた生活を送るという勤勉性の重要度が高まると仮定されており（コラム参照）、それらが自己描出に反映されていると考えられる。

また自己について語る際には、勤勉性だけでなく、「やさしくする」などの協調的な行動や特性に言及する子どもは、学童期においても多くみられる。小

学校低学年では、「やさしくすると友だちと仲良くなれる」という語りが、高学年では「やさしくすると人から信頼される」という語りがみられ、協調的な行動を他者との関係の中で互恵的な特性をもつものとして理解するようになると考えられる。

3節　青年期の自己

3-1　他者への関心と自己評価の低下 ── 私の評判が気になる

　中学生にあたる青年期前期は、重要な他者が自己についてどう思っているかが気になり始め、自己概念の内容は、他者とのかかわりや社会的魅力に関することが中心となる。自己理解インタビューでも、小学校中学年からは、「明るい」「暗い」などの外向性に関する性格特徴が描出されるようになり、中学生でも「明るい」「友だちがたくさんいる」「友だちを思いやれる」「人を笑わせられる」などの描出が多くみられる[7]。

　自己評価に関しては、青年期に否定的になっていくことが示されている。中学生を対象とした自己理解インタビューでは、「好きなところ」を聞いても「ない」「わからない」という回答が多い。また中学生に自分の「好きなところ」と「嫌いなところ」をそれぞれ自由に書いてもらうアンケートの回答でも、「好きなところ」への言及率は男女とも4割程度で、「嫌いなところ」への言及率は男子が4割、女子は8割が言及していた。このように、青年期において、自己の否定的な側面への関心が高まり、また男子よりも女子がより否定的に自己をとらえることが明らかになっている[7]。

　ではなぜ自己評価が否定的になるのだろうか。1つには、外的な基準や他者との比較を自己の評価に用いることが可能になり、より正確にかつ複数の側面から自己を認識することができるため、自分の肯定的な側面だけでなく否定的な側面にも目を向けることができるようになったためと考えられる。自己を複数の側面からとらえられるようになることは、多面的な評価が可能になり、望ましい発達の成果といえるだろう。ただし自己に関する複数の特性や評価を認知的に統合していく過程において、複数の自己の特性や評価が一致せず、矛盾している場合は、矛盾を解消するような方法で抽象的なレベルの自己表象を統

合することがむずかしい。そのため全か無かという偏ったとらえ方になり、葛藤や混乱を感じやすいという。次節で述べる社会的な関係の広がりは、自己の特性や評価の間の葛藤や混乱を引き起こす要因の1つといえる。さらに青年期は、自分が何者であるのか、自分はどこから来てこの先どこにいくのかについて思い悩み、**自我同一性**（アイデンティティ）を確立する時期といわれている（コラム参照）。このほかにも、思春期特有の身体的心理的変化や親からの自立などさまざまな要因が青年期特有の不安定さをもたらし、自己評価の低下として現れてくると考えられる。

　青年期後期になると、高次の抽象化能力が出現し、潜在的に矛盾するような抽象概念を統合することができるようになる（たとえば、暗いと明るいは、気分屋の両側面ととらえれば矛盾しない）。また関係に応じた特性間の矛盾は、柔軟性や適応性と評価することで解消できるようになる。自己概念には個人の信念、価値、基準を反映した内容が含まれるようになる。自己評価（**自尊感情**）は青年期に入り低下した後、大学生の時期がいわば底となり、それ以降、上昇していくことが示されている。青年期の終わりに向けて、認知能力の発達やライフステージの変化とともに、自己評価は過剰に否定的な状況から回復してくるのである。

3-2　関係的自己 ── 関係に応じて変化する私

　青年期には、行動範囲の拡大とともに、社会的な関係や状況が拡大し分化していく。学校にいるときの自己と自宅にいるときの自己、友だちと一緒にいるときの自己と父親と一緒にいるときの自己など、関係や状況に応じて複数の自己を発達させるようになる。それらの自己は一致していないことも多く、たとえば友だちと一緒にいるときは元気でおしゃべりだが、父親と一緒にいるときはおとなしくて無口というように、一緒にいる相手との関係によって自分が異なる場合がある。関係や状況によって自己が変わることは、柔軟で適応的な能力ととらえられることもあれば、自己の不安定さ、一貫性のなさととらえられることもある。また自己が同じ程度変化するとしても、人間関係を円滑にするために必要な適応的な能力と考えている人もいれば、自分の弱いところを隠して嫌々ながら自己を変化させている人もいるかもしれない。このように自己の変化に関する動機や意識は、個人によって異なり、さらにその動機や意識によって、心理社会的に適応的かどうかも異なる可能性がある。

関係や状況に応じて異なる複数の自己が一致せず、矛盾している場合、その不一致に対して、「どれが本当の自己か」という自己の真正性に関する懸念を抱くといわれている。また、青年は常に本当の自分を表しているのではなく、他者に対して自分の意見や感情を表さなかったり、演技したりすることがある。このような本当の自分とは違う自分を示すことは、見せかけの自己行動と呼ばれ、特に青年期の女子に顕著にみられる行動であることが示されている。

大学生を対象に、関係に応じた自己の変化と変化の動機や意識について検討した研究によると、他者との関係を維持するために変化する、自然に無意識に変化するという動機は、男性よりも女性の方が強く感じていることが示されている。自尊感情との関連については、男女ともに、関係に応じた自己の変化しやすさだけでは、自尊感情に影響がみられないこと、また女性において、自己が変化することを嫌でよくないことだと否定的にとらえていることや、相手によってわざと自分を演じたり嫌な自分を隠すために自分を変化させることが自尊感情への負の影響があることが示された。女性にとって演技することや隠すことは、見せかけの自分を表出することになり、そのために否定的意識も高く、自尊感情への負の関連がみられたと考えられる。

4節　日本文化と自己

これまで自己の発達について述べてきたが、自己の形成過程において、重要な他者や所属する集団の影響を受けるならば、自己は普遍的なものではなく、各文化に特有の特徴がみられるだろう。以下では、日本文化における自己の特徴について、相互協調的な自己のとらえ方と、自尊感情の低さに着目して解説をする。

4-1　相互協調的自己観 ── 他者との関係のなかに私の存在を見いだす

自己をとらえる方法の1つに、「私は …」の後に続く文章を20個書いてもらうという方法（20答法）がある。「私は大学生だ」「私はショッピングが好きだ」「私は心配性だ」など、心に浮かぶことを自由に書いてもらう方法である。記述された内容に社会的グループやカテゴリーが含まれる割合を、アメリカ人

とアジア系の対象者で比較すると、アジア系の対象者の方がその割合が高いことが示されている。またこのような標準的な課題（標準条件）と、「家族と一緒のとき、私は···」などの状況を特定する条件を加えた課題（状況条件）を行ったところ、抽象的人格特性の出現頻度は、標準条件では、アメリカ人の方が日本人よりもかなり高いが、状況条件ではこの傾向が逆転し、抽象的人格特性の出現頻度は、日本人の方が高くなることが明らかになった。

　このような自己のとらえ方の違いから、文化的な自己観が提唱されている[9]。日本を含む東洋の文化では、自己は他者と根元的に結びついており、他者との相互協調的な関係のなかに自己の本質をとらえるという**相互協調的**（interdependence）**自己観**が優勢であり、一方、欧米では自己は他から切り離されたものであるという信念にもとづく、**相互独立的**（independence）**自己観**が優勢である。それぞれの文化で認められるためには、欧米では、自分自身のなかに誇るべき属性を見いだし、それを外に表現することによって自己実現を図り、それら属性の存在を自分自身で確証することが必要となるが、相互協調的自己感が優勢な文化では、意味のある社会的関係に所属し、そのなかで相応の位置を占め、他と相互協調的な関係を維持することで、自己の社会的存在を確証すると考えられている。

　これまで述べてきた、関係に応じて自己が変化することを「自然」「当然」とする考え方にも、他者と密接に結びついた自己の特性をみることができるだろう。それ以外にも、日本文化で重視される謙遜や、自己批判的傾向は、自己観に影響を与える背景要因となる。

4-2　日本人の自尊感情 ── 私はふつう

　自分に対する評価的な感情は、自尊感情と呼ばれる。自尊感情を測定する際には、ローゼンバーグの自尊感情尺度がよく使用され、それらには「私は自分に満足している」「私は自分が少なくとも他人と同じくらいの価値のある人間だと思う」などの項目が含まれる[10]。53か国の成人を対象とした自尊感情の国際比較調査[11]によると、日本人の自尊感情は、平均を大幅に下回り、53か国中最下位であったことが明らかになっている。日本人の自尊感情が低い理由は、さまざまに考察可能であるが、先に述べた相互協調的自己観が重視されている文化では、社会的関係を重視し、自分自身のなかに誇るべき属性を見いだし、それをアピールすることにあまり価値を置かないことがその理由の一つであろう。

また自己理解インタビューにおいては、自分はどんな子かを尋ねると、「ふつう」という回答がみられている。良くも悪くもなく普通であること、特別な存在ではなく普通であることを、自分の姿として語る子どもがいることも、日本的な特徴といえるのではないだろうか。

　日本が他国に比べて自尊感情が低いという事実は、自尊感情を高めることの必要性を示唆しているのであろうか。自尊感情は、欧米を中心に、心理的適応の尺度として、より高い方が肯定的な意味をもつと考えられてきた。しかし近年、自己愛傾向を伴う高い自尊感情、低い共感性、過度の承認欲求、そして不安定な自尊感情が結びつくと攻撃性が生み出されるというような、高すぎる自尊感情の負の部分が報告され始めている。また自尊感情の高さを維持することに伴う労力（コスト）も指摘されており、自尊感情にとらわれすぎないことが大切という主張もみられる。日本において自尊感情を高めることが適切なのか、慎重に考えていく必要があるだろう。

　もちろん自尊感情が低くてよいわけではなく、低すぎると自己否定や自信のなさにつながり、自分の力を試すような課題に挑戦できなかったり、一歩踏み出す勇気が出なかったりすることで、自己を過小評価し、能力を狭めてしまうことになりかねない。自尊感情にとらわれないということは、自己や他者への多様な見方をもつことを意味するのではないだろうか。自己の発達を学ぶことで、年齢時期によっては、自己のとらえ方が偏ってしまうことがあることを自覚しつつ、これまでの私、現在の私、この先の私について考えてみてほしい。

> **【コラム】　自我同一性**
>
> 　エリクソン（Erikson, E. H.）は、生涯にわたる漸進的な心理社会的発達を示し、各段階に特有の危機を仮定した（図8-4）。学齢期の発達的危機は「勤勉 対 劣等感」である。勤勉の感覚は、物事を上手に作ることができる、役に立っているという感覚であり、目的を貫くまで勤勉に努力することを通して、仕事を完成させる喜びを含む。青年期では**アイデンティティ**（**自我同一性**）を確立することが重要な課題となる。アイデンティティとは、自分が自分であること（斉一性）と時間の流れの中での連続性を自覚することと、同時に自分の斉一性と連続性を他者が認めてくれているという事実を知覚することの統合である。
>
> 　アイデンティティを獲得する過程について、マーシャ（Marcia, 1966）[13]は危機（いくつかの選択肢の中で迷い、決定していくこと）と関与（自分のやりた

いことに積極的に時間や力を注いでいるか）に着目し、**アイデンティティ・ステイタス**（地位）を4つに類型化した（表8-2）。拡散は関与が明確でなく、将来についてわからない、関心もない状態、早期完了は自ら決定することなく、親などの権威者と自分の目標に不協和がない状態、モラトリアムは危機の最中であり、積極的に模索している状態、達成はいくつかの可能性の中から自ら決定し、その決定に基づいて行動している状態である。これらの発達は一方向的に達成に向かうのではなく、揺らぎながら、複雑な過程をたどることが明らかになっている。

		1	2	3	4	5	6	7	8
I	乳児期	基本的信頼 対 基本的不信							
II	幼児初期		自律 対 恥、疑惑						
III	遊戯期			自主性 対 罪の意識					
IV	学齢期				勤勉 対 劣等感				
V	青年期					アイデンティティ 対 アイデンティティ拡散			
VI	若い成人						親密 対 孤独		
VII	成人期							ジェネラティヴィティ（生殖性・世代性）対 停滞	
VIII	成熟期								インテグリティ（統合）対 嫌悪、絶望

図8-4　エリクソンの発達図式（エリクソン，2011より一部改変）[12]

表8-2　4つのアイデンティティ・ステイタス（Marcia, 1966より作成）[13]

	アイデンティティ拡散	早期完了	モラトリアム	アイデンティティ達成
危機	あり／なし	過去になし	最中	過去にあり
関与	なし	あり	あるが漠然としている	あり

【読書案内】

- 板倉昭二 (2006)『「私」はいつ生まれるか』ちくま新書

  ニホンザルやチンパンジー、ヒトの子どもを対象とした認知科学や発達心理学の豊富な知見をもとに、系統発生的、個体発生的に自己の起源を探る書。メンタライジングやロボティクスという観点からも自己の問題にアプローチしている。

- 中間玲子（編）(2016)『自尊感情の心理学：理解を深める「取扱説明書」』金子書房

  「自尊感情は高めるべきなのか」という問題に対して、自尊感情の定義、自尊感情に関する諸概念の整理を踏まえ、自尊感情のあり方を再考した書。自尊感情は大切ということはわかるが、実態はよくわからないという方にぜひ読んでほしい。

【文献】

[1] ロシャ, P./板倉昭二・開一夫（監訳)(2004)『乳児の世界』ミネルヴァ書房
[2] Damon, W., & Hart, D. (1988). *Self-understanding in Childhood and Adolescence*. Cambridge University Press.
[3] 佐久間路子 (2006)『幼児期から青年期にかけての関係的自己の発達』風間書房
[4] 山地弘起 (1997)「自己の発達」井上健治・久保ゆかり（編）『子どもの社会的発達』東京大学出版会
[5] 坂上裕子 (2012)「幼児は自己や他者に関する理解をどのように構築するのか：一児の1歳8ヵ月から5歳3ヵ月までの発話記録の分析から」『乳幼児教育学研究』*21*, 29-45.
[6] 木下孝司 (2001)「遅延提示された自己映像に関する幼児の理解：自己認知・時間的視点・「心の理論」の関連」『発達心理学研究』*12*, 185-194.
[7] 佐久間の学会発表ほか未発表のデータを含む。
[8] Harter, S. (1999) *The construction of the self: A developmental perspective*. Guilford Press.
[9] Markus, H. R. & Kitayama, S. (1991) Culture and the self: Implications for cognition, emotion, and motivation. *Psychological Review, 98*, 224-253.
[10] Rosenberg, M. (1965) *Society and the adolescent self-image*. Princeton: Princeton University Press.〔ローゼンバーグの自尊感情尺度の日本語版は、山本真理子・松井豊・山成由紀子（訳）(1982)「認知された自己の諸側面の構造」『教育心理学研究』*30*, 64-68 などを参照のこと。〕
[11] Schmitt, D. P. & Allik, J. (2005) Simultaneous administration of the Rosenberg Self-Esteem Scale in 53 nations: Exploring the universal and culture-specific features of global self-esteem. *Journal of Personality and Social Psychology, 89*, 623-642.
[12] エリクソン, E. H./西平直・中島由恵（訳）(2011)『アイデンティティとライフサイクル』誠信書房
[13] Marcia, J. E. (1966) Development and validation of ego identity status. *Journal of Personality and Social Psychology, 3*, 551-558.

IV 青年期

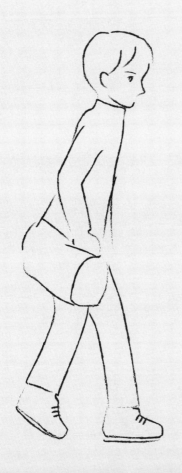

9章　青年と教育環境の適合

　思春期（10章参照）に始まる青年期は、心身、社会環境ともに大きな変化を経験し、適応上の問題が顕著になる時期である。また、価値観の多様化に伴い自らの生き方を見いだしにくくなるなど、難しい時期ととらえられることが多い。

　青年期の入り口としての思春期には、小学校から中学校への移行をはじめとし、教育環境に大きな変化を経験する。この時期の健全な発達を促すために必要な教育環境は、教師や友だちとの親密な関係性のニーズ、青年の自律性・主体性のニーズ、コンピテンスのニーズを満たす環境である。これら3つのニーズが満たされることで青年の適応が促され学習意欲や学業成績も改善することが示されている。[1][2]

1節　青年期の適応に影響を与える要因

1-1　青年期の脳の可塑性と教育環境

　青年の脳は幼児期と並んで可塑性に富む。これは、青年期が順応性のある時期であることを意味する。情緒、意欲、認知プロセスの神経回路は青年期の間にも再構成され、環境に適応できるよう、シナプスの刈り込みや形成、強化や弱化が進められる。青年期は成人期の適応の発端となる時期としても位置づけられる。脳の構造的・機能的変化が続くために適応が難しく、さまざまな心理的問題や社会的問題行動が顕在化する時期でもある。

　この神経回路の再構成に影響を与えるのが環境であり、なかでも、多くの時間を過ごす学校の影響は大きい。学校を単なる学力や教育志向、職業志向の場ではなく、人間の発達の広い舞台としてとらえるべきである。

しかし、青年はただ受動的に経験や環境の影響を受けるのではない。自身で主体的に経験や環境を意味づけ自立へと向かうのであり、その意味づけ方により適応の様相も異なる。これは、物理的・客観的に同じ（イーブンな）教育環境を提供することが、必ずしもすべての青年に同じ（平等、フェアな）教育的意義をもたらすものではないことを意味する。同時に、同じようなリスクの下でも同様の不適応を示すわけではない。苦境や不利な状況を糧として成長する原動力となる個人のレジリエンスや、将来につながる目的をどれだけ持ち合わせているかが適応に対する青年個人側の大きな要因となる。

1-2　青年のレジリエンス

青少年のポジティブな発達に注目するポジティブ・ユース・ディベロップメント（Positive Youth Development：PYD）の領域では、**レジリエンスを個人の特性だけでなく個人と環境との相互作用としてとらえる**。つまり、レジリエンスには、青年期までに培われたコンピテンスの高さだけでなく、青年自身が用いることのできる社会的リソースが含まれる。**コンピテンス**は、自分が社会的な文脈のなかで要求される各々の発達的課題にうまく対処できるという信念であり、その発達の基礎となるのは、それまでの適切な家庭での養育環境、自己調整力、認知機能の発達である。一方、逆境等のリスク要因の影響を緩和するようなサポートや機会を得ることで、リスクの高い青年でも適応的な発達を遂げることも可能であり、環境からのサポートや適切な機会などの社会的リソースが、レジリエンスの重要な要因と位置づけられている。

1-3　将来につながる目的

将来につながる目的は、現在の経験や取り組むべき課題に対して個人的価値を見いだすだけでなく、それが世の中に役立つものだと考えることができる場合に高められる。この目的を見いだすことができると、自分自身の興味関心、長所、才能といった力を発揮でき、それらにかかわる欲求を満たすことができる。特に青年期においては、この個人的な価値と世の中への貢献とを統合した目的は壮大で自己顕示的な側面をもつが、成人期への移行に伴いより落ち着いたものとなる。このような目的こそが、青年のアイデンティティの形成を導き、彼らにとって脅威となるような困難にも積極的な意味を見いだし、立ち向かう

ための原動力となる。個人的な成長や向上だけでなく世の中への貢献をも統合した目的は、青年の謙虚さと誠実さ、そして、活力を統合させ、モラルを高めるとともに、後の成人期における生殖性の課題に向き合う基礎を培うことにつながる。

青年のレジリエンスやコンピテンスを高めるとともに、彼ら自身の才能や興味関心が世の中に役立っているという感覚を、教育を通していかに培えるのか、そして、青年期の困難をサポートし、将来につながる目的を見いだす機会をいかに提供できるかが、青年期の教育環境、発達の舞台としての中学校から大学までの最大の課題といえよう。

2節　教師・友だち関係

2-1　秩序あるサポーティブな人間関係の必要性

学校は学習が行われる場であり、青年の学力や教育・職業志向を育成するためにそのカリキュラムや構造が重要な要素となる。同時に、より広い意味での発達の舞台でもあり、そこでの人間関係が、発達、適応、学力等に影響を与える。たとえば、学校での仲間関係が10年以上後の身体的健康や就業のあり方、人間関係に影響を与える。学校生活のなかで、友だちや教師との関係を中心に、秩序あるサポーティブな人間関係を築くことができるかが適応には重要となる。

2-2　友だち関係

青年期には自己の存在意義を他者に求める傾向が強くなるために、仲間集団の重要性も増す。青年の友情が発達に与える影響を考える際には、友だちの有無の影響、友だちの質の影響、友だち関係の質の影響をとらえる必要がある。まず、友だちがいるということが青年の適応に不可欠であり、友だちがいないことは、内在化された問題と関連する。これは、友だちがいつつも1人で過ごす時間も大切にするという状態とは異なる。青年期前期では、友だちから拒絶されることへの敏感さが社会的不安の高さと関連する。そして、友だちがいるということが、青年が抱えているさまざまな適応上のリスクの影響を緩和する。

友だちの質については、社会化、つまり、特性の似た者同士が友だちになりやすいこと、友だちと一緒に過ごすにつれて特性が似てくること、特性が相容れない者同士は友だちではなくなっていくことが適応に影響する。たとえば、抑うつなどの内向的な問題はこの社会化の影響を受け、抑うつ的な友だちと過ごすことでより一層抑うつ的になることがある。

　最後に、友だち関係の質で重要なのは、友だちがいるということが適応にポジティブに機能する一方で、あらゆる友だち関係が同様に適応にポジティブに働くわけではないという点である。適応にネガティブに働く友だち関係の特性としては、リスク行動に対するピア・プレッシャーが強くなることがあり、これは青年期独特の脳の発達とも関連する。つまり、達成感を感じる**大脳辺縁系**は、リスク行動に伴う高揚感をも感じる部位であり、青年期では、ここが成人期よりも敏感である。また、過剰なリスク行動を抑制するはたらきをする**前頭前皮質**の発達が未熟である。この時期の適応的な発達のためにはサポーティブな友だち関係をもつことが重要であり、それは、青年がストレスの状況下にあるときや適応上のリスクを抱えているときに、それらの影響を緩和し支える役割を果たす。

2-3　教師－生徒関係

　親からの自立をめざす青年にとって、親以外の大人の存在が大きくなる。教師は、青年にとって重要な他者となりうる最も近い存在である。教師との関係においてもサポーティブな関係が重要となる。教師の温かな雰囲気が、良好な教師－生徒関係や生徒同士の関係につながり、それが学業成績や適応を促すことは、児童期・青年期ともに共通している。しかし、青年期、なかでも思春期の生徒が児童期の生徒と異なるのは、教師に喜んでもらいたいという生徒側の内発的な思いが薄れる点である。自立の過程で、むしろ大人の価値観に疑問をもち始め自律欲求も高まる。教師側も自身の役割を、人との温かなかかわり方のモデルになったり子ども同士の関係構築を助けるというものよりも、学習内容を教えることにあるととらえる傾向にある。温かで受容的な学級経営は青年の所属感を高める上で必要条件ではあるが、それをめざすだけでは青年期の良好な教師－生徒関係を育むことはできない。

　ここで重要になるのが授業のあり方である。授業内容だけでなく、授業スタイルもまた教師－生徒関係や生徒同士の関係に影響を与える。これは、青年期

の脳の再構成に対して「何を学習したか」だけでなく、「どのように学習したか」もまた影響を与えることとも一貫する。ポジティブな教師－生徒関係を促す授業のあり方として、まず、課題は実社会との関連があり、生徒の真正なニーズや価値観にもとづき自己選択したものであることが重要となる。そして、教師はその課題を尊重し、学習過程で生徒から出される批判やネガティブな感情も認めることで、生徒の自律性のニーズを満たすことができる。また、生徒自身がその課題に取り組むことに意味があると感じ、自分の力が伸びていくというコンピテンスを高めるために、明確でわかりやすい指示や枠組みを与え、生徒の学習過程をモニターし、必要に応じてサポートする。さらに、ポジティブな期待を生徒に示し、学習の成果があがるかどうかは自分次第だという感覚、自分が結果を生み出しているという感覚を育む。評価的なフィードバックが与えがちな、うまくしなくてはならないとか、価値ある課題を選ばなくてはならないといったプレッシャーを与えないようにする。そして、教師自身が生徒の課題に関心をもち、共に課題解決に向かって歩んでいるという姿勢を示すことで、生徒は所属感を得たり、他者を尊重する姿勢を示すようになる[3]。これが結果的に、学習意欲、学業成績、仲間関係の向上へとつながる。

3節　学習意欲を高める

3-1　アイデンティティと結びついた学習

　学習意欲は、持って生まれた能力とは別に学業成績を規定する要因である。この意欲という点に関して、青年期の学習が児童期の学習と根本的に違うのは、**アイデンティティ**という大きな原動力に支えられて学習を自ら制御していくという点である。青年の学習意欲を高められるかどうかは、学習内容が彼らのアイデンティティや目標とどのような関係にあるかによって決まる。カリキュラムが事前に決められており、その内容と学習者の個人的な目標との関連性が乏しいとき、学習に困難が生じる[4]。ここでも、何を学習したかだけでなく、どのように学習したかということが、その人の発達に影響を与えるということに留意すべきだろう。学習内容を長期間覚えているかどうかは、その取り組み方と、学習内容がその人にとってどの程度重要かによって決まる。

3-2　青年の関心にもとづく主体的な学習

　個人の能力や特性、ニーズに応じ、彼らの実生活や目標、関心との関連を重視した具体的な教育実践の1つに、「プロジェクト・ベースド・ラーニング（Project Based Learning：PBL）」がある。これは、デューイ（Dewey, J.）の教育理論にもとづく学習である。身近な問題や事例を素材とし具体的な問題解決を目的とする点、チームで課題を解決する点、生徒や学生の自主性・自律性を重んじる点がその大きな特徴とされる。問題解決の過程で知識を統合していくこと、他者から学ぶ姿勢を身につけたり、主体的・能動的にかかわろうとする態度の育成が期待されている。グループ討議、活動記録の作成、自己学習、成果報告を含む統合的・創造的な学習となり、日本では、主に、総合的な学習の時間や大学教育のなかで取り入れられている。また、今日注目されている**アクティブ・ラーニング**もこれに通じるもので、「主体的な学び」、「対話的な学び」、「深い学び」の重要性が強調されている。

　ここでは現実社会と学習内容との関連づけに重きが置かれるため、青年のアイデンティティと関連づけられながら学習内容や方法が内面に取り込まれる。これが、青年期における知的なコンピテンスを高める。つまり、自分が知的に成長できているという感覚につながる。そして、前節のポジティブな教師－生徒関係もまた、このような学習のなかで促される。

3-3　集団の教育における平等のとらえ方

　青年のアイデンティティと関連づけられながら取り込まれる学習により、能力の高低にかかわらず、個の能力に応じた学習成果が得られる。これは、たとえ客観的に同じ学習環境を提供しても、それが個々の生徒のニーズを同様に満たしたり、学習意欲を同じだけ高めることにはならないということと表裏一体の関係にある。集団での教育環境では、**適性処遇交互作用**（ATI: Aptitude Treatment Interaction）を無視できない。これは、クロンバック（Cronbach, L. J., 1957）により提唱されたもので、学習者の学力、既有知識、性格、態度、興味・関心、学習スタイルなどを「適性」、学習の手順、教授法、課題内容などを「処遇」とし、学習の効果はこの適性と処遇の組み合わせにより異なるという考えである。[5]

そもそも、脳の成熟の程度は実年齢とは必ずしも一致せず、同年齢集団内でもかなりのばらつきがあるため、年齢にもとづいて組織された学級や集団では、そのニーズにもかなりのばらつきが生じる。この事実と向き合い、他の学習者の相対的進歩には関わりなく、自分自身や自分の属する学習集団の向上をめざす取り組みが重要である。[4]同じ内容を同じ量だけ提供するのではなく、青年個々のニーズに応じた内容の深さと量を提供することで、どの生徒もニーズが満たされるという観点で平等をとらえることが重要となる。

　以下に、同一クラス内で生徒の特性に非常に大きな差がみられるなかで、個々の生徒のニーズに応じた学習環境を提供することで意欲や成績を高める可能性を示唆した実践研究例を挙げる。[6]小学校の実践例ではあるが、大きな個人のばらつきに応じた生徒主体の教育環境という点で、中学校以降にも通じる要素を含んでいる。

　この実践は、米国都市部の小学校の一学級を3年間観察したものである。生徒のなかには、**ギフティッド**（5節参照）児1名、特別支援児8名が所属していた。3年間の間にギフティッド児は3年生から5年生になった。クラスサイズは29～36名で、異学年の子どもで構成される複式学級であった。特別支援の対象児童のために加配の教員が毎日支援に入った。支援を要する児童の読み書きリテラシーの能力は観察当初平均以下であったが、3年後は当該学年よりも1～2年上のレベルになった。さらに、ギフティッド児の読み書きリテラシー能力は高校生レベルまで伸び、本人も学習したことをクラスメイトと共有することをとても喜んだ。

　この学級の実践は、どのようなものであっただろうか。それは、1つの正しい結論を求めず、さまざまな考えややり方を認める学習スタイルをとり、フレキシブル（5節参照）であった。つまり、たっぷりとしたワークショップ形式の言語活動時間を毎日連続でとり、そのなかで生徒のニーズに教師が個別に応じた。能力別という方法でのグループ編成に固執するのではなく、その時々で、興味関心や目標を同じくする友だち同士、あるいは、個人で活動できるようにした。生徒自身が自分の学習を振り返る時間をとるなど、自立した学習を奨励した。生徒が自分の考えにもとづいて選択できるような安心感を与え、生徒自身の選択を励ました。「どうやってそのような考えに至ったのか？」等、答えを導き出した過程を問いかけ、その過程で用いられている個人の根拠のすばらしさを認め、励ました。そして、教育の平等性（フェアな教育）という点については以下のように記されている。「3年後に到達したレベルは個々に異なっ

た。」しかし、「どの子どもも当該学年以上の力を身につけた。」そして、「いずれの子どもたちも能力は共有できないが、学習したこと、調べたことを共有することを楽しんでいた。」さらに、「いずれの子どももその子自身の興味関心にもとづいて学習していくことを奨励された。」フレキシブルな教育環境をいずれの児童にも平等（イーブンではなくフェア）に提供することを通して、生徒のニーズに応じたのである。

4節　部活動への参加

4-1　自律性・主体性のニーズが満たされ没頭できる環境

　授業のなかで青年の自律性・主体性のニーズに応えること、つまり、青年が主体的に、そして、アクティブに課題にかかわり、その知的コンピテンスを高めることが、この時期の人間関係や意欲、さらには、学業達成においても重要である。その一方で、学校をより広い発達の舞台ととらえたときには、授業以外の学校生活も、青年期の主体性のニーズを満たす上で大きな意義をもつ。その1つに部活動があり、部活動への積極的な参加が学校適応を促す。
　ある活動に深く没入、集中し、時間を忘れ他の状況が問題とならなくなる状態を、チクセントミハイ（Csikszentmihalyi, M.）は**フロー**と言った[7]。フロー状態では、その行為自体が報酬となり、最高のパフォーマンスを見せる。このフローを引き起こす環境は、その人のスキルと挑戦課題とのバランスがとれている環境である。青年がフローを経験できる自由な活動の提供の場として課外活動をもっと重視すべきだということも指摘されている[4]。
　しかし、今日の中学校の部活動は、教師・生徒双方にとって課題や負担感の大きさが目立つ活動という印象を与えるものとなっており、部活動の週休2日、一日あたり活動時間を平日2時間、土日3時間までとするなどの対策がとられ始めている。また、適した指導者がいないなど、個のニーズに応えきれなくなっている部活動の問題が顕著になり、生徒や教師のニーズに応える環境とするための対策が求められている。

4-2　欧米の組織化された課外活動

　学校組織のなかで3年間1つの部活動を継続するというスタイルは、国際的にみるとめずらしい。欧米の組織化された課外活動や学校ベースの課外活動は、地域ベースのものがあったり、活動も多種多様で、いろいろな経験をするという特色が強い（青年だけで自由に好きなことをする課外活動もあり、それは「組織化された（structured）」課外活動とは区別されている）。また、シーズンや年度ごと、あるいは、長期休暇と連動して実施されるというように、比較的短期間のものである。それでも、日本の部活動の意義と同様に、課外活動に積極的な中学生は、学校での適応、成績も良いという結果は多く示されている。

　欧米では、部活動への参加時間と適応との関連は逆U字曲線を描くこと、最も適応状態の良い一週間あたりの参加時数は、12〜16時間ということを示した研究もある[8]。さらに、週に20時間以上課外活動に参加している青少年も、全く参加していない者よりは、適応状態が良いということも示されている。さまざまな種類の活動へ主体的に参加するということが、全参加時間の適度な増加をもたらすだけでなく、多様な領域への興味関心を高めることにつながる。アイデンティティの形成に向かい模索する青年期において多様な分野に触れる機会を得ることで、自身の生き方の可能性や目的を見いだすことにつながると考えられる。

4-3　日本の部活動と欧米の組織化された課外活動の違い

　日本と欧米の部活動における第一の相違は、日本の少なくとも中学校では基本的に1つの部活動に継続して参加する点である。生徒が3年間1つの部活動に継続して所属するということは、指導者もまた3年間休みなくその部をマネジメントしていかなくてはならず、開設時期が限定される欧米諸国の課外活動と比較して指導者の負担が重くなる原因となる。また、興味関心が広がりさまざまな分野での能力発揮の可能性が高い時期に、日本の部活動は過度に1つの活動にねばり強く取り組むことが強調されており、それと引き換えに別の可能性の芽が摘まれていると考えられる。また、途中で部活動をやめたり変えたりすれば脱落者のレッテルを貼られかねない実態もある。中学1年生の4月に選択した活動を3年間継続することが、本当に中学生にとっての自己選択となっ

ているといえるのか、また、さまざまな可能性の芽を潰すことにならないのかを吟味する必要があるだろう。

　第二の相違は、欧米の組織化された課外活動の大きな目標が、青少年の主体性を促すことにあり、そこから生じる活動の質にある。課外活動のなかでの主体性の発揮が学校生活全体での主体性の発揮、高い学業成績につながる。欧米での質の高い課外活動の要素は、課題解決型のプログラムであること、目標をもって活動していること、組織化されたプログラムであることとされている。これは、日本の部活動にみられる、勝利至上主義とは言わずとも、より高い成績を残すという目標にもとづいて指導者が部を先導したり生徒指導面を担ったり人格育成をめざす風習とは大きく異なる。

　第三の相違は、部活動指導者に求められるあり方である。欧米の組織化された課外活動にかかわる大人に求められているのは、日本の部活動指導者に求められてきたような、部員の技術向上のための指導を中心として部を先導するリーダーシップというよりは、むしろ、部員が先導して考案した活動を後ろからサポートする存在としての役割である。たとえば、青年の視野に長期的視点を加えて活動の進展をサポートしたり、親からの自立欲求が芽生える時期にこそ必要とされる親以外の重要な他者としてサポートすることも含まれる。逆に、指導者によるコントロールが強かったり、方針に対して指導者の考えを強く押し出すときには、青年のなかに、怒り、当惑、無力感が生じやすく、このような指導は、自律欲求の高まる時期の中学生には適さない環境であることが示されている。

4-4　主体性の育成を重視する

　日本の中学校部活動においても、生徒のニーズに応じることが課題の1つとされているように、専門性がどの程度必要なのかを冷静に吟味しなくてはならない。専門性が高ければ、技術指導が指導者本人のやりがいにつながる。もちろん、技術の上達、そして、試合やコンクールでの好成績を大きな目標とする部活動の存在意義もある。さまざまな領域で才能のある子どもが力を発揮しスキルアップできる場は必要である。部活動指導員の導入に保護者が期待することとしても、専門的スキルの向上が中心で、生徒は、部活動指導員からスキルを教えてもらうというスタンスにある。

　ただ、中学校の部活動の最終目標は何であるべきか、もう一度よく考える必

要があるだろう。日本の部活動における自律性支援の必要性も示されており、少なくとも、学校ベースの部活動である場合、その最大の目標は、中学生の発達段階に適した環境の提供であり、彼らの主体性、決断力、協調性など、人間的発達を促すものとなるべきだろう。

5節　フレキシブルな教育環境とギフティッド

5-1　個別のニーズに応じる教育環境

　個人間に大きなばらつきのある能力、特性に合わせて、自律性、親密な関係性、知的コンピテンスのニーズが満たされるかどうかという観点は、従来の教育環境の変革の必要性を示すだけでなく、現在の**インクルーシブ教育**（1人ひとりに応じた指導や支援に加え、障害のある者と障害のない者が可能な限り共に学ぶ仕組み）を考える上でも重要な視点となる。注意欠如・多動症（ADHD: Attention-Deficit/Hyperactivity Disorder）や自閉スペクトラム症（ASD: Autism Spectrum Disorders）など、さまざまな特性の子どもの理解が進められ、個のニーズに敏感に応じることのできる教師の力やカリキュラムの柔軟性を育むこと、PBLなど青年自身が自分の経験や学習をポジティブに意味づけることができる学習環境を提供することで、個のニーズに応じる意味での平等な（フェアな）学習環境がめざされている。

　一方、日本の教育政策上はその存在が明確には認識されていない特性がある。それが**ギフティッド**である。ギフティッド児のニーズは、現在の教育環境下では満たされにくい状況にある場合が多い。たとえば、すでに知っている学習内容につきあわされる、授業の4分の3程度はクラスメイトができるまで待つことを強いられる、自らの知的好奇心を原動力として先へ先へと学習を進めることがいけないことであるかのような教師のフィードバックを受けることもあるなど、知的コンピテンスのニーズを満たしにくい。そして、待つばかりで退屈な環境にいる人間なら誰でも示す自然な反応が、授業中には「してはいけないこと」として扱われることや、生来の知的好奇心の強さから出る質問を反抗的な態度とみなされるなど、サポーティブな教師－生徒関係を構築しにくい状況が生まれやすい。さらに、同年齢の友だちとは興味関心が異なるがゆえに、

それらを共有した友情を育むことが難しい。このような環境に置かれた生徒は（青年期以前でも）適応が非常に困難になることは、容易に想像できる。

5-2　ギフティッドの特性

　ギフティッドの定義はアメリカ教育省によるマーランド・レポート[9]に始まり、時代と共に多様になってきているが、以下の点では共通の認識がなされている。つまり、ギフティッドは、知的能力全般、特定の学問領域、創造的思考、リーダーシップ、芸術、運動領域の1つあるいは複数で、ずば抜けたレベルのパフォーマンスを見せたり、そのような力を潜在的にもつ人である。知的ギフティッドの場合、IQが130以上が1つの目安とされることが多い。IQに依拠しすぎないような留意が必要とされているが、IQの高さには以下のような実際的な意味がある。第一に、IQ130以上ということは知的水準の上位2％が該当する。ただし、実際のIQ分布の局部付近に1つあるいは2つの山があることで3％程度いるという考えや、IQが125でも他の特性との兼ね合いで、およそ10％がギフティッドの可能性があるという考えもある。このように考えると、30人学級に1～3人いることになる。つまり、現在の教育環境は、想像以上に多くの子どものニーズに応えきれていないということになる。

　第二に、知能が高いということが、適応上のリスク要因にもなるという点が挙げられる。たとえば、知能が高ければ高いほど個人内の能力や発達の凹凸（非同期発達）の程度、優れた点とそうでない点の開きは大きくなる。この非同期発達が非常に多くのギフティッド児に顕著にみられ、本人の生きづらさを強めたり周囲の理解を難しくさせる。

　第三に、ギフティッド児にある程度共通する独特の特性がある。これらの特性がIQの高さと関連しているかはまだ明らかではないが、ギフティッドの特性の背後に、独特の脳の発達や構造、結合などの特性がみられることが明らかにされつつある。たとえば、IQが121～145の子どもは7歳時点では標準の子どもよりも薄い前頭前皮質の厚みが急激に増加し12歳頃にピークを迎え、その後急激にシナプスの刈り込みがなされる。これが実行機能の発達の遅れと関連しているとも考えられている。またギフティッドには、「過興奮性」（overexcitability：コラム参照）と言われる並外れた激しさや繊細さがみられることが多い[10]。これらの特性もまた、ギフティッド児の適応を難しくする要因となる。

以上のような特性をもつギフティッド児は、学業不振、抑うつ、自殺などの問題を抱えることがあり、その最大の原因の1つが、彼らと教育環境との不適合だとされている。知能が高ければ学業成績も高いという見方は誤りである。そのずば抜けた力が発揮されるかどうかは、彼らのニーズに応じた環境、特に、チャレンジできる教育環境が与えられるかどうかにかかっている。

5-3　フレキシブルな教育環境

　ギフティッド児に必要な教育環境として、国際的には、早修（学習内容を標準の時期よりも早く履修すること。飛び級、早期入学、早期卒業など）と拡充（ある学習内容について、標準的に求められるレベルよりも広く深く学ぶこと）が古くから位置づけられてきた。そして、現在も多くの国々の教育システムに組み込まれている。しかし、日本にはギフティッド教育に特化した安定した教育政策はない。ギフティッド児を考慮した教育制度を日本でも整えていくことが求められる一方で、教育実践の場でのギフティッドの理解やそのニーズに応じた環境の提供も求められる。アクティブ・ラーニングや総合的な学習の時間、インクルーシブ教育にその可能性を見いだすことができるだろう。

　教育実践の場で重要な点は、何よりもフレキシブルであるということだが、これは、目前の生徒の個別のニーズや状況を理解しそれに応じることを意味し、あらゆる子どもに必要な教育環境でもある。フレキシブルな教育環境の重要性は、ギフティッド教育が制度上推進されている国々においても指摘されている。その学校の方針、教師のあり方が堅く融通の利かないものとなったとき、たとえそれがギフティッド・スクールであっても、標準的な公立学校と同様の問題をはらむことになると指摘されている。

　フレキシブルな教育環境は生徒の関心にもとづいたアクティブな学習環境を提供するため、青年の脳の発達に必要不可欠な自己選択の機会が多くなり、生徒個々の能力、関心、特性、ニーズに応じた方法での探究学習に価値が置かれる。これは、今日の日本でのアクティブ・ラーニング、総合的な学習の時間を中核とした探究学習の機会を最大限活用することにつながる。そしてギフティッド児の活溌で爆発的な学習意欲、知的欲求を満たし、彼らの力が十分発揮されると同時に、学習に困難を抱える児童・生徒の力も伸ばしうることは、3節の実践研究例以外にも多く示されている。まさに、ギフティッド児も視野に入れたインクルーシブ教育のめざすところであろう。

日本でも、フレキシブルな学習環境を最大限提供し、教師が「ばらつきのある」個々の生徒のニーズに敏感に応じることを可能にしている学校も存在する。このような学校の教師のひとりは、「（ギフティッドと思われる）生徒の激しく率直な反応は、（どの生徒も大なり小なり感じていることであり）自分の実践が良い方向に向かっているかどうかの指標になります。」と述べた。このような教師の実践のあり方に学び、今日の日本の学校のなかでの、ギフティッドも含めた多様な生徒の適応が少しでも促されることが求められる。

　青年期の発達を促す学校環境は、親密な関係性、自律性・主体性、コンピテンスのニーズを満たすフレキシブルな環境である。そのなかで青年が自己と将来像、世の中に役立つ課題を主体的に見いだし、自らのアイデンティティにつながる学習や経験を積み重ねることで、レジリエンスを高め、適応的な成人期へ向かう道を歩むことができるといえる。

【コラム】 過興奮性

　過興奮性（overexcitability）は、刺激に対する過度の興奮性ととらえることができ、OE, 過度激動ともいわれることがある。ポーランドの精神科医、ドンブロフスキ（Dąbrowski, K.）により提唱され、知能が並外れて高い人々に非常に多くみられる激しさや繊細さの問題に光明を投じた。

　知能の高い子どもや成人は、生得的に激しさをもち、その結果として、刺激から受ける経験が増幅される（日常の出来事からより強烈な経験をしている）、あるいは、刺激への反応が増幅される（経験への反応がより激しい）。このような激しさは、ドンブロフスキの用語をそのまま引用し、過興奮性ととらえられることが多い。生得的な情熱や激しさのために、知能の高い人々は非常に敏感で、その感情、経験、反応は、一般的に想定されるものをはるかに超えるものとなる。

　過興奮性は、5つの領域の1つ、あるいは複数で生じうるとされる。5つの領域とは、知性、想像性、感情、精神運動、感覚である。たとえば、感覚の過興奮性がある場合、洋服のタグや靴下の縫い目が痛くて耐えられない、学校の蛍光灯のちらつきが気になり集中できないという困難が生じ、発達障害と誤解（誤診）されることがある。また、感情の過興奮性があると、大半の人が「たかが」と思うような出来事に対しても非常に激しい反応を示し、情緒的な問題と誤解されることもある。教育実践や臨床の場では、過興奮性への理解と配慮が求められる。[11]

【読書案内】

- Webb, J. T. ほか／榊原洋一（監訳・解説）・角谷詩織（監訳）(2019 予定)『ギフティッド：その誤診と重複診断』北大路書房

　ギフティッド児が受けることの多い誤診、それにかかわるギフティッド児の特性、合わない環境にさらされ続けることによる困難などが、具体的に取り上げられている。また、具体的な事例と具体的な誤診予防の観点が触れられている。

- OECD 教育研究革新センター（編著）／立田慶裕・平沢安政（監訳）(2013)『学習の本質：研究の活用から実践へ』明石書店

　学習における感情の重要性など、学習の本質にかかわる内容が、広く取り上げられている。エビデンスに基づいた実践的示唆が得られる。先行研究のレビューがなされているので、引用文献などを読むのもよいかもしれない。

【文献】

[1] Deci, E. L., & Ryan, R. M. (1985) *Intrinsic Motivation and Self-Determination in Human Behavior*. New York: Plenum.

[2] Eccles. J. S., Wigfield, A. & Schiefele, U. (1998). Motivation to succeed. In W. Damon & N. Eisenberg (Eds.) *Handbook of Child Psychology*, Vol. 3. *Social, Emotional, and Personality Development*. New York: Wiley.

[3] Stroet, K., Opdenakker, M. C. & Minnaert, A. (2013) Effects of need supportive teaching on early adolescents' motivation and engagement: A review of the literature. *Educational Research Review, 9*, 65-87.

[4] OECD 教育研究革新センター (2010)『脳から見た学習：新しい学習科学の誕生』明石書店

[5] Cronbach, L. J. (1957) The two disciplines of scientific psychology. *American Psychologist, 12*, 671-684.

[6] Barone, D., & Schneider, R. (2003) Turning the looking glass inside out: A gifted student in an at-risk setting. *Gifted Child Quarterly, 47*, 259-271. https://doi.org/10.1177/001698620304700403

[7] Csikszentmihalyi, M. (1975). *Beyond Boredom and Anxiety*. Washington: Jossey-Bass Publishers. 〔今村浩明（訳)(2001)『楽しみの社会学』（改題新装版）新思索社〕

Csikszentmihalyi, M. (1990) *Flow: The Psychology Of Optimal Experience*. Harpercollins.〔今村浩明（訳)(1996)『フロー体験：喜びの現象学』世界思想社〕

[8] Fredricks, J. A. (2012) Extracurricular participation and academic outcomes: Testing the over-scheduling hypothesis. *Journal of Youth and Adolescence. 41*, 295-306. doi: 10.1007/s10964-011-9704-0

[9] Marland, S. P., Jr. (1972). Education of the gifted and talented: Report to the Congress of the United States by the U.S. Commissioner of Education and background papers submitted to the U.S. Office of Education, 2 vols. Washington, DC: U.S. Government Printing Office. (Government Documents Y4.L 11/2: G36)

[10] Dąbrowski, K. (1964). *Positive Disintegration*. Boston, Mass.: Little Brown.

[11] Webb, J., Amend, E. R., Beljan, P. et al. (2016) *Misdiagnosis and Dual Diagnoses of Gifted Children and Adults: ADHD, Bipolar, OCD, Asperger's, Depression, and Other Disorders* (2nd Edition). Great Potential Press.〔榊原洋一（監訳・解説）・角谷詩織（監訳)(2019 予定)『ギフティッド：その誤診と重複診断』北大路書房〕

10章　性の発達と関係性における暴力

　性の発達というと、一般に思春期に起こるものと思われやすいが、子どもの性の発達は乳幼児期から始まり、生涯を通して成長・変化し続けるものである。その中で、第二次性徴の発現を契機とする思春期は、ホルモンの分泌に伴う身体面および精神面の発達が著しく、急激な変化に子ども自身がとまどうことが少なくない。自我の芽生えや性への関心が高まることで、親子関係や友人関係も変化し、自分らしさの模索や恋愛に関心が移っていく。自己に向き合い、家族以外の他者との親密なかかわりを経験することは、アイデンティティの形成や親密性の獲得につながる機会となる一方、自己否定や孤立感が高まったり、閉鎖的な交際関係のなかで支配や暴力の問題が生じたりするリスクもある。そのなかで性的なマイノリティの子どもは、家庭や学校における排除や偏見にあいやすく、孤立しやすいことに留意する必要がある。

　この章では、子どもの性の発達を概観し、性の多様性を示しながら、性にまつわる問題として関係性における暴力を取り上げ、基本的な理解と対応について述べる。

1節　性の発達と多様性

1-1　性の発達とアタッチメント

　子どもの性の発達は乳幼児期から始まり、養育者からの身体接触や子ども自身での探索行動によって快の感覚を得ながら、身体の感覚や機能を学んでいく。特定の養育者のまなざしのなかで抱っこや声かけをされることは、子どもに安心感と自他に対する基本的信頼感をもたらし、**アタッチメント**の基盤となる。子どもが不安や苦痛を感じたときに、アタッチメントによって不快感情が軽減

するのは、養育者が安心の基地として機能していることを表す。

　このように、子どもにとって特定の養育者との身体接触は安心や安全につながるものだが、**虐待**や**ネグレクト**を受けている子どもにとっては、むしろ緊張や不安を高めるものになる。身体暴力や放置によって心身に苦痛を与えられる場合はもとより、養育者の気分次第で子どもへのかかわり方が異なるような不安定でアンビバレントなアタッチメントでは子どもの無力感や不信感が高まる。そのため、安定したアタッチメントが形成されていない子どもは、他者とのかかわりで欲求を満たすことをあきらめたり、逆に、誰にでも近寄っていき、無分別に抱っこや接触を求めたりすることがある。なかでも、**性的虐待**は養育者による不適切な身体接触や刺激であり、子どもは快と不快の感覚が混乱し、情緒不安定になりやすく、年齢不相応な性的言動を示すことがある。幼少期における身体接触は、健全な発達にとって不可欠なものであるが、不適切で暴力的な接触は、子どもの成長や性の発達に深刻な負の影響をもたらす。

　幼児期になると、ままごとやお医者さんごっこなどの模倣を通して性役割を理解していく。性別で期待される役割やイメージといった**社会的な性**（ジェンダー：gender）を違和感なく受け入れることもあれば、それらに抵抗感を抱き、身体的な性別（sex）と異なる性別やジェンダーを好むこともある。通常、子どもは2、3歳頃に自分が男女のどちらの性に属するかという**性自認**をもつようになるが、出生時の性別に違和感を覚える**性別違和**（gender dysphoria）のある子どももいる。4、5歳には外見や行動面におけるジェンダーを理解するが、養育者に子ども自身の性自認や好みが尊重されず、固定的なジェンダーを押しつけられたと感じた子どもは、自分が社会に受け入れてもらえていないと感じやすく、**性同一性**（gender identity）にまつわる困難が大きい。こうした子どもは、幼少期から性に関する周囲の期待に対する苦痛を抱いていることが少なくない。

　子ども同士のお医者さんごっこは、しばしば互いの性器を見たり、触ったりする行為を含み、性の探索行動としての意味もある。ほぼ同年齢の子どもが双方とも楽しんでいる場合、年齢相応の遊びといえるが、子どもに発達差や立場の違いがあり、一方的で苦痛を伴う行為があるなら、性問題行動とみなされる。膣や肛門への指や物の挿入といった侵襲性の高い行為がみられる場合、性的虐待や何らかの性情報にさらされたことによる影響の可能性も考えられる。性的虐待を受けた子どもは、自分がされた行為を他の子どもに再演することがあり、そうした性問題行動が性的虐待の発見の兆候となる場合もある。

子どもの性の発達や性行動は、アタッチメントや虐待、養育者の期待や環境等と深くつながっている。こうした幼少期の体験をベースにして、子どもは思春期を迎えることになる。

1-2　思春期の性

　思春期とは、初潮や精通などの**第二次性徴**から始まる時期をさし、その開始時期は性差や個人差が大きい。一般に、女子の方が男子より身体的成熟が早く、小学生で恋愛や性への関心を示すことはめずらしくない。中学生になると、性ホルモンの分泌に伴う生理的変化により、男子の身長や筋肉量が急激に増加する。児童期と比べて身体的な性差が顕著になるものの、女子も男性ホルモンと呼ばれるテストステロンが増加して体毛が濃くなり、男子の変声（声変わり）や体型の変化の程度もさまざまなので、典型的な性差に注目するだけでなく、個人差を考慮して対応する必要がある。
　自我が強く意識されるこの時期は、自分が周囲からどう見られているかを気にしたり、他者と同じようであらねばと思うと同時に、他者とは違う特別な存在でありたいと望んだりする。身体の違いや性の発達についても、「他者と違うのでは」「遅れていないか」「人並みの魅力があるか」を気にしやすい。こうした不安は親や友だちに話しにくく、1人で悩みを抱えてしまうことがある。
　急速な身体的変化に比べて精神的成熟が追いつかず、心身の発達がアンバランスで情緒的に不安定になりやすいのも、この時期の特徴である。親への反抗や反発は年齢相応といえるが、イライラや暴力のコントロールができず、反社会的行動に至る子どももいる。何らかの障害等により心身の変化を受容できず、月経のたびにパニックを起こす、夢精を夜尿と勘違いする、周囲にかまわず性的言動をとるなどの行動を示す子どももいる。知的障害や発達障害がある場合は、より早い時期から性教育を行うことが望まれ、子どもが安心して思春期を迎えられるようにする支援が必要である。後述するように、この時期にみられる性問題行動は、性衝動や障害に起因するといった単純なものではない。どの若者にとっても、自分の成長や変化を受け入れ、感情や衝動性とうまくつきあえるようになるのが発達上の課題となる。
　そうしたなかで、恋愛対象や**性的指向**（sexual orientation）を自覚し、交際を始めたり、性行為を伴う関係性をもったりするようにもなる。日本性教育協会による性行動調査における性交経験の推移（図10-1）をみると、2017年

10章　性の発達と関係性における暴力　│　153

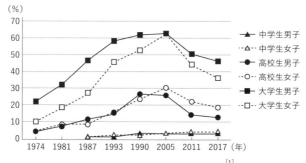

図 10-1　性交経験の推移（日本性教育協会, 2018）[1]

の調査では、中学生の性交経験者は男女とも5％以下だが、高校生では男子の13.6％に対して女子は19.3％と上回り、大学生になると男女とも約4-5割（男子47.0％、女子36.7％）が経験している。高校生では、女子の方が性交の機会が多いが、相手との関係性や状況はさまざまだろう。同調査では、いわゆる「草食系」と呼ばれる男子の性的関心の薄さや性行動の不活発さとともに、女子の性行動に対する消極性も指摘されている。時代や社会背景によって、性に対する意識や行動は異なるものだといえる。

1-3　性の多様性

　このように、性の発達や性行動は個人差が大きい。そもそも性のありようは非常に多様であり、「男／女」に二分できるものではなく、異性愛に限らない。
　近年、「レズビアン、ゲイ、バイセクシュアル、トランスジェンダー」の頭文字をとった**LGBT**（このほか「Q（クエスチョニング、もしくはクィア）」、「I（インターセックス）」、「A（エイセクシュアル）」などを続ける表記もある）が**セクシュアリティ**の多様性を表す表現として用いられるようになり、性的少数者を意味する**セクシュアルマイノリティ**も広く使われている。
　少数者（マイノリティ）とは、必ずしも実数を反映しているわけでなく、社会的にその存在が認知され、正当な権利を有しているかどうかと関連する。たとえば、日本では男女比はほぼ同数だが（女性の方が多い）、政治や社会的場面では、女性は未だマイノリティであるといえよう。ほかにも障害や貧困など、実際には多くの（実は大半の）人が当事者であるにもかかわらず、社会において十分に認識されていない課題もある。

同じように、セクシュアルマイノリティという表現も、これまで「いないもの」として存在を不可視化し、「おかしい（ふつうではない）」と排除してきた社会のありようを問題にする動きにつながるものである。男性同性愛者を対象とした調査[2]では、学校で「仲間外れ」や「いじめ」を受けた人が約4割、「教室での居心地の悪さ」や「"ホモ"・"おかま"などのことばによる暴力」は過半数が経験しており、「自殺未遂」（14.0％）や「自殺を考えた」（66％）ことがある人が非常に多い。自殺念慮や自殺企図については、他の調査でも類似の結果が示されており[3]、子ども時代を生きる上での困難さがうかがわれる。

　セクシュアルマイノリティが注目されるようになったことで、差別や暴力の実態が明らかにされつつあるが、セクシュアリティを理解するのに、「LGBT」や「マイノリティ」の観点だけからみるのは十分でない。**セクシュアリティ**とは、あらゆる人の性的なありようを表すものだからである。性的指向が異性に向く人は「異性愛者」（ヘテロセクシュアル）であり、性自認に違和感のない性同一性は「シスジェンダー（cisgender）」と呼ばれる。LGBTは、一部の性的指向（LGB）と性別違和のある人や性的表現者（T）を強調した用語であるため、国際的には、より包括的なセクシュアリティを表す概念として**SOGI**（Sexual Orientation and Gender Identity）が用いられている。

　思春期には、誰もが自分のSOGIに向き合う。自分が何者として、どんなふうに生きていくかというアイデンティティを確立する上で、性の側面は避けて通れない。幼い時期に性に対する葛藤や悩みを経験していなくても、自立を果たす青年期になって、ジェンダーの圧力や差別を体験することもあるだろう。

　性の多様性を前提とした支援は、マイノリティの人に限らず、すべての人の生きやすさに役立てられる。セクシュアリティについて積極的な理解者であることを示す「アライ（ally）」の立場を表明して活動する人もいる。いじめや暴力の予防などの取り組みにおいては、当事者を支えるアライの役割も大きい。

2節　思春期の性問題行動

2-1　健全な性行動と性問題行動

　セクシュアリティとは、性的な欲求や好み、装いや言動などさまざまな「そ

表10-1　同意にもとづく関係の条件 (カーン, 2009より)[4]

情緒的に対等
適切な年齢
正直（嘘がない）
二人とも「いいよ」と言っている
「いやだ」と言ってもよい
何が起こっているか（結果）を二人とも理解している
思考が損なわれておらず両者ともに意識が鮮明（しらふ）
知的に対等
愛情（思いやり）がある

の人らしい性」を表す概念であり、そのなかには性行動も含まれる。いかなる性的願望も自他を傷つけない限りにおいて自由であり、否定されるべきものではない。性行動も同様に、心身の健康を害することなく、お互いの同意の上での交渉であれば問題はない。たとえば、思春期にマスターベーションが増えることは、性的な快感を獲得し、性衝動を自己コントロールするための健全（healthy）な行動といえるが、自分の性器を痛めるような方法を用いたり、ストレス発散の方法がマスターベーションしかなく、性に没入しているような場合は問題であり、子どものニーズ（課題）に即した支援が必要になる。

相手のある性行動では、双方の同意が重要となる。同意にもとづく関係性を築くには、表10-1に示す条件がすべて揃っている必要がある[4]。

真の同意が成り立つには、お互いが情緒的にも知的にも対等であり、嘘のない誠実さと思いやりのある関係性が前提となる。性行動に伴う結果として起こりうる妊娠や性感染症、今後の人生への影響などを理解した上で自己決定しているかどうかも大切である。つまり、たとえお互いに「OK」と言ったとしても、幼い子どもであれば、性行動の意味や結果を理解できているとはいえない。法律上も、日本の刑法では13歳未満の子どもには性的同意能力が認められておらず、児童や未成年との性交渉は、性的虐待や犯罪、条例違反とみなされうる。

同意は性交渉のたびに確認されるべきもので、すでに性関係があるとしても、その後も「OK」であり続けるわけではない。交際関係のなかで、断ったら暴力をふるわれたり、嫌われたりする心配があるならば、「OK」と言っても真の同意とはみなせない。もちろん「NO」と言っていないからといって同意があるとはいえず、お互いの同意を確認するには関係性を構築する過程が欠かせない。

そのため、自他を尊重する関係性を築くには、相手を思いやり、性に関する

知識を備え、相手と話し合うコミュニケーションスキルが必要となる。思春期の若者には（成人にとっても）容易なことではなく、交際関係のなかで葛藤と修復を繰り返しながら、責任のある性行動や自立した関係性がめざされる。

2-2　性問題行動の背景要因

　健全な性行動とは異なり、対等ではない関係性における同意のない性的言動は性問題行動とみなされる。人の身体や心は「その人自身のもの」であり、必要性や同意なく触れられたり、踏み込まれたりすると、誰でも安全感が脅かされる。こうした「その人自身のもの」は、**パーソナルスペース**（他者との距離感）やプライベートパーツ（性器）を含み、**バウンダリー**（**境界線**）と総称される。一方的な性的言動は、物理的・心理的なバウンダリー侵害であり、さらに社会的なルールやマナーといった社会的バウンダリーも破る行為である。

　性問題行動には、上述したような不適切なマスターベーションや性へのこだわりなども含まれるが、ここでは相手のある性行動に焦点を当てる。性問題行動には、風呂・トイレや着替えの覗き、盗撮、下着盗といった非接触型の行為と、強制わいせつや痴漢行為などの身体接触、性行為の強要（強制性交等）などの直接的な接触型の暴力がある。どちらも、相手が気づいていない、断れない、逃げられないという弱い立場にあることを利用したものである。身体的な暴力が伴うこともあるが、口止めなどのことばによる脅しや、やさしくするとかご褒美をあげるといったグルーミング（手なずけ）が用いられたりして、性暴力がふるわれることが多い。人目のつかない場所で抵抗しにくい被害者が選ばれやすいことから、性暴力は偶発的で衝動的なものではなく、むしろ計画的で巧妙なものであるといえる。

　性暴力の要因は、加害をする子どもの衝動コントロールの低さやことばの発達の遅れといった脆弱性だけでなく、アタッチメントの形成不全や強制力や性にまつわるモデリングといった環境要因が大きいことが指摘されている。[5] 性暴力は、本人をはじめとして周囲も性的な興味や衝動によるものだと認識しがちだが、実際には、性的な手段を通して自分の強さを感じたい、親密さを得たい、不安や苦痛を紛らわせたい、ストレスや怒りを発散させたいといった「支配とコントロール」が動因であることがほとんどである。つまり、満たされない気分を性暴力で解消しようとする不適切な対処法といえる。インターネットや雑誌などのポルノに刺激を受けて行動化する子どもも少なくない。

不満や不全感によって性に没入する背景には、子ども自身が、虐待やDV（ドメスティックバイオレンス）、いじめや排除を受けていることによって、家庭や学校で安全感が得られず、居場所のなさや孤立感を抱いている状況がある。そのため性問題行動への介入では、子どもと環境の両面からアセスメントを行い、性暴力に至った要因を明らかにし、子どもの安全を高めるための環境調整を図る。身近な環境に暴力や支配を肯定する言動や価値観がある限り、子どもの健全な発達は望めない。子どもの行動の見守り（モニタリング）と性情報の管理も重要である。

2-3　性問題行動につながる思考と感情

　性問題行動のある子どもには、自己中心的な思考と感情の抑圧がみられる。これは自分のした行為に対して何らかの言い訳をして、自分の責任を小さくする思考であり、思考の誤りや認知の歪みともいわれる。たとえば、「ちょっと触っただけ」「相手も喜んでいた」「みんなしている（自分だけが責められるのはおかしい）」など、自分の行為を矮小化したり、否認したりして、自分の非を認めない。また、相手や周囲に責任転嫁し、自分ばかりが不遇な目にあっているかのような被害者意識がある。こうした思考の誤りは、性問題行動に限らず全般的な非行や犯罪、嗜癖（アディクション）にもみられるものであり、修正のための介入が必要である。

　とはいえ、こうした思考の誤りは、その子ども自身が苦境や苦痛な体験から生き延びるために身についたものである。虐待や性暴力から逃れられないとき、子どもは自分が受けた被害について「ちょっと叩かれただけ（触られただけ）」「相手はいい人（自分も相手が好き）」「みんなしている（問題にするほどのことではない）」と思うことで衝撃を緩和しようとする。そのため、思考の誤りを「その考え方は間違っている」と指導して矯正するのではなく、子どもが非機能的な思考をもつようになった背景を理解しながら、より現実的で役に立つ思考を一緒に考えていくようなサポーティブな介入が求められる。

　同様に、相手の気持ちが考えられないという傾向に対しても、他者への共感性を高めようとする前に、まずは自分自身の気持ちに気づき、行動化によって感情を表すのではなく、適切な方法で感情を表出できるようになることを目標にする。不安や怒り、情けなさ、みじめさ、悲しみといった感情は、誰にとってもつらいものであり、理解し共感してくれる人の存在が支えになる。

このように、環境調整を図りながら、非機能的な思考と感情にアプローチする治療教育は、単なる知識の学習ではなく、日常生活や対人関係などの現実に即したものでなければならない。そのためには、安心できる治療関係のなかで、思考や感情を振り返り、具体的な社会的スキルを身につけていくアプローチが有効である。治療教育は不適切な性行動のコントロールにとどまらず、子どもの全人的な成長や自立を促すための発達支援ともいえる。

　虐待やネグレクトにより社会的養護の下で暮らす施設入所児童においても、子ども間の性問題行動はしばしばみられるものであり、同性間でも異性間でも起こりうる。施設や学校では、早期発見と介入のための準備性を高め、チーム支援によって加害と被害双方の立場の子どもにケアを提供する必要がある。保護者や施設職員、教員の協力が不可欠であり、多機関の連携も求められる。

2-4　女子の性問題行動

　思春期女子に典型的な性問題行動は、いわゆる援助交際と呼ばれる売春行為やリスクのある性行動である。これらは性非行とみなされ、保護や補導の対象になるが、その背景には性的虐待やネグレクトがあることがほとんどである。安全ではない家庭から逃れるために家出や夜間徘徊をし、居場所や生活費を確保するために売春を行う。宿泊や世話の見返りとして性行為が求められることは、一見すると「ギブ・アンド・テイク」の関係にみえるが、両者に対等性はない。こうした性行動は子どもが自ら選択したものと誤解されやすいが、帰る場所がなく、情緒的にも身体的にも脆弱な子どもたちは、選択の余地がなかったのだと理解されよう。

　性的虐待を受けて育つと、**バウンダリー**が混乱し、性的接触に対して過敏になる反面、感覚や意識が切り離される解離という症状によって、不快や苦痛を感じにくくなる。性を「武器」のように用いて、相手や自分を傷つけるために性行為をすることもある。いわば自傷行為であり、リスクのある性行動は子どもがケアを要するサインといえる。「身体を大事にしなさい」という叱責や指導ではなく、「身体を大事にしてもらえなかった」という子どもの被害体験を理解しようとする姿勢が求められる。

3節　関係性における暴力

3-1　交際関係

　思春期の主たる関係性は、家庭を中心とする親子関係から、学校や地域での友だち関係へと移行する。それまでは何でも親に話し、親の指示や許可で判断していた子どもが、親と口をきかなくなったり、自己判断で決めようとしたり、親や大人の価値観に反することをしたりする。思春期の子どもにとって「自分の考えや価値観」は、親に踏み込まれたくない重要なバウンダリーであり、そうした子どもの自己主張は、親子が分離独立するための重要な一歩となる。
　子どもにとっての安心の基地は、親から友だちを経て、信頼のおける親友や恋人へと変化する。親友や恋人もまた安心感をもたらしてくれる存在であるが、親のような絶対的な味方ではありえない。相互に関心や注意を向けあう必要があり、関係性の維持のためにはお互いへの敬意と努力が欠かせない。とりわけ、恋人との交際関係においては、相手の愛情や関心を独占したいという欲求から、相手を自分の思うままにしようとしたり、反対に何でも相手に合わせすぎたりするといった支配とコントロールの問題が生じやすい。親密な関係性では、心や身体のバウンダリーが開かれ、それゆえに親密性が高まるわけだが、一方で閉鎖的になりかねず、バウンダリーをめぐるさまざまな問題が起こりやすい。

3-2　デートDV

　親密な関係性におけるバウンダリー侵害として典型的なものに、**デートDV**と**性暴力**が挙げられる。デートDVとは、交際関係において生じるDVをさす。バイオレンス（暴力）といっても、殴る蹴るといった身体的暴力に限らず、罵ったり脅したりするような暴言を吐いたり、無視をしたり不安にさせたりするような精神的暴力もある。行動や服装、友人関係など、個人の好みや活動を許さず、一方的に否定したり、制限したりするような束縛も含まれる。性行為を強要するといった性暴力も起こりやすく、別れた後に交際中の写真がリベン

ジポルノとして利用されるなど、交際後にも暴力が続くことがある。

　交際相手によるDVは、配偶者からのDVと比べて、婚姻関係や子どもの養育といったしがらみがないため、嫌な相手ならば別れればすむようにみえるが、実際にはデートDV特有の深刻さがある。交際関係は、程度の差こそあれ、相手への愛情や信頼を基盤としている。DVは、常に暴力をふるうわけではなく、何もないときもあれば、むしろ情熱的に愛情を示したり、相手に頼ったりすることもある。暴力そのものも威圧的な振る舞いだけでなく、「お前がいないとダメなんだ」とすがりながら自分の要求を通したり、「あなたのおかげ」と賞賛しつつ相手を思うままにコントロールしたりするなど巧妙で、被害者が「嫌だな」と思う場面があっても、愛情ゆえの行動なのだろうと誤解しやすい。何より好きな相手に対して、嫌われたくない、別れたくないという気持ちがあると、たとえ暴力だとわかっていても離れる不安の方が大きく、DV関係を維持してしまう。

　本来、交際関係とは、相手への愛情や尊重にもとづき協同的なパートナーシップを形成していくものである。ところが、DVのある関係性では、相手を「自分のもの」ととらえ、自分の思いどおりになるものだという非常に未熟な考えがみられる。しかし、感情をコントロールせずに爆発させることを「本心をさらけだしている（本当の自分を見せている）」ととらえて、信頼関係の証であるかのように思い込んだり、忍耐によって意に反する行為を受け入れることを愛情や美徳ととらえたりする誤解は、広く社会に現存しているかもしれない。実際に、配偶者間のDVは蔓延しており、子どもが両親のDVを目撃しながら育つことの影響も少なくない。

3-3　潜在化しやすいデートDV

　育ってきた家庭や地域でDVや暴力があり、それをモデリングした若者は、自分自身のDVにも気づきにくい。デートDVは、「好きだからこそ許される」という加害側の甘えと、「好きならば許さなければ」という被害側の態度が相まって、両者とも問題を自覚できない状況に陥りやすい。当事者のみならず周囲もまた「愛があればかまわない」「二人がよいなら」と交際関係におけるバウンダリーの侵害を容認し、介入を躊躇してしまいやすい。あるいは、「別れなさい」と指示したり、叱責したりすることもあるが、非難するだけでは交際そのものが隠されるようになり、リスクがさらに高まってしまいかねない。

また、配偶者間のDVでは加害者の大半が夫（男性）であるのに対し、デートDVでは、女性が過度な束縛やコントロール、金銭負担の要求といった加害行為をするケースも少なくない。しかし、男性被害者に対する社会的認知は低く、男性を対象としたDV相談窓口や情報は限られているのが現状である。
　さらに、同性カップルにおけるDVは、相談する際にセクシュアリティの開示（カミングアウト）が伴うため、DV被害を打ち明けるのは一層難しくなる。暴力の内容も、「セクシュアリティをバラす」といった脅し（アウティング）や当事者のコミュニティからの排除など、マイノリティであることの脆弱性を利用した行為が含まれる。そもそも、若者向けのデートDV予防教育の多くが、異性愛カップルを前提としており、多様なセクシュアリティに対応できていないという問題もある。
　性行動が若年化している傾向を考えると、思春期以前からデートDVや性暴力に関する教育や支援を提供し、予防と早期介入につなげる必要があるだろう。

3-4　被害者へのケア

　性暴力やDVを受けた子どもや若者は、心理的な傷つきのみならず、身体的な外傷、妊娠や性感染症など、さまざまな健康上のリスクを抱えている。性暴力やDVは、不安や恐怖、他者への不信感や警戒心、そして無力感や自己否定感を高める。命の危険を感じるような暴力はもちろんのこと、年齢不相応な性的体験もトラウマ（心的外傷）になりうる。状況や相手との関係性、サポートの有無などによって影響の大きさは異なるが、性的なバウンダリーを侵害されることは、あらゆる暴力のなかでも侵襲性が高く、混乱や恥辱感をもたらす。
　しかし、それらの被害は誰にも打ち明けられないまま、子どもの多くが必要なケアや治療を受けられずにいる。性暴力やDVの被害者は、「自分が（逃げなかったから、断らなかったから、相手の機嫌を損ねたから）悪かった」と自責感を抱きやすく、自分の身に起きたことを話したり、知られたりすることへの恥や恐怖を感じているからである。性暴力やDVは、性行為や恋愛ではなく「暴力」であるにもかかわらず、性的なゴシップとして軽んじられたり、被害者に落ち度（原因）があるといった偏見にさらされたりして、社会的な**スティグマ**を負いやすい。こうした誤解や不適切な対応は、二次被害として被害者をさらに傷つける。
　また、トラウマになるような衝撃的な体験は、思い出すだけで苦痛がよみが

えり、記憶も曖昧になりやすいため、順を追ってきちんと話すことが困難になる。考えられない、話せないといった回避や解離の症状によって、自分の体験を話せずにいる被害者は非常に多い。加害者に口止めされたり、打ち明けた後の報復や予期しない事態を恐れて、被害を言えずにいる場合もある。

そもそも自分の体験が「被害」であると認められないこともある。「たいしたことではない」と考えて自分の傷つきを否認する。あるいは、幼少期から虐待やDVにさらされた場合、暴力を受けてもそれがおかしいとは気づきにくい。被害を受けて育つことでバウンダリーが脆弱になり、さらなる被害を受けやすくなったり、逆に他者のバウンダリーを侵害しやすくなる傾向もある。

そのため、性被害への対応では、子どもが打ち明けてくるのを待つのではなく、子どもが安心して話せるための関係づくりが欠かせない。つまり、子ども自身が「被害」を自覚できるように、バウンダリーや同意の条件、性暴力やDVの特徴について説明するという教育的なはたらきかけを行い、被害によって生じる心身の反応を挙げながら、ケアの必要性を伝える心理教育をする必要がある。心理教育によって、被害者の自責感や恥の気持ちを軽減させ、子どもが回復に向かう動機づけを高めることができる。

トラウマや傷つき体験からの回復には時間がかかり、支援者の負担も少なくない。暴力の詳細を聴くことで、支援者も間接的にトラウマを負い（代理受傷）、世の中や他者に対する不信感や絶望を抱くことがある。疲弊や燃え尽き（バーンアウト）も起こりやすい。チーム支援を原則として連携しながら、支援者自身もセルフケアや安全感の回復に努めることが大切である。

3-5 対等で安全な関係性のために

健全な関係とは、支配や暴力のない対等で安全な関係性であり、それには自他のバウンダリーを尊重する態度とスキルが欠かせない。青年期における協同的なパートナーシップへと進展させるには、相手との一体感やつながりを求めつつも、それぞれが個として自立した上で、お互いのバウンダリーを尊重する姿勢をもたなければならない。そうした関係性を築くには、葛藤と修復の体験を重ねていく必要がある。つまり、意見の相違を認めあいながら、調整するための交渉と努力を続けていく。その過程では、しばしば失敗やトラブルが起こるため、必要に応じて大人からの助言や指摘を受けることも有益である。

思春期・青年期は、こうした葛藤や失敗を安全に体験し、自分なりの考えや

性に対する態度、ひいては自分の生き方を定めていく時期である。そのため、若者への効果的な性教育は、性行動の制限や禁止をしたり、大人の価値観を押しつけて性にまつわる危険性だけを伝えたりするものではない。若者が責任ある行動を自己決定するために必要な情報を提供することであり、大人が若者と対話（ダイアログ）する姿勢が求められる。もちろん、子どもの年齢や発達によって一定の制限は必要であるが、その際も一方的な指示や押しつけではなく、子どもとのやりとりを通した説明（ガイダンス）であるのが望ましい。

　先進的な性教育を行う国の取り組みでは、性教育の目標は「主体性」と「自律性」の獲得であり、子どもがリスクをおかす権利と大人が子どもを守る役割のバランスが重視されている[6]。子どもと性について対話するには、大人自身がセクシュアリティを理解し、開かれた態度でいることが大切である。

　人の性は、出生から生涯を通して発達するものであるが、なかでも思春期は、身体的な成長が著しく、精神面での不安定さが生じる上に、他者との関係性も変化していく時期である。そのため性や対人関係をめぐる問題が生じやすい。健全な性の発達と安全な性行動は、性の健康（sexual health）につながる重要な発達課題である。性の健康や権利を考える上で、しばしばセクシュアルマイノリティとされる子どもへの配慮が十分ではないことや、性被害を受けた子どもに必要なケアが行き届いていない状況について、留意する必要がある。

　思春期の性問題行動は、男女ともにみられるものであり、どちらにおいてもその背景にある不充足感の改善や被害体験へのケアが肝要となる。支援においては、「被害−加害」のつながりを前提とする包括的な取り組みが求められる。

　子どもの全人的な成長を促すために、大人自身が性や暴力に対する偏見をなくし、性の多様性や暴力の現状を理解する必要がある。そして、子どもとオープンに対話する姿勢やスキルを身につけることが望まれる。

【コラム】　10代の妊娠

　10代の妊娠の多くは「予期せぬもの」であり、人工妊娠中絶に至る割合も高い。10代の出産と中絶の件数は、日本全体の出生数に比例して減少傾向にあるものの、14歳以下での出産も含まれており、さまざまなリスクを伴う。周産期死亡率や早産、胎児の子宮内発育遅滞や妊娠高血圧症候群等の身体的リスクも生じるが、これらは妊娠への気づきの遅れ、妊婦健康診査や「妊婦（両親）教室」などに行かない（行けない）など、妊娠に関する知識や健康管理の不足等

も影響している。また、社会資源や体制が不十分であるため、学業や就労の中断を余儀なくされることで、キャリア形成の困難さや経済的困窮等の社会的リスクにもみまわれやすい。こうした複合的な要因から、虐待やネグレクトのリスクも高まることが指摘されている。

　従来、10代の妊娠は「望まない妊娠」と呼ばれ、不本意な体験をいかに防ぐかに焦点が当てられてきたが、実際には、計画的ではなくとも、本人にとっては「望んでいた妊娠」である場合が少なくない。孤独感を軽減させる、あるいは交際相手との関係を継続・進展させるために妊娠を望むといった「対処法としての妊娠」は、性知識の欠如というより、周囲とのつながりの欠如によって生じる。女子だけでなく男子も同様に、性行動や関係性における真のニーズを自覚し、適切な支援を受けられることが大切である。また、妊娠には、性虐待やデートDVなど、性暴力や性犯罪によるものが含まれることに留意すべきである。

【読書案内】
- 藤岡淳子 (2006)『性暴力の理解と治療教育』誠信書房
　性暴力について実態に即した理解を深めることができ、性犯罪への一般なイメージや思い込みが払しょくされる。性非行や性犯罪に対する豊富な臨床経験から、性暴力を「関係性の病」としてとらえる視点は、さまざまな関係性の困難さを理解し、支援するのに役立つ。アセスメントと介入プランの基礎を学べる。
- 野坂祐子・浅野恭子 (2016)『マイステップ：性被害を受けた子どもと支援者のための心理教育』誠信書房
　性被害を受けた子どもへの支援教材として、性暴力とその影響について理解し、対処スキルを身につけることを目的とした心理教育ワークブック。認知行動療法（CBT）をベースに、子どもの発達を踏まえた説明やクイズ等のワークが掲載されている。バウンダリーの理解や感情の調整、思考や行動の対処は、広く支援全般に活用できる。

【文献】
[1] 日本性教育協会 (2018)『青少年の性行動：わが国の中学生・高校生・大学生に関する第8回調査報告』一般財団法人日本児童教育振興財団内日本性教育協会 (p.11).
[2] 日高康晴他 (2006)「ゲイ・バイセクシュアル男性の健康レポート2」厚生労働省エイズ対策

研究事業『男性同性間のHIV 感染対策とその評価に関する研究成果報告』

［3］針間克己・石丸径一郎 (2010)「性同一性障害と自殺」『精神科治療学』*25*(2), 245-251.

［4］Kahn, T. J. (2001) *Pathways: A Guided workbook for youth beginning treatment*, 3rd edition.〔カーン, T. J.／藤岡淳子（監訳）(2009)『回復への道のり「パスウェイズ」：性問題行動のある思春期少年少女のために』誠信書房 (p.11)〕

［5］野坂祐子 (2015)「子どもの性的発達と性問題行動：被害－加害の連続性とグッドライフ・アプローチ」『子ども学』第3号, 55-72（白梅学園大学子ども学研究所「子ども学」編集委員（編）, 萌文書林）

［6］野坂祐子 (2018)「フィンランドにおける性教育の取り組みと専門家養成」『性の健康』Vol.17, No.1, 25-28.

11章　問題行動と向き合う

　思春期・青年期には、いじめ、不登校、非行などの問題行動が増加する。思春期は、第二次性徴とともに開始され身体的変化が起こる。認知面では、抽象的な理解が進む。これらは、自己意識に影響を及ぼす。対人関係面では、親子関係、友人関係ともに変化する。親子関係では自立がテーマとなる。友人関係の変化は、いじめなどの問題に発展することもある。思春期・青年期に生じる問題行動は、これらの発達的変化と同時期に起こる。この章では、思春期・青年期における子どもの不適応や問題行動について概観し、縦断研究から明らかになっている問題行動の発生にかかわる要因やリスク要因について、親子関係、友人関係を中心にみていく。

1節　問題行動の様相

　思春期・青年期に現れる問題行動には、不安や抑うつといった内面の問題として現れる内在化問題行動と、攻撃性や非行のような行動の問題として現れる外在化問題行動がある。両者は重なって生じる場合もある。

1-1　児童期からみられる問題行動

　いじめは、小学校段階においても多くみられる。2013（平成25）年に制定された「いじめ防止対策推進法」によると、いじめとは「児童生徒に対して、当該児童生徒が在籍する学校に在籍している等当該児童生徒と一定の人的関係のある他の児童生徒が行う心理的又は物理的な影響を与える行為（インターネットを通じて行われるものも含む）であって、当該行為の対象となった児童生徒が心身の苦痛を感じているもの」と定義されている。「いじめ」のなかには、

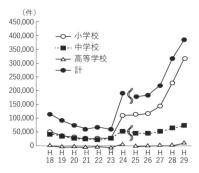

図 11-1 いじめの認知（発生）件数―小学校、中学校、高等学校別（文部科学省, 2018）[1]

犯罪行為として取り扱われるべきものも認められるとし、早期に警察と連携することなども必要とされている。2017（平成29）年度のいじめの重大事態の発生件数は474件である[1]。

不登校は、小学校でもみられるが、中学校移行期に特に増加する。平成29年度の不登校の在籍者数に占める割合は1.47％であり、小学校では0.54％（185人に1人）、中学校では3.25％（31人に1人）であった[1]。文部科学省の定義によれば不登校とは、連続又は断続して年間30日以上欠席し、「何らかの心理的、情緒的、身体的あるいは社会的要因・背景により、児童生徒が登校しないあるいはしたくともできない状況である（ただし、病気や経済的な理由によるものを除く）」。不登校の背景はさまざまであるが、不安の強さなど本人の特性や、家庭環境や友人関係をめぐる問題などが複合的に関連している。不登校数が小学校段階と比較して中学校で多いことから、思春期が、社会的回避傾向や不登校と親和性の高い時期であることが指摘されている[2]。

1-2 思春期以降に多くみられる問題行動

自傷行為は12～13歳頃の思春期に出現することが多い。自傷とは、意図的に直接的に自らを傷つける行為の総称である。中学生・高校生の10％程度に、自傷の経験があると推測されている。自傷行為はイライラを抑えるためになど不快の軽減を目的としたものが多く、孤独な対処法とも理解できる[3]。摂食障害やアルコール乱用、過量服薬などといった他の問題との関連もあるとされる。

ひきこもりは、仕事や学校に行かず、かつ家族以外の人との交流をほとんどせずに、6か月以上続けて自宅にひきこもっている状態である。不登校との

関連も強い。2015（平成27）年の内閣府の調査では、ひきこもり状態にある若者は54万1千人いると推計されている。ひきこもりの背景は多様であり、精神疾患、発達障害、いじめ、職業上の挫折などがある。環境要因では家族機能の低下も指摘されている。男性、若年者に多い。近年はひきこもりの長期化や高齢化が問題となっている。

自殺は、15歳～39歳の死因の第1位である（10～14歳では、悪性新生物につぎ第2位）。男性に多く全体の7割を占める。自殺の原因はさまざまであるが、19歳以下の場合「学校問題」が多い。若い世代の国際比較では、15歳～34歳での自殺率が第1位であるのは先進国において日本のみであり、死亡率も高いことから深刻な問題となっている。[4]

非行は、14歳～17歳がピークであり、青年期に増加しその後減少する。日本における非行とは、(1) 14歳以上20歳未満の少年による犯罪行為、(2) 14歳未満の少年による触法行為（刑罰法に触れるが、刑事責任年齢に達しないため刑事責任を問われない行為）、(3) 20歳未満の少年のぐ犯をさす[注]。このほかに、喫煙、深夜徘徊、家出など警察の補導対象となる不良行為や、学校での暴力行為や問題行動なども広義には非行に含まれると一般的には理解されている。日本においては、非行総数中の6割以上が、自転車盗といった初発型非行が占める。現在、日本の非行の総数は減少している。また、中学生の非行傾向も「タバコをすう」「酒を飲む」「自転車を盗む」など中学校でみられる行為のなかで

表11-1 中学生の非行傾向行為の経験率（%）（小保方, 2017の表を加筆修正）[5]

	2002	2007	2012	2017
1) タバコをすう	8.0	5.5	3.5	1.7
2) 病気などの理由がないのに学校をさぼる	9.3	10.3	7.5	11.3
3) 親にかくれて酒やビールを飲む	7.7	6.0	4.1	2.2
4) 子どもだけで夜おそくまで街の中で遊ぶ	17.4	18.9	16.6	16.9
5) 店の品物をお金を払わずもってくる	6.4	2.9	2.0	1.4
6) よその人の自転車を盗んだり、かってに使ったりする	5.8	2.8	1.8	0.5
7) 家のお金を親に黙って持ち出す		5.3	4.3	4.4
8) 親の許可なく外泊する		4.7	2.8	1.8

7)、8) の項目は、2002年度には実施せず。

[注] ぐ犯とは、その少年の性格または環境に照らして、将来、罪を犯し、または刑罰法令に触れる行為をするおそれがあると認められる行為をさす。

比較的進度が進んでいるものは減少傾向にある（表11-1）。これらの背景として、最近の子どもたちの生活環境の変化、特にスマートフォンの普及、SNSの長時間利用が指摘されている。スマートフォンがあれば、インターネット上で他者と交流することができ、ゲームなどの娯楽も交流を伴ってできる。社会的文脈の変化が子どもたちの行動や仲間・集団のあり方にも変化を与えていることが考えられ、広い文脈と子どもの行動の変化について検討が必要である。

2節　青年期の攻撃性

2-1　攻撃性の発達

いじめや非行などの問題行動は攻撃性と関連している。身体的攻撃性は2～3歳でピークになりその後減少する。一方で、間接的攻撃性や、器物損壊、盗みなどの潜在的攻撃性は幼児期には少ないが、児童期から青年期に増加する。児童期に学校という文脈で発展する攻撃性はいじめである。青年期には、怠学や家出など権威への対抗と関連する攻撃が増える。アルコールなどの使用もこの時期に開始される。身体的成熟は、体力が急速につくことと関連し、強盗や暴行など深刻なタイプの身体的攻撃性につながることがある。攻撃性や暴力が発生する文脈は、学校の仲間や兄弟、両親といった身近な他者との対立や葛藤場面から、公共の場や大人に監督されていない余暇時間へと変化する。性的なからかいや身体的評価など性的な攻撃性も増え、デートDVなど恋愛関係にある相手に対する攻撃性の問題も現れる。

2-2　攻撃性のタイプ

攻撃性にはいくつかのタイプがある。まず、その形態から直接的攻撃性と関係性攻撃性に分けられる。直接的攻撃性とは、押す、蹴る、脅すなどの他者に身体的または心理的傷害を与えるための意図的で直接的な行動である。関係的攻撃性は、悪意のある噂を流すことや、仲間外れにするなど、社会的地位や友情、他者との対人関係を損なわせるための意図的な行為である。

もう1つの分類は、反応的攻撃性と積極的攻撃性（または道具的攻撃性）で

ある。反応的攻撃性とは、挑発や脅威への反応を含み、多くの場合恐れや怒りの情動を伴う。防衛的であり報復的なものである。積極的攻撃性は、意図的かつ目標指向的な攻撃または他者に対して攻撃の脅威を与えることである。積極的攻撃性の目的は、他者の個人的な物を奪うこと（強奪）や他者の行動を統制すること（強制）、知覚した不正行為に対して罰を与えること（復讐）などが含まれる。意識的に目標をもって計画されるもので、攻撃性を道具として使用する。反応的攻撃性は、ストレス下での怒りの表出や、生理的覚醒水準の高さ、社会的問題解決の欠如と関連している。対照的に、積極的攻撃性は、生理的覚醒水準の低さ、無感覚・無感情の特性と関連しており、仲間からの拒否がほとんどみられない。

2-3 攻撃性の道筋

　縦断研究の成果から、攻撃性の発達についていくつかの道筋が明らかにされている。研究によって同定されている道筋の数は一致しておらずさらなる研究が必要とされているが、主要な4つのグループが複数の研究で明らかになっている。1つ目のグループは、「ライフコース持続（life-course persistent）」である。長期間にわたり身体的攻撃行動が多い子どもたちである。攻撃性は、さまざまな年齢特有の反社会的行動と組み合わされる。70％を男子が占め、男児の4～10％がこのグループに当てはまるという研究結果がある。2つ目は、攻撃性が「持続的に低い（persistent-low）」グループである。このグループは、幼児期から生涯にわたり一貫して攻撃的行動が少ない。ここに当てはまる割合は、調査した年齢と測定の仕方によって20％から70％と変化する。女児に圧倒的に多い。3つ目は、攻撃性が「減少する」または「幼児期限定」のグループである。幼児期の初めに高レベルまたは中レベルの攻撃的な行動があるが、攻撃的行動は幼児期から児童期中期にわたり減少する傾向がある。これは年齢とともに身体的攻撃が減少することを支持するものである。4つ目は、11歳から17歳の間に攻撃性が段階的に増加する「青年期発症」のグループである。

　非行行動や犯罪行動の道筋に関しては、1990年代に「ライフコース持続型」と「青年期限定型」の2つの分類が提唱されている。「ライフコース持続型」は、生理学的（遺伝的、神経認知的）なリスク因子と環境のリスク因子の組み合わせによって生じる。問題行動が人生の早い時期に開始され、生涯にわたり続く可能性が高い。「青年期限定型」は幼児期のリスク要因がほとんどなく、最初

に反社会的な行動を示すのが青年期であり、多くはこの時期に限定される。問題行動は、年齢特有である成熟ギャップ（身体は成人と同じくらい成長しているが、年齢では許されない行為があること）などで説明され、状況依存的である。

中学校でみられるタバコを吸うなどの非行傾向行為に関しても、小学校開始型の子どもの方が、中学校開始型と比較して、父親と親密でない、家庭のなかの暴力が多い、抑うつが高いなど、親子関係や個人の問題が多いという特徴がみられる[5]。青年期に攻撃性や非行など同じ形態の問題行動を示していても属するグループにより、その特徴やリスク要因が異なる。これまで述べてきたような分類を知ることは、問題の兆候を示した子どもがどのグループに属するのかを予測し早期に介入することや、問題行動のある子どもへの対応に役立つ。

3節　対人関係と適応

3-1　問題行動のリスク因子と保護因子

問題行動の発生の可能性を高めるものをリスク因子という。リスク因子は多様であり、個人の要因、家族の要因、学校の要因、仲間の要因、近隣の要因、より広い環境要因などがある。たとえば、非行に関しては、衝動性の高さ、知能が低いこと、学業成績が悪いこと、親による不適切な養育、児童期の仲間による拒否や逸脱した仲間とのかかわりなどがリスク因子である。リスク因子は独立して存在し、問題行動を発生させるものではない。複数が重なりあったときに問題行動を発生させる確率を高めるものである。たとえば、中学生の非行傾向行為の開始を縦断的に検討した研究では、子どもが非行にかかわることには、親子関係が親密でないなどの家庭の問題、セルフコントロールの低さなどの個人の要因に加えて、非行のある友人の存在、さらに学校不適応が重なる場合に促進されることが示されている[6]。

近年は予防的に働く保護因子がより注目されている。保護因子は、問題行動の発生の確率を低めるように働くものである。定義はまだ一致しておらず、逆リスク因子とみなすものや、緩衝としての保護因子という見方がある。緩衝としての保護因子は、リスク因子の存在するところで主に効果があるという特徴がある[7]。たとえば、平均以上の知能や扱いやすい気質（情緒的安定性、肯定的

な情動性、衝動性が低いなど）などの個人特性が、さまざまな環境リスク因子が存在する状況でさえ攻撃行動に対して緩衝効果があることが明らかになっている。[6]

問題行動のリスク因子として、家族関係、仲間関係があり、青年期にはこれらの対人関係が変化する。次に、親子関係、友人関係の発達、問題行動との関連についてみていく。

3-2 青年期の親子関係

思春期・青年期は、子どもが親から心理的に独立していく時期である。乳幼児期に子どもが親から物理的に離れることとの対比から「心理的離乳」や「第二の分離個体化」とも呼ばれる。

思春期・青年期は、認知的発達に伴い子どもの親への見方が変化する。それまで完璧だったと思っていた親がそうでないことを知る。第二次性徴による身体の変化に伴い、親と距離をとろうとする青年もいる。この時期、子どもは自律性を追い求めるようになる。自律性とは、親から分離した自己である感覚をもち、個人としての考えや規範に従って行動しようとすることである。認知発達により、より効果的に意思決定ができるようになり、自己決定をしようとするようになる。親からの支配や援助を受けず、独り立ちしていこうと、精神的、経済的な自立を模索する。子どもたちは友人と過ごす時間が増え、関心がより友人に向かうようになる。思春期・青年期には友人の影響が強くなるが、親子関係は、子どもたちが自律し、責任のある大人となっていくために重要なままである。特に、キャリアなど将来に向けたことや、緊急事態においては親からの援助は重要である。

3-3 親の養育態度

親の**養育態度**に関する初期の研究として、応答性と統制の2軸からの分類がある。応答性と統制のいずれも高い権威的態度（authoritative）、統制は高いが応答性が低い権威主義的態度（authoritarian）、応答性は高いが統制は低い許容的（permissive）の3つのうち、権威的態度が子どもの健全な発達を促すことを示した。これに続く研究で、親の養育態度と子どもの性格や態度との関連が指摘されている。最近の研究では、親の養育態度について3つの次元、(1) 親の

温かさ：拒否と敵意、(2) 構造と行動の統制：無秩序で一貫していない養育、(3) 自律的サポート：厳しい支配と服従の重視、が確認されている。

　効果的でない養育は、攻撃性や反社会的行動の開始や持続と関連している。非行の養育のリスク因子には、一貫しない厳しいしつけ、子どもの活動への親の関与の低さ、親による監督が不十分であること、親の温かさや情緒的サポートの欠如などがある。特に、親の監督の乏しさ、親の拒否、敵意と無視が、非行と最も強い関連があることが明らかになっている。一方で、親の温かさは、子どもの共感性の発達を促進するため、攻撃性の保護因子となる可能性がある。

3-4　親の影響のメカニズム

　親の子どもへの不適切なかかわりは、子どもの感情の自己制御、共感性、自己概念、ソーシャルスキル、学業へのやる気などの発達に影響を与え、抑うつや非行などの深刻な適応の問題につながることがある。厳しい養育は子どもの問題行動とどのように関連しているのか。1つは、厳しく過干渉である養育態度は子どもの感情統制の低さと関連し、感情統制の低さは幼児期からの攻撃的な行動と関連することが明らかになっている。たとえば、就学前の厳しい養育と11歳時の外在化問題行動を、子どもの自己制御が媒介していた。[8] もう1つは、親の厳しいしつけは、子どもの社会的スキルや認知的スキルに影響を与えて、子ども攻撃行動に関連するという見方である。[9]

　親の養育態度がどのように子どもの行動に影響を与えるかについて研究が積み重ねられている。一方で、子どもの行動が親の養育態度に影響を与えるという影響関係もある。親の監督の低さが、子どもの問題行動に影響を与えているのではなく、むしろ子どもの回避的態度の影響を反映していることが明らかにされた。親が子どものことを知っている程度は、親に対する子どもの自己開示の程度を表している。またその後の縦断研究で、2時点で親の養育態度と子どもの適応を測り、青年の適応が親の養育態度の変化を予測する程度の方が、親の養育態度が青年の適応の変化を予測する程度よりも強固であると報告されている。[10] 他の研究も、子どもの反抗的障害の症状や子どもの問題行動が、その後の親のしつけを臆病にしたり、親の子どもへの関与の低さにつながったり、コミュニケーションの不足につながることを示している。

　外在化問題行動への養育の影響は、気質や感情制御や状況への生物学的反応性などさまざまな個人レベルの変数によって媒介される可能性があるという研

究結果がある。たとえば、DRD4（ドーパミンD4受容体）7リピート多型を有する子どもは、敏感性のない養育にさらされたときに、外在化問題行動が増加したことが報告されており[11]、遺伝と環境の相互作用効果が示されている。

親の脆弱な養育には、親の健康状態が悪いこと、親の葛藤、経済的ストレスなど、さまざまな他の環境のリスク要因を伴うことがよくある。これらのプロセスから、親の養育の影響を取り出すことは難しいことを知っておくことは重要である。養育の1つの側面が単独で作用するものではないため、複合的効果についての研究が必要とされている。思春期・青年期の問題行動への支援は、子ども、そしてその家族を対象にすることが多いが、親と子の双方向的な関係を考慮したり、また家族の置かれている環境にも目を向ける必要がある。

3-5　友情の機能

友情の定義は、(1) 2人のそれぞれが友情の存在を認めていること、(2) 関係性は主に相互の好意から生じていること、(3) 関係性は自由意思のものであること、である。友情の機能には、ソーシャルサポート、親密さ、愛情を与えること、親密な自己開示の機会、興味、期待、不安の妥当性の確認の機会を与えること、のちの恋愛関係、夫婦関係、親子関係の原型となることなどがある。特に、思春期・青年期は親からの分離に伴い、自己の考えや行動に共感してくれる友人との間に安心感を得ようとする。仲間は、アドバイス、サポート、フィードバックの提供者、行動のモデルとして機能する。そして、友人との関係は、自己概念や適応にも影響を及ぼす。

3-6　青年期の友人関係

幼児期から児童期の初めまでは、遊びの好みを共有する仲間関係であるが、小学校高学年からは、特定の友人と親密な関係を築くようになる。会話を中心として、価値観や思考や感情を共有することを重視するようになる。青年期前期までには、類似の関心を共有したり、積極的に互いに理解しようとしたり、親密な自己開示をしようとする。青年期の友人関係は、親密性と自己開示が重視される。

児童期の終わり頃から、青年期前期の仲間関係において過度に排他的関係がみられる。悪口は、同性のグループでは、メンバーの一員であることを再確認

する行動となり、仲間関係の親密さを促進させる。間接的な攻撃性が多くなり、これらが仲間外れなどを生じさせ、いじめにつながることもある。青年期前期には、類似性を重視する傾向が強いが、次第に自他の違いを認めることができるようになる。

　この頃、認知発達が進み、他者の立場に立って考えることができるようになる。一方で、他者の思考を推論できるようになることで、同時に新しい形での自己中心性にとらわれる。他者の思考を推論するときには、自分の思考に大きく規定されるため、たとえば、容姿など、自分が関心をもっていることについて、他者も関心をもっていると思い込んでしまい、想像上の観客に対して一生懸命に反応をする。思春期に、対人関係において、友人にどう評価されているのかに過敏であったり、自意識が過剰になったりするのも、この心性とかかわっている。

　青年期には、異性の友人とのかかわりが急激に増える。異性の友人とのかかわりは、特に女子で、反社会的行動や非行などに影響がある。恋愛関係は青年期前期でみられるようになる。異性との恋愛関係に早く入ることは、青年期の問題行動や情緒的な困難さと結びつく。青年期後期では、恋愛関係は同性の仲間との肯定的な経験や、幸福感と関連がある。

3-7　友人関係と適応

　学校は子どもたちが仲間と出会い、友人関係を形成し、集団に参加する場である。友情の質が肯定的であることは、子どもの適応に影響を与える。友人のいる子どもは、友人のいない子どもより、自尊心が高く孤独感が低い。また、友人がいることは学校満足度や学業への関与を促進し、仲間からのいじめや、それと関連する内在化、外在化問題行動を遠ざける。特に、友人のいない子どもは、不安や、抑うつ、孤独といった心理的な苦痛が高いだけでなく、教師や両親、仲間からソーシャルスキルが不足していると評価されている。ソーシャルスキルが低いことは、友人のいないことの原因にも結果にもなりうる。

　仲間からの拒否や被害と、その後の子どもの適応との関連を最もよく説明しているのは、「相乗的相互作用モデル」である。たとえば、仲間に拒否されている極度に恥ずかしがりやで、不安が強く引っ込み思案の子どもは、引っ込み思案で拒否されていない子どもや、引っ込み思案でない拒否されている子どもより、その後の内在化問題行動（不安、抑うつ、孤独、否定的な自己意識）の

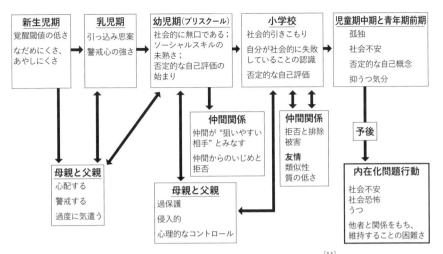

図11-2 相乗的相互作用モデル (Rubin et al., 2009)[11]

リスクがあることが報告されている。[12]ひきこもりの若者の内気で臆病な行動は、仲間からの拒否を引き起こし、次に、否定的な自己概念や、内在化問題行動を増加させ、そして、さらなるひきこもり行動や仲間との問題が増える。同様に、仲間からの被害も、学校適応、内在化、外在化問題行動を予測する。

3-8 問題行動への友人の影響

　青年期の問題行動に対する逸脱した友人の影響は大きい。友人が問題行動に与える方向性については選択と影響という2つの効果がある。選択の効果は、もともと攻撃性の高い子どもが、似た行動傾向のある子どもとの仲間関係を好む（類は友を呼ぶ）ということである。影響の効果は、もともとは攻撃性が低い子どもが、攻撃性の高い子どもの影響を受ける（朱に交われば赤くなる）ということである。研究成果は、友人の選択、影響の効果ともに支持している。多くの子どもは、逸脱した仲間とかかわる前に攻撃的であったかもしれない（選択効果）が、仲間グループは攻撃傾向に影響を及ぼし（影響効果）、悪化させる可能性がある。

　統計モデルの発展により、仲間ネットワークと攻撃的行動の関係を明らかにする研究が進んでいる。縦断的ネットワーク分析は、人のネットワークを繰り返し測定し、研究者が選択と影響を解き明かすことを可能にしている。12〜

11章　問題行動と向き合う　177

14歳を対象とした研究では、道具的攻撃性、反応的攻撃性、関係的攻撃性が友人に取り込まれる可能性が高いだけでなく、青年は類似性にもとづいて友人を選ぶ傾向があり、それによって互いの攻撃的行動を強化していたことが報告されている[13]。

3-9 問題行動の発生プロセスの研究

これまでみてきたように、思春期・青年期の問題行動の発生の道筋やリスク因子が明らかにされてきている。発生の道筋は複数あり、リスク因子は発達のプロセスや個人の置かれた環境とも絡み合っている。縦断研究により、リスク因子と保護因子の特定を超えて、因果関係を考慮した双方向の影響（相乗的相互作用）や、ある時期のリスク因子が、他の時期の発達や、問題行動の発生にどのように作用するのか（発達的カスケード）の視点から、問題行動の発生のプロセスの研究が進められている。発達的カスケードは、流れ落ちる水がスピードや力を増して道筋を変化させたり揺り動かしたりするように、ある領域でのリスクや出来事が、発達の時間的な枠組みのなかで、その領域のレベルを超えて、どのような波及効果をもたらすのかを検討している。発達システムで生じる多くの相互作用や相乗的相互作用の累積的な結果に注目するものである。

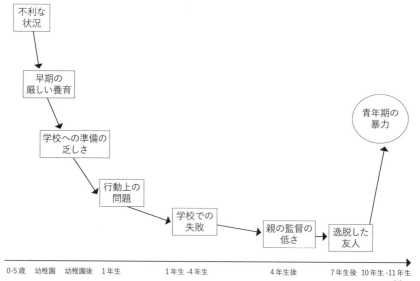

図11-3 攻撃性の発生の仮説的なダイナミック・カスケードモデル（Dodge et al., 2009）[8]

たとえば、幼児期の厳しい養育といった先行条件が、結果としての青年期の攻撃性の発生の確率にどのように作用するのかといったプロセスを探る。5歳から18歳まで縦断的に調査した研究で、幼児期の問題と青年期の攻撃性の発生について、図11-3のようなプロセスが明らかになった。[8] 幼児期のあるリスク因子が、発達のなかで、成人期の問題の発生に影響を及ぼすのであれば、時期と目標を定めた介入は否定的なカスケードを防ぎ、肯定的なカスケードを促すことにつながる。

【コラム】　縦断研究と横断研究

　青年期の問題行動はどのように発生するのか。11章でみたように、問題行動の発生のプロセスを明らかにする方法として、大規模縦断研究がある。**縦断研究**とは、特定の個人を幼児期などから追跡して繰り返し測定し、発達的変化をとらえる方法である。古くはトマスとチェスによるニューヨーク縦断研究が有名である。**横断研究**は、一時点で異なる年齢集団に調査を行い、集団の平均値から発達をとらえようとする。しかし、それぞれの集団が受けるコホートの影響（世代差など）を否定できず、また一時点で要因の関連を検討するため、非行行動と、非行のある友人の存在の関連が明らかになっても、どちらが先に生じていたのかといった方向性を明らかにはできない。縦断研究は、時間軸で先行する要因や変化のプロセスが明らかになる。縦断研究のデータ収集は質問紙調査における自己報告だけでなく、家庭訪問での観察や面接や、実験室での実験も行われているため非常にコストがかかる。協力者の引っ越しなどで追跡ができなくなる場合もあり、サンプルの確保にも難しさがあるが、現在は多くの国で発達に関する大規模縦断研究が行われており、発達心理学の主要な方法である。近年は人種などの多様性を含めた研究や、fMRIなどの神経生理学的指標などを用いて脳機能との関連を検討する縦断研究が進められている。

【読書案内】

- 黒沢幸子 (2015)『やさしい思春期臨床：子と親を活かすレッスン』金剛出版

　第一部の理論編では、思春期の子どもの発達とその親への理解を深めることができる。第二部では、いじめ、不登校、発達障害、友人関係、家族関係などの具体的な事例をもとにしたやり取りも描かれており、関わりに役立つポイントを知ることができる。最後に、思春期臨床における保護者や子どもとの関わりの視点

や姿勢などが示されており、思春期の子どもたちの理解、そして臨床実践を学ぶことができる。
- 古荘純一（編）(2015)『医療・心理・教育・保育にかかわる人たちのための子どもの精神保健テキスト』診断と治療社

  児童期、思春期に生じる子どもを取り巻く問題（発達障害、自傷行為、不登校・ひきこもり、非行、虐待など）について、統計的、医学的、心理的な知見を含めてわかりやすく解説している。

【文献】

［1］文部科学省 (2018)「平成29年度　児童生徒の問題行動・不登校等生徒指導上の諸課題に関する調査について」http://www.mext.go.jp/b_menu/houdou/30/10/__icsFiles/afieldfile/2018/10/25/1410392_1.pdf（2018年11月6日）

［2］齊藤万比古 (2016)『増補　不登校の児童・思春期精神医学』金剛出版

［3］松本俊彦 (2014)『自傷・自殺する子どもたち』合同出版

［4］厚生労働省 (2018)「平成30年版自殺対策白書」http://www.mhlw.go.jp/wp/hakusyo/jisatsu/16/index.html（2018年12月25日）

［5］小保方晶子（2017）『中学生の非行傾向行為の動向』白梅学園大学・短期大学教育福祉研究センター年報, 22, 20-26

［6］無藤隆・小保方晶子 (2007)「中学生の非行の芽生えを探る」酒井朗・青木紀久代・菅原ますみ（編）『子どもの発達危機の理解と支援：漂流する子ども』金子書房（pp.99-117）

［7］Lösel, F., & Farrington, D. P. (2012) Direct protective and buffering protective factors in the development of youth violence. *American Journal of Preventive Medicine, 43*, S8-S23.

［8］Bradley, R. H., & Corwyn, R. F. (2007) Externalizing problems in fifth grade: Relations with productive activity, maternal sensitivity, and harsh parenting from infancy through middle childhood. *Developmental Psychology, 43*, 1390-1401.

［9］Dodge, K. A., & Greenberg, M. T., Marline, P. S., & the Conduct Problems Prevention Research Group (2009) Testing an idealized dynamic cascade model of the development of serious violence in adolescence. *Child Development, 79*, 1907-1927.

［10］Kerr, M., Stattin, H., & Ozdemir, M. (2012) Perceived parenting style and adolescent: Revisting directions of effects and the role of parental knowledge. *Developmental Psychology, 48*, 1540-1553.

［11］Bakermans-Kranenburg, M. J., & van IJzendoorn, M. H. (2006) Gene-environment interaction of the dopamine D4 receptor (DRD4) and observed maternal insensitivity predicting externalizing behavior in preschoolers. *Developmental Psychology, 48*, 406-409.

［12］Rubin, K. H., Coplan, R. J., & Bowker, J. C. (2009) Social withdrawal in childhood. *Annual Review of Psychology, 60*, 141-71.

［13］Sijtsema, J. J., Ojanen, T., Veenstra, R., Lindenberg, S. M., Hawley, P. H., & Little, T. D. (2010) Functions and forms of aggression in adolescent friendship selection and influence: A longitudinal social network analysis. *Social Development, 19*, 515-534.

V

成人期

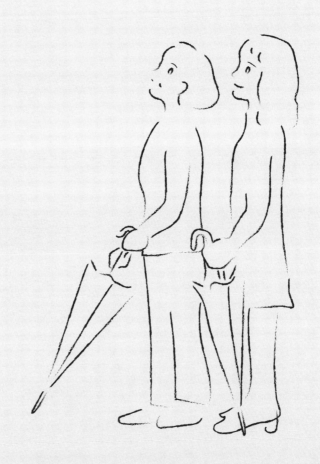

12章 働くこと・育てること

　成人期とは、それぞれ職業をもち、精神的にも経済的にも自立を図る時期である。アイデンティティ獲得を主とした青年期までの自分中心の課題から脱却し、他者とかかわりあうなかで、社会における適切な役割を得るといった課題へと移行する。また、結婚・出産・育児といったライフイベントを経験し、生物学的な親として自分の子どもだけでなく、次世代を育てるという意味で、広く社会的な親という立場にたった親行動を発達させていく。この章では、主に、「働く」ということと「育てる」という視点から、成人期の発達について概説するとともに、子育てに関する支援についても触れる。

1節　働くこと

1-1　キャリアの発達

　成人期における重要な発達課題のなかには、職業の選択と職業生活の開始がある。自分の能力や自分の望む働き方に合わせた職業選択は、個々人が自分の人生をどう生きるかということとも深くかかわっている。
　スーパー（Super, D. E.）は、職業を人生全体のなかに占める多くの役割や活動の1つとして位置づけ、**キャリア**を職業に限定せず、それぞれの年齢や場面におけるさまざまな役割の組み合わせとして定義した[1]。役割とは具体的に、「子ども（息子・娘）」「学生」「余暇人（余暇を楽しむ人）」「市民」「労働者」「家庭人（家事、育児、介護）」などをさす。これらの役割を果たす割合は、5つの生活段階（成長、探索、確立、維持、解放）によって異なると同時に、ほとんどの人は、各場面において複数の役割を同時に担っており、それぞれの役割が互いに影響を及ぼしたり、重なりあったりしながら、それらが蓄積されることに

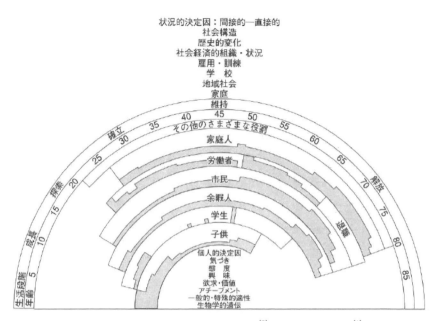

図12-1　ライフ・キャリア・レインボー（岡田, 2007[2]；Nevill & Super, 1986[1]を一部改訂）

よってキャリアが形成されていくとした。これらを図式化したのが「ライフ・キャリア・レインボー」である（図12-1）。ライフ・キャリア・レインボーのそれぞれの帯に塗られた面積の広さが、個々人が自分の人生において、どの時期に、どういった役割を、どのくらい重要視しているかを表している。

　このようにスーパーは、職業をその他のさまざまな活動や役割のなかの1つとして相対化することにより、職業が人生にもたらす意味には個人差があり、その意味はまた、年齢とともに変化するとした。つまり、職業の選択だけでなく、職業をもち続けるか、他にどんな役割を担うかを包括的にとらえると、生涯にわたるキャリア発達は実に多様であり、その意味づけや価値観は人それぞれであるといえる。

　以上、キャリア発達には個人差があることをふまえつつ、次の節では、成人期の働き方に関して、年代や性別による違いや傾向、そして、その現状や課題について述べる。

1-2 若年層および女性における労働問題

　1990年代後半、不況によるいわゆる「就職氷河期」が訪れ、多くの若者が就職難や失業を経験した。終身雇用、年功序列制度の崩壊が若者の働く意欲の低下を招くなど、厳しい就職環境のなかで、若者の多くが不満足な形で就職せざるを得ない状況におかれることとなった。その一方で、若年者を取り巻く経済環境は豊かになり、必ずしも正社員とならなくても生活できるようになるとともに、フリーター[注1]が増加した。そして2010年以降は新規学卒者の就職内定率は大学、高校ともに上昇し、就職状況は改善傾向にある[3]。ただし、若年無業者[注2]数は横ばいで推移し、2016年では57万人、前年比で1万人増加となっている。フリーターについては、全体では減少傾向にあるものの、若年者（15〜24歳）に比べて年長者（25〜34歳）の場合、その減少が緩やかであり、年長者のフリーターの滞留傾向と高齢化が懸念されている[4]。

　さらに、1994年以降、有期契約労働者やパートタイム労働者、派遣労働者といった正規以外の職員・従業員として就業している者（非正規雇用労働者）の数も緩やかに増加傾向にあり、2016年時点で、雇用者全体の4割近くを占めている。内訳としては、高齢者や女性などの割合が高い。こうした非正規雇用労働者のなかには、正規雇用での就業を希望したにもかかわらず、不本意ながらパートや派遣、契約社員等として働かざるを得ない者も含まれている。このような不本意非正規雇用労働者の割合は、2016年のデータによると、非正規雇用全体の15.6％を占めているとされるが、特に25〜34歳では23.4％と、他の年代に比べて高いのが特徴である。これらの就業者については、所得水準や仕事、職務評価に対する不満の高さが問題視されている。すべての非正規雇用労働者にあてはまるわけではないが、正規雇用と比べると、専門分野の確立や経済的な自立を果たせないだけでなく、人づきあいなど職業生活をうまくやっていく自信や、社会人としての自覚がもちにくいなど、職業に関するキャリア形成において社会的な不利を被っているとの指摘もある。

[注1] 15〜34歳で、男性は卒業者、女性は卒業者で未婚の者のうち、〈1〉雇用者のうち勤め先における呼称が「パート」か「アルバイト」である者、〈2〉完全失業者のうち探している仕事の形態が「パート・アルバイト」の者、〈3〉非労働力人口で家事も通学もしていない「その他」の者のうち、就業内定しておらず、希望する仕事の形態が「パート・アルバイト」の者の合計

[注2] 15〜34歳の非労働力人口のうち、家事も通学もしていない者。

そして、上述したとおり、非正規雇用労働者は女性の占める割合が高いが、その背景には、出産・育児により離職し、その後、正規雇用者として復帰していないケースが依然として多いことなどがあげられる。したがって、子育てが一段落し、職場復帰を望む女性が、出産・育児による休職前と同じように働けるような労働システムを整備することが求められている[5]。

1-3　労働問題と少子化の進行

　正規雇用か非正規雇用かといった就業形態の違いを含め、どのように働くかは、経済的な自立に直接的に影響を与えるとともに、人生全般における職業以外のキャリア形成にも関連している。国立社会保障・人口問題研究所の調査によると、結婚したいという意志をもつ18〜34歳までの未婚者のうち、「一年以内に結婚したい」あるいは「理想的な相手が見つかれば（一年以内に）結婚してもよい」と回答し、結婚に積極的な姿勢を示す割合は、就業状況によって異なることが明らかになっている。特にその差は、男性において顕著であり、自営・家族従業等、正規の職員では高く、パート・アルバイト、無職・家事などで低い傾向がみられる。また、同じように結婚する意志のある回答者のうち、「結婚するにあたり、何らかの障害がある」と答えた割合は、男女ともに約7割に上り、その理由の第一位にあがったのは、「結婚資金」であった[6]。結婚を望んでいても、それが実現できると思えるかどうかは、経済的な状況に左右される。

　近年、日本では、晩婚化・未婚化が進んでいるが、日本は、他の先進諸国と比較して、婚外子の出生率がきわめて低いことが指摘されている。つまり、「子どもをもつのは、結婚してから」、あるいは、「子どもができれば、結婚するのが自然である」という考えが根強いことが推察される。安定した職業に就き、経済的に自立することが、その後の結婚や子どもをもつことの実現に希望をもてるかどうかに影響を与えており、したがって、若年層の労働問題は、日本の少子化の進行の背景要因の1つとなっているといえる。

1-4　仕事とメンタルヘルス

　労働による過重な負荷は、メンタルヘルスに影響を与えており、これは、男性でも女性でも、そして、正規雇用労働者にも当てはまる。労働人口の減少に

よる人手不足が深刻化している一方で、経費・人員削減を背景とした労働負荷の高まりは、抑うつなど、心身の健康に悪影響を及ぼすばかりか、**過労死**のリスクも増大させる。そこで近年では、長時間労働の抑制や、年次有給休暇の取得促進等、働き方の見直しや労働環境の改善を求める動きが活発化している。

このように、働き過ぎることが問題となる一方で、仕事に打ち込みたいと思っても、自分に合った職業を見つけられない、職業生活にうまく適応できない、成果を発揮することができないといった職業への不適応がもたらすストレスもまた、メンタルヘルスに影響を与える。次節では、具体的にはどういった要因が職業生活への適応や成果にポジティブな影響を与えうるかについてまとめる。

2節　社会情動的スキルの形成

2-1　非認知的能力への関心の高まり

図12-1のライフ・キャリア・レインボーでは、キャリアの発達に影響を与える背景要因として、個人的決定因と状況的決定因を挙げている。前者がいわゆる生得的な部分を含む個人差であるとすれば、後者は広く個人を取り巻く環境ととらえることができるだろう。つまり、個人のパーソナリティや意識といった個人的決定因とともに、フリーター増加の背景に不況があったように、各時代の特性や、家庭や地域、学校における幼少期からの教育や経験などの状況的決定因が相互にキャリアの形成に影響するのである。

経済学の分野では、長年にわたり、個人の労働生産性に与える影響要因を明らかにしようとする研究が続けられており、近年、注目が高まっているのが非認知的能力である。非認知的能力とは、IQや学力テストの点数、学歴などで測られる認知的能力とは区別され、認知的能力とともに教育や労働市場における成果に影響を与えるとされている。たとえば、同程度の学力を有していても、自制心や勤勉性といった非認知的能力の低さが、就職率や賃金の低さ、そして離職率の高さを予測することなどが指摘されている。

また、1960年代に開始された「ペリー就学前計画」と呼ばれる、貧困層のアフリカ系アメリカ人家庭を対象とした介入研究の分析結果によると、就学前

教育への公的資金の投資が、非認知的能力の育成を促進し、成年後の犯罪率の低さや、高収入、持ち家率の高さなどに寄与する効果をもたらすことが明らかになっている[7]。すなわち、就学前教育がその後の人生に影響を与えるとともに、就学前から、認知的能力だけではなく、忍耐力や協調性といった非認知的能力を育むことの効果について指摘されている。

2-2　非認知的能力と社会情動的スキル

こうした経済学領域における知見の蓄積を背景に、経済協力開発機構（OECD）もまた、非認知的能力の可能性に注目し、国際的な調査結果についてレビューを行っている[8]。OECDは、非認知的能力という広い概念の整理を行い、**社会情動的スキル**（social and emotional skills）に焦点を当てている。社会情動的スキルとは、目標を達成する力、他者と協働する力、そして、情動を制御する力をさし、環境の変化や投資によって、強化できるものであり、結果的に個人の将来の成果を左右しうるものと定義されている。このスキルは、**認知的スキル**とは区別されるが、両スキルは相互に作用し、互いに影響しあうことから切り離すことはできないとされる。また、「スキルはスキルを生む」といった具合に、個人のもつスキルの水準が高いほど、その後のスキルの獲得は向上し、特に、社会情動的スキルは認知的スキルの発達に役立つとされている。

OECDのレビューによると、社会情動的スキルの向上は、教育や労働市場に

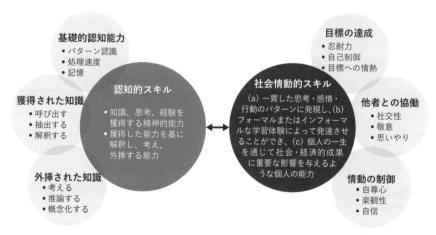

図 12-2　認知的スキル、社会情動的スキルの枠組み（OECD, 2015）[8]

おける成果に対しては、中程度の影響しか与えておらず、認知的スキルがもたらす影響よりは小さい。したがって、社会情動的スキルの高さだけが、人生の成功において決定的に重要であるとはいえないだろう。しかしながら、社会情動的スキルは、問題行動の減少や生活習慣の向上、高等教育を受ける機会の増大等に寄与していることなどから、認知的スキルとともにバランスよく強化されていくことが重要である。

3節　親になること

冒頭でも述べたとおり、成人期は、自分に合った職業を得て自立した生活を始めるとともに、結婚や出産、子育てを経験する時期でもある。この節では、親になること、子どもを育てることについて述べる。

3-1　子育てに対する意識

1節で挙げた社会保障・人口問題研究所の調査によると、未婚者が「結婚の利点」として最も多く選んだ理由は、「子どもや家族をもてる」であり、ここ30年ほど一貫して増加傾向にある。[6]日本では、結婚することと、子どもをもつことが一体的にとらえられていることは、前述したとおりであるが、親としての役割とそれ以外の役割をどう両立するか、主に母親が子育てや自分の生き方についてどういった意識を抱いているかについてみていく。

図12-3は、幼児をもつ母親の子育て観について、2005年から10年間の結果をまとめたものである。1つ目は、「A. 子育ても大事だが、自分の生き方も大

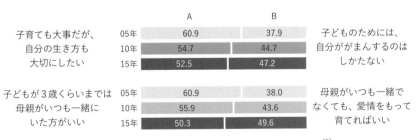

図12-3　母親の子育て観（ベネッセ教育総合研究所, 2016）[9]

切にしたい」という考え方と「B. 子どものためには、自分ががまんするのはしかたない」という考え方のいずれにより近いかを選んでもらった結果であり、2005年には、Aと答える割合が6割と半数を超えていたのに対し、2015年には、それぞれを支持する割合は拮抗している。経年比較でみると、母親としての役割や義務を優先的に果たすことを支持する母親が増えていることがわかる。

2つ目は、「A. 子どもが3歳くらいまでは母親がいつも一緒にいた方がいい」と「B. 母親がいつも一緒でなくても、愛情をもって育てればいい」という子どもへの影響を前提とした母親の役割に関する設問であるが、こちらも10年の間に考え方がほぼ半々に二分される結果となっている。いわゆる3歳児神話を肯定するかどうかだが、こちらについては、支持する意見が減少している。

ただし、この調査からは、2つの設問いずれにおいても、それぞれの考え方に納得し、積極的に肯定しているかどうかまではわからない。しかしながら、いずれの考え方も、現在では意見が分かれるという点で共通している。

親としての役割を自分の人生のなかにどう価値づけるかは、個々人によって異なる。したがって、こうした価値観や考え方の多様化は、生き方の選択肢が広がるという意味では歓迎すべきことかもしれない。しかしながら、選択の自由には、結果を受け入れる責任が伴うものであり、そこには迷いや不安が付きまとう。近年、育児のことでどうしたらよいかわからない、自分の子育てに自信がもてないという不安感を抱える母親が増えており、こうした不安感は、子どもの態度や行為、育児による束縛などに対する苛立ちといった負担感とは区別される[10]。子どもの存在は愛しく、親役割を肯定的にとらえつつも、子育てに不安を感じる背景には、親自身が他の役割とのバランスにおいて、自分の人生をどう選択するか、親として何をすべきかがわからないといった迷いやとまどいがあるのではないだろうか。こうした感情は、養育行動や子どもの発達にも影響している。たとえば、母親が仕事をもつかどうかといった就労状況よりも、母親が役割バランスをどうとるかが子どもの発達に影響を与え、役割について幸福を感じる母親は、子どもに対してより受容的であることなどが指摘されている[11]。

3-2　ペアレンティングとは

そもそも、よい子育てとは何か？　これを定義するのは非常に難しい。親の養育行動を**ペアレンティング**（parenting）と呼ぶが、以下、ペアレンティング

に関する認知と実践とに分けて概説する[11]。

　ペアレンティングに関する認知とは、親が自分の子育てをどのようにとらえ、自分の子育てが子どもの発達にどういった影響を与えうると信じているか、子どもの行動の原因がどこにあると考えるか、そして、子どもの発達について適切な知識を有しているかなどをさし、その対象は、親であることや自分自身の子育てについて、あるいは、子どもや子どもの発達への影響に対してなど多岐にわたる。たとえば、自分自身のペアレンティングを有能で、効果的であると自覚する母親は、子どもに対して、より応答的で、共感的である一方で、懲罰的でなく、適切な発達的予測をもっていることが指摘されている。ペアレンティングに関する知識が、こうした親としての自己効力感やペアレンティングへの能力を高める。

　また、子どもに対する認知については、自分の子どもを扱いづらいとみなす母親は、あまり注意を払わない、あるいは、子どもからのはたらきかけに応じない傾向にある。母親の子どもに対する不注意や非反応性は、子どもたちの気質的な難しさを助長し、子どもの認知的発達を損なう。親の「内省機能」とは、親が自分自身や子どもの精神状態について考える能力、そして、精神状態が行動にどのように影響するかについて考える能力であるが、こうした親の認知が、親子の相互作用や子どもの発達にも影響を及ぼしている。

　また、子どもの行為や態度に関する帰属の違いが親のペアレンティングに影響する。帰属とは、出来事や行動の原因に対する解釈であり、外的帰属と内的帰属とに分類される。内的帰属とは、子どもの行為を子ども自身の特性や子どもの意図的なものによるとして解釈し、外的帰属とは、子どもの行為は文脈に依存し、一時的、偶発的であるととらえることである。たとえば、子どもに対して、虐待的なかかわりをする母親は、子どもの失敗を内的帰属させる、つまり、子どもがわざと失敗したととらえることが多いことなどが指摘されている。

　ペアレンティングにおける実践もまた認知と同様、多岐にわたるものであるが、主に温かさと統制といった2つの側面からとらえることができる。前者は、親の受容や愛情の提示、サポートなどを含み、後者は、監視や力によるしつけ、厳しい罰などが当てはまる。これらはともに、子どもに対して、ポジティブな面とネガティブな面、両方の結果をもたらすとされる。たとえば、ルールを徹底したり、理由をきちんと説明したりすることなどは、効果のある統制とされ、子どもの発達にポジティブな影響を及ぼす。その一方で、子どもへの拒絶や一貫性のない統制については、子どもの問題行動との関連が指摘されている。

また、温かさや子どもへの関与は、子どもの社会的能力や向社会的行動、学業達成と関連するが、過保護や完璧主義は、子どもの家庭に対する不満や心理的ウェルビーイング（well-being）の低下につながる。

　ペアレンティングの認知は実践に対して、常に直接的に影響するわけではないが、相互に関係性をもっている。また、これらは子どもの発達に対して、直接的もしくは間接的な効果を与えるとされている。こうしさえすればよい、といったような魔法の育児方法はない。ペアレンティングにおいて重要なのは、日々の生活のなかで、子どもをよく観察し、子どもに注意を払い、喜びなどのポジティブな感情を表出し、子どもの声に耳を傾け、子どもに関心をもつこと、さらに、親のこうした行為が、子どもの発達に影響を与えていることを理解することであるといえる。また、子育てや子どもの発達に関して、基本的で、かつ適切な知識を有するとともに、適度な温かさと統制的なかかわりによって、子どもの行動を管理することが求められる。

4節　次世代の育成と子育て支援

　近年、核家族化の進行や共働き家庭の増加に伴い、保育のニーズがますます高まっている。また、ひとり親家庭や単身世帯が増えるなど、家族のあり方も多様化している。こうしたなか、**少子化**が進む日本では、どのように次世代を育成していくかは、親だけに委ねられる問題ではなく、国民全体で真剣に取り組むべき課題となっている。3節では、主に母親によるペアレンティングについて概説した。しかし、子どもたちは、母親だけでなく、父親や祖父母、地域の大人たちや保育者や教師など、多くの他者とのかかわりのなかで育っていくことからも、次世代を育てるという意味においては、子どもがいる・いないにかかわらず、1人ひとりの大人が社会的な親として果たす役割もまた重要であるといえよう。

　このように、母親として子どもの世話をすることを**マザリング**（mothering）と呼ぶのに対して、母親以外の他者による世話行動を総称して、**アロマザリング**（allomothering）、アロケア（allocare）、アロペアレンティング（alloparenting）などと呼び、近年その意義が注目されつつある。ここでは、子育て支援という視点も含め、親や家庭以外の養育や教育が果たすべき役割について取り上げる。

4-1 社会情動的スキルを育む学習環境

2節において触れた社会情動的スキルの発達に関して、OECDは、家庭、学校、地域社会を含むさまざまな状況に応じて強化されうるとしている（表12-2）。学習環境がスキルに与える影響は、直接的投資、環境的要因、政策手段に分類することができる。直接的投資は、子育てへの親の関与など、スキルの育成に意図的、明示的な影響を及ぼす。一方、環境的要因は、スキルが発達する環境に対して影響を与えることにより、スキル発達に間接的に影響を与える。保育施設などの公共サービスなどがここに含まれる。そして、政策手段は、子育て中の親に対して柔軟な労働形態を認めるなど、政策的な投資によって直接的に影響されうる学習環境の構成要素であり、スキル育成を促進する。これらの学習環境は、お互いに切り離されて機能するわけではない。それぞれの環境は、人生の各段階に応じて相対的な重要性は変化するものの、ある環境で学習したスキルが時間とともに別の環境において強化されうるといったように、常に相互作用し、お互いに影響を与えあう。すなわち、種々の重要なスキルの育成には、家庭・学校・職場・地域社会のいずれかだけではなく、どれもがそれぞれに重要な役割を果たすといえよう。[8]

4-2 子育て支援の効果とその検証の必要性

先述した幼児をもつ母親の子育て意識に関する調査によると、「A. 子育て支援を充実させるために税金が増えるのはしかたがない」と「B. 子育て支援は現状のままでよいので、税金は増やさない方がよい」という2つの考え方のうち、Aに近いと答えた割合は44.6％、Bという回答は53.7％であった[9]。少子化対策の一環として、子育て家庭の負担軽減のために、あらゆる方面からの子育て支援の充実が図られているが、この調査の結果によれば、増税してまで、子育て支援を増やす必要はないと考える母親が半数を超えていることになる。ただ、このように回答した母親たちがみな、現状の子育て支援に満足しているとは断言できない。税金が増えても、さらに子育て支援を充実させてほしいという意見も併せて、多様なニーズに応じた効果的な支援のあり方を考えていくことが重要であろう。

図12-4は、子育て支援活動の内容について、その目的や対象に合わせて整

表12-2 スキルを強化するための直接的投資、環境的要因、政策手段（例）(OECD, 2015)[8]

	家庭	学校	職場	地域社会
直接的投資	親と子どもの愛情（例：本を読む、一緒に食事をする、遊ぶ）、養育スタイル（例：温かい、権威的）	社会情動的スキルの向上を目的に設計された正課・課外活動、教師の教育スキルと知識、教育方法（例：グループディスカッションの活用）、学級風土、見習い実習制度、サービスラーニング、メンタリング	職場訓練、管理スタイル	地域社会で提供される活動（例：文化センターでの美術クラス、スポーツ団体、ボランティア）、メディア、社会的ネットワーク
環境的要因	家庭の社会経済的資源（学習援助の利用可能性、家庭内のテクノロジー）、家庭のストレスや困難な出来事（家庭内暴力、過失、虐待、不適切な扱い、栄養不良）	学校の構成、資源、施設、学校風土と安全	職場の資源	公共サービス（交通、公園、学校、保育施設、公害サービス）、公害、地域の安全、失業率、所得水準
政策手段	育児休業規定、柔軟な労働形態、保育サービス、家庭への補助金交付	教師の研修、カリキュラム、採用	ワークスタディ・プログラム、助成付き訓練プログラム、所得支援プログラム	ソーシャルワーカーに対する研修プログラム

理したものである[12]。子育て支援を充実させていくためには、いくつかの課題があるといえる。第一は、誰が支援の対象者であるかを明確にすることである。これは言い換えれば、それぞれのニーズに合った支援を提供するということでもある。第二に、誰が支援を実践するのか、あるいは実践できるのか、子育て支援プログラムの内容に応じて、実施者としての専門性や資格を明確にしていく必要性がある。第三に、支援の担い手である専門家の養成から、受け手である親同士の関係性の調整に至るまで、人的な資源をうまく活用していくことである。第四は、支援やプログラムの介入効果についての検証データを蓄積し、エビデンスにもとづいた実践を重視した支援の展開を図ることである。そして、第五に、支援と支援をどうつなげていくかが挙げられる。これには、子育て支援を実践する諸機関の連携や制度の整備等が不可欠である。支援と支援がうまくつながることにより、個々の支援の効果を高めるだけでなく、それらが網目

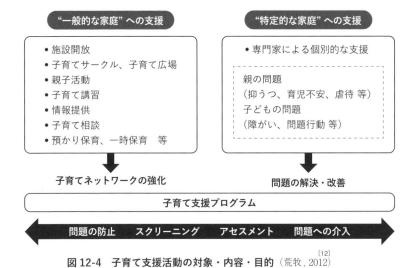

図 12-4　子育て支援活動の対象・内容・目的（荒牧, 2012）[12]

の細かいセイフティネットとして機能していくことが期待できよう。

　以上、この章では、働く、そして、子どもを育てるという成人期における役割を、人生全般を通してのキャリア発達の視点からとらえた。仕事、子育て、介護など、成人期にはさまざまな役割を担うことになる。それらをどうバランスよく両立させるかは、非常に難しい課題である。こうしたい、こうありたいという希望や理想とは裏腹に、こうしなければならないといった言説に振り回されたり、こうせざるを得ないといった制限にとまどったりすることも多い。人生の選択に正解はないとしても、1つひとつの役割を完璧にこなすことは、個人の努力だけではどうにもならないこともある。そうしたとき、仕事においても、子育てにおいても、フォーマル・インフォーマルなサポートが必要であり、なおかつ、サポートに対するニーズとその効果に関する検証が不可欠である。

---【コラム】　不適切なペアレンティング：児童虐待---

　よい子育てとは何かを規定することは難しい一方で、不適切なかかわり、いわゆる虐待については、法律によって具体的に定義されている。2000年に成立した「児童虐待の防止等に関する法律」では、(1) 身体的虐待（子どもの身体に外傷を生じるような暴行を加える）、(2) 性的虐待（子どもにわいせつな行

為をしたり、させたりする）、(3) ネグレクト（食事を与えなかったり、長時間放置したりするなど、保護者としての監護を怠る）、(4) 心理的虐待（子どもに著しい心理的外傷を与える言動を行う）の4種類が挙げられている。全国の児童相談所が対応した児童虐待の件数は、統計をとり始めた1990年度以降、増加の一途をたどり、2017年度には13万件を超えた。

　虐待のある家庭にみられる共通要因としては、経済的な困難や夫婦間の不和、不安定な就労、親類や近隣からの孤立など、また、養育者自身の問題としては、成育歴や未熟な人格、精神障害などが指摘されている。

　こうした虐待が子どもに与える影響は深刻である。殴る、蹴るといった身体的虐待や性的虐待が子どもの心身を傷つけるだけでなく、最近の研究では、暴言などの心理的虐待や、家庭内で両親間のDVを目撃することなどもまた子どもの発達過程の脳に悪影響を及ぼすことが明らかになっている。

　さらに、こうした子どもへの不適切なペアレンティングは、そのまた子どもへのペアレンティングにも影響するなど、いわゆる「虐待の世代間連鎖」を引き起こす。問題の深刻化を防ぐためには、何よりも、虐待の早期の発見と適切な介入が重要となる。

【読書案内】

- 無藤隆・長崎勤（編）(2012)『発達科学ハンドブック6　発達と支援』新曜社
　　成人期に限らず、発達障害への支援、発達する場や年代・ニーズに応じた支援、個として生きる青年期・成人期・高齢期に出会う心理的困難への支援などについて、研究と実践を視野に入れて論じられている。
- 根ケ山光一・柏木惠子（編）(2010)『ヒトの子育ての進化と文化 ── アロマザリングの役割を考える』有斐閣
　　子どもは繋がりの中で育つ、ということを前提に、母親以外による子育てについて、進化的な背景、社会・文化的な比較、さまざまな実践や現状といった側面から多角的に解説している。

【文献】

[1] Nevill, D. E. & Super, D. E. (1986) *The Values Scale Manual: Theory, application, and research*. Palo Alto, CA: Consulting Psychologists Press.
[2] 岡田昌毅 (2007)「ドナルド・スーパー：自己概念を中心としたキャリア発達」渡辺三枝子

（編）『新版キャリアの心理学』ナカニシヤ出版
［3］厚生労働省 (2017)『平成29年版厚生労働白書』
［4］総務省 (2017)『労働力調査』
［5］白井利明 (2008)「青年期から成人期にかけて働くことを通じて形成される力」都築学（編）『働くことの心理学』ミネルヴァ書房
［6］国立社会保障・人口問題研究所 (2015)「第15回結婚と出産に関する全国調査（独身者調査）」
［7］ヘックマン，J. J.／古草秀子（訳) (2015)『幼児教育の経済学』東洋経済新報社
［8］OECD (2015) *Skills for Social Progress: The power of social and emotional skills*. OECD publishing.〔経済協力開発機構（OECD）編／無藤隆・秋田喜代美（監訳）／荒牧美佐子・都村聞人・木村治生・高岡純子・真田美恵子・持田聖子（訳)(2018)『社会情動的スキル：学びに向かう力』明石書店〕
［9］ベネッセ教育総合研究所 (2016)「第5回幼児の生活アンケート」
［10］荒牧美佐子・無藤隆 (2008)「育児への負担感・不安感・肯定感とその関連要因の違い：未就学児を持つ母親を対象に」『発達心理学研究』*19*, 87-97.
［11］Bornstein, M. H. (2015) Children's Parents. Richard M. Lerner (Eds.) *Handbook of Child Psychology and Developmental Science*, Set-4 Volumes, 7th Edition. Wiley.
［12］荒牧美佐子 (2012)「第6章　子育て支援の広がりと効果」無藤隆・長崎勤（編）『発達科学ハンドブック6　発達と支援』新曜社

13章 多様な関係性のなかで役割を果たす

　大人になってから高齢期に至るまでの成人期は、人生のなかで最も長い時間であり、また、家庭や職場、地域社会などで複数の役割を担う時期でもある。このことは、1人の人の中で複数の役割のバランスをどのようにとるかが大切であると同時に、さまざまな他者、特に親密な関係にある者との関係のなかで相互にかかわりあうことも大切であるということを意味している。こうした視点から、この章では成人期を「関係性を生きる時期」という視点でとらえ、仕事と家庭のバランスや家族の関係性、さらに親子・夫婦の関係維持と、その難しさなど、成人期の多様なありようと今後の課題について考えてみたい。

1節　仕事と家庭のバランス

1-1　男女双方におけるワークライフバランス

　前章でもみてきたように、成人期において仕事を得て働くことと、自分の育った原家族から離れて新たな家庭を築くことは、それぞれとても大きな課題である。「男性は仕事、女性は家事と子育て」といった性別役割分業意識の根強かった日本でも、共働きの増加などを背景に、近年**ワークライフバランス**は、男女双方にとってとても重要なテーマとなっている。

　とはいえ、未だ3％前後で推移している男性の育児休暇の取得率の低さ、共働き世帯においても顕著な男女の家事分担の不均衡、仕事と子育ての両立における女性の過剰負担など、多重役割や仕事と家庭のバランスについては、従来、母親の負担感や疲労感などに主な焦点が当てられてきた経緯がある。こうしたなか、2000年以降、父親・母親双方を対象とした研究が増えてきたことで、職場環境をはじめとするさまざまな要因から父親の抱える葛藤や負担感、また

男女双方にとって複数の役割をもつことの肯定的意味などに関する研究も盛んになり、精神的健康や夫婦の関係性に対する影響などについても多くの知見がみられるようになってきた。

1-2　精神的健康、夫婦関係との関連

図13-1は、有職の男女を対象とし、仕事と家庭、双方の役割が互いにどのような関係にあるかという点から乳幼児をもつ有職の父母に調査した結果である。ここで用いられているスピルオーバーというのは、多重な役割の関係をとらえる際の概念の1つで、1人の人の中で、ある役割における状況や経験がほかの役割における状況や経験にも影響するという視点にもとづいている。これをみると仕事の疲れが家事や子育てに影響する、その逆に家事や育児のために仕事があまりできないといったネガティブな関係があることもわかるが、同時に、仕事と家庭の双方があることで張り合いが出るなどの肯定的な側面があること、さらにその傾向は特に有職の母親に強く、精神的健康にも影響することが示されている。[1] 働き方や受けられるサポートの状況、また職業生活や家庭生活においてどのような経験をしているかといった要因によっても異なるが、複数の役割を有すること自体、またそのやりくりの経験といったものが成人期において意味があることを示唆する結果といえるだろう。

職業生活と家庭生活を自分の中でやりくりし、バランスをとることは、各自

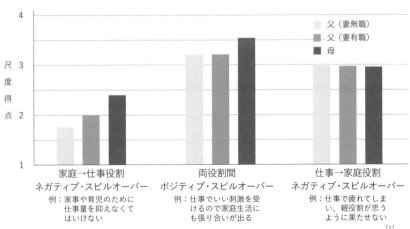

図13-1　仕事と家庭の役割をどうとらえるか（父母の比較） （福丸, 2000をもとに作成）[1]

の心理的重要度（重みづけ）などの個人要因のほかに、夫婦関係などの関係性の要因、職場環境などに代表される環境の要因も関係している。特に夫婦関係の視点からは、子育ての時期に夫婦が経験する諸問題にどのように対処するかが重要であり、とりわけ仕事と家庭のバランスをとりながらチームワークよく取り組むことがその後の夫婦関係に影響をもつこと、夫婦間の調整や互いに期待する家庭役割に取り組もうとするといった前向きな対処が行われることが、男女双方の精神的健康にも影響することが指摘されている[2]。このように仕事と家庭のやりくりは、個人の中での関係調整という側面で大切で、それが精神的健康にも影響すると同時に、この時期の夫婦や家族の関係性においても、お互いのバランスのとり方が重要なテーマといえる。

2節　家族のライフサイクルという視点

2-1　家族のライフサイクルとその発達

次に、成人期の発達を家族、家庭という面から考えてみる。個人に発達段階があるように、家族という集団にも**ライフサイクル**に応じた変化が存在し、各時期には多くの家族にとって重要となる課題も存在する。表13-1は、そのプロセスを7段階に分けたものである。これをみると、成人期のテーマの1つでもある新たな家族の誕生は、カップルの成立からではなく、それぞれの成人が原家族から自立すること、それも物理的な自立だけでなく、親子間の情緒的自立も含むプロセスから始まることがわかる。つまり、少ない数の子どもと親がどのように距離をとっていくかという親離れ子離れの課題に向き合う時期でもあり、また、さまざまな関係性において時には葛藤を経験しながらも、他者との間に程よい距離をもつことや親密な関係を築いていくことが重要となる。このように関係性のなかにおける自立と、成人期初期の個人の発達課題でもある親密性の獲得のテーマが相互に影響しあいながら、新たな家族が形成されていくことになる。

さらに、次世代を育てる子育て期の始まりは、大人同士の二者関係から、献身的なケアを必要とする子どもを含めた三者関係に広がりが生じるため、大人同士の関係も揺れやすいといわれている[4]。地域における人間関係の希薄さや少

表13-1 家族ライフサイクル（子どもがいる家族の場合）(平木, 2006より一部変更)[3]

ステージ	家族システムの発達課題
1. 家からの巣立ち（独身の若い成人期）	原家族からの自己分化
2. 結婚による両家族の結合（新婚期・家族の成立期）	夫婦システムの形成 実家の親とのつきあい 子どもを持つ決心
3. 子どもの出生から末子の小学校入学までの時期	親役割への適応 養育のためのシステム作り 実家との新しい関係の確立
4. 子どもが小学校に通う時期	親役割の変化への適応 子どもを包んだシステムの再調整 成員の個性化
5. 思春期・青年期の子どもがいる時期	柔軟な家族境界 中年期の課題達成 祖父母世代の世話
6. 子どもの巣立ちとそれに続く時期：家族の回帰期	夫婦システムの再編成 成人した子どもとの関係 祖父母世代の老化・死への対処
7. 老年期の家族の時期：家族の交替期	第2世代に中心的な役割を譲る 老年の知恵と経験を包含

子化などの要因を背景に、乳幼児との触れ合いを経験せずに親となることも少なくないため、子育て期への移行は親自身にとっても困難や不安をも伴う**ライフイベント**となりやすい。特に子育ての中心的担い手であることの多い母親においては、その負担が大きいといえる。

一方、イクメンということばの出現とそれに対するさまざまな議論に示唆されるように、仕事だけではなく育児もする父親でありたいと思う一方で、長労働時間をはじめとする職場環境などを背景に、思うようにいかない葛藤を感じる父親も少なくない。この時期の夫婦関係、家族関係はさまざまな調整が求められるのである。

2-2 父親の子育て意識

図13-2は、子育てに対する父親の意識を、とりわけ信念や思い込み、恐れという観点からとらえたもので、各項目について日米の父親の結果を比較したものである。ただし、米国のデータは、家族との葛藤を経験した父親向けプログラムの参加者が対象であり、日本のデータは子育て支援施設の運営する広場

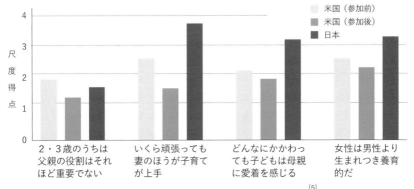

図 13-2　子育てに対する父親の信念（福丸, 2016）[5]

に子どもと遊びにきた父親を対象としているため、結果の解釈は慎重に行う必要がある。また、国際的にも群を抜いて家事育児分担の低いまま、実質的な伸び率が小さいという日本の現状がその背景にあるだろうことも十分考慮する必要があるだろう。

ただ、葛藤経験の強い米国の父親のプログラム参加前データに比べても、週末に子どもを連れて広場に遊びに来ている日本の父親の方が「いくら頑張っても妻の方が子育てが上手」であり「どんなにかかわっても子どもは母親に愛着を感じる」という意識を強くもっているという結果は、従来の伝統的な性役割観が未だ固定化していることをうかがわせるとともに、日本の父親たちのおかれた複雑な思いや状況が見えてくるのではないだろうか。

2-3　コペアレンティング

近年、子育てを世話と養育に責任を負うべき複数の養育者が共有する行為という視点からとらえ、子育て期の夫婦が親としての役割をどのように一緒に行うかという夫婦間の**コペアレンティング**の概念を用いた研究もみられるようになっている[6]。それによると、父親の子育てに対して、「夫にしてもらっていることで、子どもがとても喜んでいることを夫に伝える」などの父親の子育て関与に対する母親からの指示・尊重・激励を中心とした「促進」のコペアレンティングが高いほど、各々のとらえる父親の育児関与や育児共同感、夫婦関係満足は高く、「子どもに対する夫のかかわりで気に入らない行動をほかの人に話す」「夫がやっていることを取り上げて自分のやり方でやる」といった母親

13章　多様な関係性のなかで役割を果たす　203

から父親への「批判」が高いほど、父母双方において夫婦関係満足は低いことが示されている。これらの結果から、父母間のコミュニケーションのありようが、子育て意識や夫婦関係に影響しうることが見えてくる。

また、成人期において中核となる世代性やケアといった側面は、子育てにおいてのみ求められるものではない。次世代を育てることは職場や地域の活動などにおいても大切な課題である。さらに4節でも述べるように、下の世代に対してのみ行われるものではなく、上の世代との関係でも重要である。高齢化が進むなかで、家族のライフサイクル（表13-1）における第6段階や7段階が長期化し、それに伴い成人期における親の介護の問題も今後さらに重要なテーマになっていくと考えられる。こうした現代社会の状況のなかで、親子、夫婦、家族の関係をとらえることが必要であろう。

3節　困難な関係性

3-1　夫婦関係とその循環

ここでは、関係性における葛藤や困難の側面、特に夫婦の関係性維持の困難について考えてみたい。前節でも述べたように、子育て期には夫婦関係が大切であることは多くの知見から明らかである。一方、全面的にケアを必要とする子どもの誕生を機に、夫婦の関係性にネガティブな変化が起こりやすく、その傾向は子どもが青年期に達する頃にピークとなること、またその低下の度合いは母親に顕著であることも指摘されている[7]。親子という縦の関係は子どもとの血縁的つながりの存在や、未熟さや成長可能性などを想定しやすいため、相手に対する不満や怒りといった感情も、受け入れたり待ったりすることが比較的容易であるのに対して、夫婦という横の関係は、親密な他者である大人同士の関係にもとづくため、双方の心理的成熟度などの要因も直接的に絡んでくる。

図13-3は、夫婦関係をめぐる循環プロセスという視点から、夫婦の相互作用をモデル化したものである[8]。それによると、まずカップルは、自分にないものを相手に見いだしたりお互いの違いに魅力を感じたりすることで、自分が補われるといった相補的一体感を得て自己が拡大したような体験をする時期、すなわち「拡大・保証」の時期を体験する。しかし、時間の経過とともに、それ

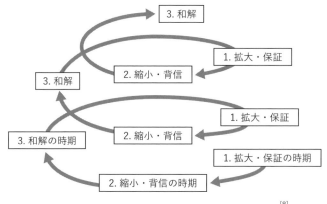

図 13-3　カップル関係がめぐる循環過程（Dym & Glen, 1993）[8]

らの違いがむしろ不愉快で疎ましいものに感じられるようになり、相手に理解がないといった気持ちや期待を裏切られたように感じることで、関係からひきこもりがちになる「縮小・背信」の時期を迎える。その際、お互いの違いを個性として受け止めることなどを通して、うまく乗り越えられると関係も回復し「和解の時期」が訪れる、と考えられる。

こうした循環は、どんなカップルにも繰り返しみられるといわれているが、この縮小・背信の時期が長引いたり修復ができないほど深刻な状況になったりすることは、夫婦の関係維持にも大きく影響する。その背景には、仕事や実家との関係など夫婦を取り巻く状況、子どもの要因や社会的状況、また突発的な出来事などさまざまな事柄が絡み合っていることが少なくない。いずれにしても、こうした負荷が重なることはカップルにとって関係継続の困難につながるため、結果として離婚という選択に至ることもある。

3-2　親子の関係がたどる循環

また、Dymのモデルは、親子関係について考える際にも参考になるかもしれない。このモデルを、親子関係にも当てはめてみると（図13-4）、まず子どもの誕生というライフイベントによって、親は自身の広がりや、喜びを経験し、子どももそれを享受し一体感や成長における支えにつながっていく（「拡大・喜びの時期」）。しかし、子育ては想定していた以上に負担や不安が伴うもので、育児や子どもに対して縮小・否定的な感情や葛藤が生じることも少なく

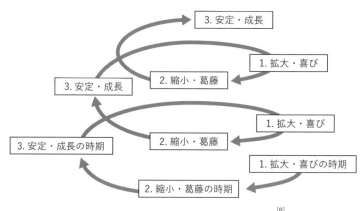

図 13-4　親子関係がめぐる循環過程（Dym & Glen, 1993 をもとに作成）[8]

ない。その背景には子どもの気質や夫婦の関係、その家族をとりまく周囲の人間関係や経済状況などさまざまな要因が絡むが、その負荷の高さは親子関係にも影響する。こうした状況が長引く中で適切なサポートが得られないと、その矛先は力の弱い子どもに向きやすくなり、結果として虐待をはじめとする子どもへのマルトリートメントを招くこともある（「縮小・葛藤の時期」）。

　一方、子どもとのやり取りにも少しずつ慣れてきたり、夫婦間の協力をはじめ適切なサポートを得ることができたりすると、子どもへの理解や親としての自信の芽生えにもつながり、子どもとの関係性も安定し、親子双方の成長や喜びを感じられるようになるだろう（「安定・成長の時期」）。やがて、子どもの成長と共に新たな悩みや葛藤といった否定的な感情を経験することも少なくないため、やはりこうした循環をくりかえすが、多くの場合、経験と共により緩やかな螺旋を描いていくものと考えられるのではないだろうか。

3-3　離婚という家族関係の移行

　上記のように、夫婦や親子の関係は、時間やさまざまな状況によって循環的な側面をもちながら変化していくものと考えられる。一方、夫婦間の関係においては、継続維持が困難な場合、**離婚**という関係性の解消に至ることもある。ここでは、離婚を中心に家族関係の移行について考えてみる。

　日本の年間離婚件数は、1996年に20万組を超え、それ以降多少の増減はあるが、2017年は約21万2000件で20万組以上の推移をみせている。1年間あた

りの婚姻件数と離婚件数の割合ではおおよそ3対1という関係であることからも、離婚件数は決して少ないとはいえない。とはいえ、離婚の決断をすることは容易ではなく、上記のモデルからも示されるように長期的なプロセスであるとともに、離婚前だけでなく決断後も心理的な混乱や身体の不調などを伴いうるライフイベントということができるだろう。

　また、未成年の子どものいる離婚が全体の6割前後を占める一方で、司法機関などの介入やサポートのない夫婦間の合意のみで離婚が成立する協議離婚が9割近くであることや、単独親権制度のもと離婚後の子どもの養育は、母親が担うケースが約8割にのぼるという特徴がある。こうした点からも、特に子どもとの関係を考える際、親子双方にとって負担や困難を伴うことが少なくない。また、ひとり親世帯の経済的問題などを鑑みるに、結婚生活に困難を抱えつつもなかなか離婚という決断に踏み切れないといった夫婦も少なからず存在するとも考えられる。

3-4　子どもにとっての親の離婚

　離婚は夫婦だけの問題ではなく、子どもにとっても大きな出来事である。しかし、自身の離婚というライフイベントに対してある程度の情緒的準備をしやすい親に対して、子どもにとっての親の離婚は、その選択はもちろん、情緒的な準備をする余地は少なく、説明もないまま曖昧な形で一方の親を失う場合もある。離婚した家族とその子どもに対して25年におよぶ縦断研究を行った研究からは、親の離婚は子どもにとって累積的、長期的な影響を及ぼしうるが、その影響は子どもの年齢や発達段階、家庭生活の状況などによっても異なることが明らかとなった。[9] また、両親間の葛藤にかかわる子どもからの具体的な質問に対して親がきちんと答えようとすることは、子どもの適応や行動の問題への影響を緩和しうることや、親の離婚そのものが子どもの発達や精神的問題に影響するというより、離婚前後に夫婦の不仲が続くことが、子どもの成長やその後の適応問題、将来への期待などに影響することが指摘されている。[10]

　これらの結果から、離婚前後にわたる家族関係の質を長期的な過程のなかでとらえること、親だけでなく周囲の大人がこうした知識を踏まえつつ、子どもたちの視点やその声に耳を傾けることを大切にすることは、離婚という家族の移行期を過ごす親子双方に意味があるといえる。

4節　多様な関係性のなかで

　ここでは、さまざまな家族のありようをはじめとする多様な関係性や人口動態的な要因も踏まえながら、成人のおかれた状況や成人期の課題について改めて考えてみたい。

4-1　血縁関係のない家族

　近年、新たに結婚するカップルのうち、少なくとも一方が再婚である比率は4組に1組前後であり、その数は約15万組にのぼる。1960年に10組に1組強であったことを考えると、再婚世帯の占める割合も大きく伸びていることがわかる。また、夫婦の一方あるいは双方が、前の結婚（もしくは前のパートナーとの間）でできた子どもを連れて再婚してできる家族、すなわち血縁関係にない継親子関係が1組以上含まれる家族を**ステップファミリー**というが、その割合も増えていることが予想される。ステップファミリーでは、多くの場合、実親と継親が1つの家庭に存在するため、子どもの喪失感や忠誠心の葛藤、継親の疎外感など、初婚家族とは異なる心理的葛藤を経験しやすい。しかし、こうした特徴は家族関係の問題だけに起因するというより、むしろその背景にある我々の家族観やスティグマなどが大きくかかわっていることも少なくない。初婚核家族を標準的な家族像とする、日本の従来の家族モデルから、離婚・再婚後の子どもには両親や継親など複数の存在がかかわるといった関係ネットワークの広がりをベースとした家族モデルへの転換こそが重要であるという指摘もある。[11]

　同様に、血縁関係にない親子関係の例として、里親家庭が挙げられる。社会的養護を必要とする子どもの数は4万人を超える現状のなかで、マルトリートメントなどにより愛着対象の喪失を経験している子どもも決してまれではない。それゆえに、受託後の関係構築の過程では、問題とも見てとれる里子の行動に直面する里親の側も挫折を味わうことが少なくない。里親委託率の向上などがうたわれる昨今、制度上の改革はもちろん、個々の里親家庭の状況も踏まえた支援がさらに必要である（コラム参照）。

さらに、LGBT（10章参照）もしくはLGBTQということばが定着しつつある昨今、必ずしも生物学的な男女のペアによらない世帯は、今後増えていくことが予想される。また生殖医療技術の進歩に伴い、同性の親が子どもを育てるといったことも生じうるが、その場合、少なくともどちらか一方は血縁関係にない親子関係が存在することになる。このように、成人期は、新たな家族の形成や次世代の養育といった大きな課題があると同時に、それらは必ずしも固定化された関係にとどまらない。さまざまに変化し流動化しうる関係性のなかで、柔軟に生きていく力も求められる時期でもあるということが改めて指摘できる。

4-2　人口動態統計から見えること

人口動態的変化からも現代の成人期について考えてみたい。すでに晩婚化傾向が指摘されてから久しいが、平均初婚年齢の経年変化は、未だ上昇傾向にある。2016年の統計では、男性の平均初婚年齢は31.1歳、女性は29.4歳で、この10年間で男女ともに1歳以上上昇している。また、**生殖医療技術**の進歩などによって、女性の第一子出産年齢の平均は30.7歳、東京や神奈川などの都市部ではすでに31歳を超えている状況である。さらに、40代になって第一子を出産する母親の数も2万人を超えているなど、結婚や出産、親になるというライフイベントを迎える時期がより遅くなっている状況がわかる。

4-3　家族のライフイベントの遅延化

こうした成人期のライフイベントの遅延化は、どのような現象をもたらすのだろうか。30代後半から40代50代にかけては、職業生活においてもある程度の経験を有しており社会的にも責任のある立場に立つ人も多いだろう。この時期と、手のかかる乳幼児を育てる時期が重なることで、より一層、職業生活と家庭生活のバランスのとり方は、ますます重要になってくるかもしれない。従来は家族のライフサイクルの第6段階、すなわち子どもの巣立ち、夫婦二人に戻る時期と重なることの多かった親世代の**介護**が、思春期・青年期、なかには児童期の子どもがいる子育て期と重なる場合が増えてくる。また、社会的問題にもなっている、ひきこもりという現象は、子どもが青年期、成人期まで続くケースも少なくない。親自身も高齢期に近づきながら、子どもの自立の問題と長生きする親世代の介護の問題を抱えるといったことも少なからず生じうる

ことから、少子高齢化、ライフイベントの遅延化によって、親世代の世話と子どもの世話という重複した「ケアの時期」が長期化することも考えられる。

さらに、介護保険制度の導入に伴い、介護サポートを得られやすくなった一方で、その利用には制約のあることや、より少ない数の子どもに親の世話の負担がかかりやすいことなどを背景に、結果として介護離職といった社会現象も生じている。職業生活と家庭生活のバランスは、子育てだけではなく介護の領域においても重要であり、働き方の改善も含めた介護者支援のありようも工夫が求められるところである。

4-4 生涯未婚率の上昇

生涯未婚率の上昇も近年の人口動態統計の傾向として指摘できる。50歳時点の生涯未婚率（50歳時点でこれまで結婚したことがない人の割合）の推移をみると、男性は2000年に、女性は2010年にそれぞれ10％を超えたが、2015年のデータでは男性が23％、女性が14％とさらに上昇している[12]。

また、同調査で25歳から34歳までの未婚者を対象とした結果によると、1人の生活を続けても寂しくないと答えた人の割合は、1997年調査時に男性が37.1％、女性が28.3％であったのに対して、2015年調査では男性が48.4％、女性が36.2％と共に上昇傾向を示している。親との同居率も高いこと、またSNSなど多様なコミュニケーションツールも発達していることなど、さまざまな要因が予想されるため慎重な解釈を要するが、必ずしも結婚という形にこだわらない生き方への志向もうかがえる結果となっている。

ますます高齢化する社会にあって、比較的長い成人期は多くの役割を担いつつさまざまな関係性のなかで生きる時期である。新しい家族をつくり次世代を育てることや、職業を通して社会的役割を果たしつつ後輩たちを育てていくこと、また、高齢化した親世代へのケア・介護や地域社会の中における役割を担うことなど、さまざまな営みが求められる。こうした多様な関係性のなかで、自らをどう位置づけ他者とかかわり、また自身の人生後半の時間を過ごしていくのか…。過去にモデルを求めにくい現代社会にあって、多様な道筋がありえること、そのなかで柔軟に生きていく力がますます求められる時期であるといえるだろう。

【コラム】 里親制度の現状とその課題

　里親制度は、児童福祉法にもとづき、さまざまな事情により家庭での養育が困難又は受けられなくなった子どもたちを温かい家庭環境の下で養育することを目的としている。里親には、養子縁組を前提とした「養子縁組里親」、養子縁組は前提とせずに一定年限子どもの養育を目的とする「養育里親」、三親等以内の親族による「親族里親」、の3つに分類される。養育里親のなかで、被虐待などによって心身に有害な影響を受けた里子への専門的なケアに対応する里親は「専門里親」とされる。

　2017年に厚生労働省が発表した「新しい社会的養護ビジョン」において、できる限り良好で家庭的な養育環境を提供するためにも質の高い里親養育の実現に向けて、里親への包括的支援体制（フォスタリング機関）の抜本的強化と里親制度改革案が必要であると述べられており、未だ全国平均では20％前後で推移している里親委託率を今後、向上させることなども具体的目標として掲げられている（就学前の児童については7年以内に里親委託率を75％以上にするといった目標を掲げている）。とはいえ、お互いの過去を共有していない関係のなかで、里子たちの今と向き合いつつ養育する里親家庭に対する取り組みは、未だ十分ではない。里親、里子、そして里親家庭に対する社会全体のまなざしも含め、丁寧な支援のありようがますます問われているといえる。[13]

【読書案内】

- 宇都宮博・神谷哲司（編著）(2016)『夫と妻の生涯発達心理学：関係性の危機と成熟』福村出版

　　夫婦関係をその生涯発達という視点からとらえ、カップルの誕生から老年期にいたるまで時系列的に概観するとともに、生殖医療や老々介護など今日的なトピックを取り上げている。また、各章では関連研究の紹介を行っている。

- 平木典子・柏木惠子（編著）(2015)『日本の親子：不安・怒りからあらたな関係の創造へ』金子書房

　　わが国の社会文化的側面を踏まえた近年の親子関係の研究や、挫折した親と困惑する子どもの現実とその援助に関する実践的取り組みなどをとおして、現代の親子の労苦の中から見えてくる新たな親子関係の未来像への視座を提供している。

【文献】

[1] 福丸由佳 (2000)「共働き世帯の夫婦における多重役割と抑うつ度との関連」『家族心理学研究』14(2), 151-162.
[2] 加藤容子 (2010)『ワーク・ファミリー・コンフリクトの対処プロセス』ナカニシヤ出版
[3] 平木典子・中釜洋子 (2006)『家族の心理』サイエンス社
[4] Belsky, J., Spanier, G. B., & Rovine, M. (1983) Stability and change in marriage across the transition tp parenthood. *Journal of Marriage and the Family, 45*, 553-556.
[5] 福丸由佳 (2016)「仕事と家庭の多重役割」宇都宮博・神谷哲司（編）『夫と妻の生涯発達心理学』(pp.129-133) 福村出版
[6] 加藤道子 (2016)「コペアレンティング」宇都宮博・神谷哲司（編著）『夫と妻の生涯発達心理学』(pp.185-189) 福村出版
[7] 菅原ますみ (2016)「子どもの青年期への移行、巣立ちと夫婦関係」宇都宮博・神谷哲司（編著）『夫と妻の生涯発達心理学』(pp.158-172) 福村出版
[8] Dym, B. & Glen, M. L. (1993) *Couples: Exploring and Understanding the Cycle of Intimate Relationship*. UK: Harper Collins.
[9] Wallerstein, J. S., Lewis, J. M., & Blakeslee, S. (2000) *The Unexpected Legacy of Divorce: A 25 year landmark study*. New York: Hyperion.〔早野依子（訳）(2001)『それでも僕らは生きていく：離婚・親の愛を失った25年間の軌跡』PHP研究所〕
[10] Amato, P. R. (2010) Research on divorce: Continuing trends and new developments. *Journal of Marriage and Family, 72*, 650-666.
[11] 野沢慎司 (2011)「ステップファミリーをめぐる葛藤：潜在する2つの家族モデル」『社会と法』27, 89-94.
[12] 国立社会保障・人口問題研究所 (2015)「第15回出生動向基本調査」
[13] 福丸由佳・伊東ゆたか・木村一絵・加茂登志子 (2018)「里親向け研修におけるCAREプログラムの効果の検討：里子と里親の関係作りに向けたペアレントプログラムの実践」『白梅学園大学紀要』54, 55-68.

14章 超高齢社会において高齢期を生きる

 日本では未曽有の高齢化が進んでいる。それと連動するように、社会全体が「老後」や「高齢者になること」に対する不安を強めているように見受けられる。人々がいたずらに恐れることなく超高齢社会を生き抜くには、高齢期の発達について適正な知識をもつ必要がある。この章では、超高齢社会における高齢期の発達について解説する。

1節　高齢期の発達的特徴

 世界保健機関（WHO）の定義によると、高齢者とは65歳以上の人々をさす。日本では74歳までを「前期高齢者」、75歳以上を「後期高齢者」と呼んでいる。学術的には、85歳以上は「超高齢者」としてさらに区分される。

1-1　高齢期の認知・情緒・人間関係

 高齢期の発達は、主に高齢者心理学において研究されてきた。その成果として、高齢期の心理面は一般に考えられているほど衰えるわけではないことが明らかにされている。出来事に関するエピソード記憶は加齢とともに衰えるが、物事の意味に関する記憶や体の記憶である手続き記憶はほとんど加齢の影響を受けない。知能の機能もかなり高齢になるまで保たれる。日常生活や対人関係の問題解決においても柔軟性に富んだ対処が可能で、自分が慣れ親しんだ仕事であれば、若い人々よりも高い成果を出せることが知られている。
 情緒は、表出や応答性などは加齢による変化はみられないが、肯定的情緒が増加し、主観的幸福感も若い世代と比較すると高い。これは、高齢者は情動調整にすぐれており、出来事をポジティブに解釈するなどの成熟した方略を用い

ることが背景にあると考えられている。

　高齢者の人間関係の全般的な特徴として、人間関係が縮小し、家族関係へと集中していく傾向があるが、そのなかでも、良好で豊かな人間関係をもっている高齢者は、心理的に健康であり身体的にも長命である。特に、趣味や地域の活動での友人関係は、家族関係とは異なり自ら選択する関係であることから、心理的健康や主観的幸福感に対する寄与はより大きいと言われている。[1]

1-2　高齢期の発達の特徴 —— バルテスの生涯発達心理学より

　高齢期は衰えや喪失だけの発達期ではないことがわかってきたとは言え、高齢期の発達が注目されるようになったのは比較的最近のことである。高齢者心理学研究への本格的な取り組みは第二次大戦後に始まり、より後発の日本ではまだ50年ほどの歴史しかない。そのようななかで、20世紀半ばに、エリクソン（Erikson, E. H.）は、重要な他者とのかかわりを通して自我構造が段階的に構造化されていく過程を心理社会的発達理論としてまとめ、人の一生涯を、時期固有の危機を有する8段階のライフサイクルとして示した。そして今日、高齢期の発達は生涯にわたる発達の一部ととらえられ、**生涯発達心理学**において検討されている。

　生涯発達に関して多数の実証的・理論的検討を行い、高齢者心理学に隆盛をもたらしたのがバルテス（Baltes, P. B.）である。バルテスの生涯発達理論[2]によると、生涯発達とは、一生涯にわたる個体の生物学的要因と、社会・文化・歴史等の環境要因とが相互作用しながら進展する、適応力の変化をさす。また、発達には獲得と喪失の側面があるが、中年期を境に、それまで獲得が優位だったプロセスから喪失優位へと逆転する。しかし、1つひとつの機能に注目すると、高齢期であっても喪失ばかりでなく、獲得されるもの、それまでと同程度に維持されるものいずれも存在する。高齢期における獲得の一例が「知恵（wisdom）」である。知恵は、人生の実践場面における熟達した知識であり、その獲得により、人生の問題についての認識（背景や文脈をもった多様な価値観にもとづくものであり、不確実で予測がつかない）を自分自身ないしは他者が幸福に生きていくために活用できるようになると言われている。

　さらに、バルテスの生涯発達心理学には、20世紀に優勢だった発達観とは異なる特徴がある。その1つは、人生早期の経験が後の発達を規定すると考えないことである。もう1つは、衰えや老化が進行する時期にはそれまでとは異

なる発達上の特徴やバランスがあることを明記している点である。中年期・高齢期はそれ以前の時期と異なり、衰えや老いが明確になってくる。そのため、(1) 発達の適応方略のうち、選択、維持の方略よりも補償が多用されるようになる（後に詳述）、(2) 生物学的な衰えを補償するために、社会的・文化的サポートへの依存が高まる、(3) 資源全体が減少するなか、維持と喪失の対応への配分が増加するなどの変化が生じる。それによって適応は維持され、主観的幸福感などは低下しないことが示唆されている。

1-3　高齢期の適応を維持する心理的メカニズム

　進化論的な発想をもつバルテスは、発達は獲得と喪失のダイナミクスにおける選択（淘汰）と選択的適応の過程であるとし、そのための方略として選択、最適化、補償を挙げた。バルテスは、これら3つの方略を用いて、高齢期において適応を保つためのメカニズム（Selection, Optimization, and Compensation, 以下SOCと記す）を示した。選択（S）には自分の意思で選択する場合と喪失した際に選択を余儀なくされる場合があり、後者では、それまでの手段が失われるためシステムの再構成が行われる。最適化（O）と補償（C）はともに目的を達成するための手段であるが、最適化は目的直結の手段であるのに対し、補償は最適化を利用できないときに用いられる。平易に説明すると、高齢者がこれまでできたことができなくなったり、病気などによって難しくなったりした場合に、無理に克服しようとしたり、新しい手段を身に着けようとしなくても、他の得意な部分で補ったり、他者や道具の手助けを借りることで適応的な状態を維持できる、ということである。

　高齢期は喪失が優位な発達期であることから、いかに喪失を補償するかが重要である。その一方で、老いたからこそ得られる時間的余裕や人としての成熟などは、高齢期の適応を促すはたらきをもつ。また、高齢者は老いを自覚し、老いと折り合うよう行動や生活を調整することで、**クオリティ・オブ・ライフ**（生活の質、人生の質などと訳される。以下QOLと記す）を向上させることができる。このように、高齢期の発達は、衰えや喪失の悪影響を補償するプロセスと、老いの肯定面や老いを転機とする促進的プロセスの2つの流れによって進展すると考えられる（図14-1）。

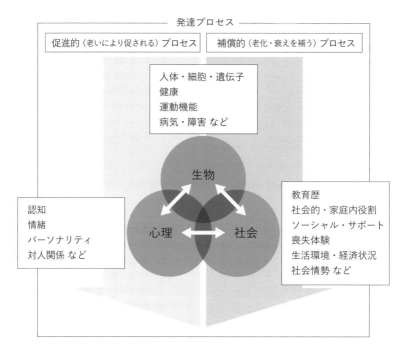

図 14-1　高齢期における発達

2節　超高齢社会の課題

　日本では世界に先駆けて高齢化が進んでおり、未知の部分も多い。これまでの高齢者心理学研究では、比較的健康が維持されている前期高齢者が主たる研究対象とされてきた。しかし、後期高齢期に入ると身体疾患や認知症等の罹患数が急増するなど、前期高齢者とは異なる点も多い。超高齢社会において高齢者の大部分を占めるようになるといわれる後期高齢者や超高齢者の特徴については、より一層の理解が必要である。この節では、日本における高齢化の現状と、後期高齢期以降の発達における身体的・心理的な特徴を解説する。

2-1　日本社会における高齢化の現状

　日本では1994年に「高齢社会」（高齢者率14％）、2005年に**超高齢化社会**（高

齢者率20％）になり、2024年には人口の30％が高齢者である**超高齢社会**に突入すると予測されている。『平成29年度版高齢社会白書』[3]によれば、2018年にも後期高齢者と超高齢者を合わせた75歳以上人口が前期高齢者数を上回ると予測されており、「高齢者の高齢化」が進んでいる。2024年以降の「超高齢社会」においては、後期高齢者と超高齢者を合わせた75歳以上の人口は高齢者人口の60％以上になると言われている。2015年現在、男性80.75年、女性86.99年である平均寿命は、50年後の2065年には男性84.95年、女性91.35年となり、現役世代1.3人で1人の高齢者を支える社会が到来すると考えられている（図14-2）。

2-2 健康寿命とQOL

超高齢化・長寿化が進行するなかで、平均寿命に加え、**健康寿命**という概念が導入された。健康寿命とは「健康上の問題で日常生活が制限されることなく生活できる期間」と定義されているが、別の表現をすると、日常生活における自立が保たれている期間である。図14-3は21世紀に入って以降の平均寿命と健康寿命の推移である。平均寿命、健康寿命ともに延びているが、健康寿命の

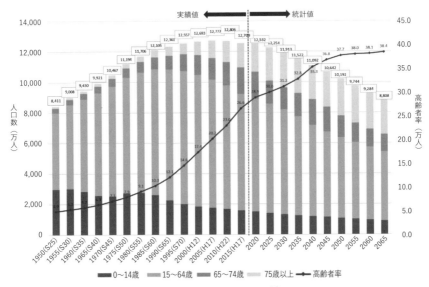

図14-2　高齢化の推移と将来推計（内閣府, 2017のデータをもとに作成）[3]

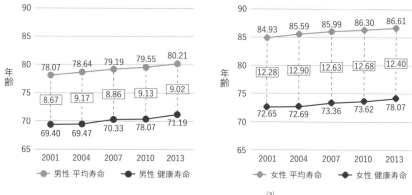

図 14-3 平均寿命と健康寿命の推移（内閣府, 2017 のデータをもとに作成）[3]

延びは平均寿命の延びと比べると小さい。また、平均寿命と健康寿命の間には、男性では9年前後、女性では12年の差がある。女性の差が大きいのは、女性は生物学的には男性より長命であるものの、加齢に伴う筋肉量や筋力の低下が起こりやすく、転倒などの後遺症で身辺自立が保てない期間が長いことから生じている。すなわち、平均寿命と健康寿命の差は、入院や介護のもとで生活している期間なのである。

特に、心身の老化が顕著になる後期高齢期以降は、心身の機能や大切な人々の喪失、そして心身の機能低下による生活上の制限を回避することはできない。重要なのは、高齢者一1人ひとりの意思が尊重され、自分らしい生き方が可能であり、幸福感や生きがいが担保されることである。このようなQOLの重視は、高齢期の発達を理解する際の基軸である。

2-3　加齢に伴う身体の衰えがもたらす多面的な影響

高齢期は、乳児期、思春期とならび、身体面の変化が心理社会面に広範かつ多大な影響を及ぼす時期である。ストレスとライフイベントとの関連に言及する古典的理論において、配偶者との別離は最もストレスフルなライフイベントであるとされてきた。だが、図14-4に示す研究結果によれば、確かに配偶者との死別体験は生活満足感を低下させるものの、死別後数年で回復の軌跡をたどる。しかし、健康を損なったことで生じる身体の機能障害は生活満足感の深刻な低下を招き、数年たっても改善しなかった。ここから、身体機能が障害されることは、今までできたことができなくなる喪失体験であるのと同時に、身

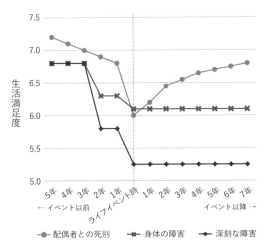

図 14-4　代表的なストレスフルなライフイベント前後の生活満足感の推移
(Lucas, 2009 [4] をもとに作成)

体の機能障害が自立した日常生活を難しくし、負の影響を持続させると考えられる。

　身体の病気も高齢者のQOLを低下させる。高齢者は通常複数の病気を抱えている。高血圧症、糖尿病、脳梗塞後遺症、心臓病、慢性的疾患に伴う身体の機能障害や関節痛などの痛みは、うつ病につながりやすいことが知られている。このような高齢期特有の変化により心身の脆弱性が多面的に出現した状態は**フレイル**と呼ばれている。身体面ではサルコペニア（筋肉量の減少による筋力や身体機能の低下）やロコモティブシンドローム（骨や関節など運動器の衰えが原因で歩行等に支障をきたす状態）、社会面では社会的な孤立やひきこもり、そして心理面では認知機能の低下やうつなどがその例であり、複数の要素が絡み合い、負の連鎖を起こすといわれている。

　しかし、フレイルの状態は健康と病気の境と考えられており、身体的機能低下を引き起こさないための予防的介入や、機能回復のためのリハビリテーションやデイケアを導入するための好機として、医療や支援の現場で活用されている。

2-4　高齢者における認知面の問題 —— 認知症

　フレイルの心理面として挙げられていることからもわかるように、**認知**

症とうつは高齢者が抱える心理的問題の代表格であり、社会的な取り組みが必要な重要課題でもある。

認知症のとらえ方は、アメリカ精神医学会による診断基準（DSM）の2013年の改訂により大きく変わった。「神経認知障害群」が新たに設けられ、そのなかに、「認知症（Major Neurocognitive Disorder）」と、認知機能の低下は認知症より軽いが治療の対象となりうる「軽度認知障害（Mild Neurocognitive Disorder）」が含まれている[5]。神経認知障害に共通しているのは、(1)後天性、(2)意識は清明、(3)高次脳機能低下がみられる、(4)社会生活に支障をきたす、の4点である。認知症の行動・心理症状（BPSD）には、易刺激性、焦燥・興奮、脱抑制、異常行動、妄想、幻覚、うつ、不安、多幸感、アパシー、夜間行動異常、食行動異常などが含まれる。

加齢が進むと記憶の衰えは誰にでも生じるが、どの程度からを認知症と考えるべきなのか、日常生活においてどのような困難が生じるのか、また、どのような形で認知症の予兆が現れるのか、今回の改訂で詳しく説明された。新たに加えられた軽度認知障害の「軽度」とは、日常生活の自立が阻害されるほどではないものの、以前より大きな努力や工夫が必要になったり、代わりの手段が必要になったりする場合をさす（表14-1）。

では、高齢者の何％くらいが認知症とされるのだろうか。DSM-5のデータが示す認知症の有病率は、前期高齢期の開始時期である65歳で1〜2％、軽度認知障害は2〜10％である。しかし、後期高齢期、超高齢期にかけて認知症は急増する。同じくDSM-5によれば、85歳すなわち超高齢期の入り口における認知症有病率は30％、軽度認知障害は5〜25％と報告されている。このように、認知症は、後期高齢者・超高齢者の多くが罹患しうる。認知症はいったん発症すると回復は困難であり、早期発見・早期介入によって進行を遅らせることが最も有効な介入手段であることから、予防の重要性が強調されている。

2-5　高齢者における情緒面の問題 ── うつ

うつは図14-5に示したような多様な症状として現れるが、感情、認知、自律神経などの症状を伴ったエピソードが2週間以上続き、よくなったり悪くなったりを繰り返す場合にうつ病と診断される。日本では12か月有病率が2％前後のデータが多く、DSM-5の7％と比べると低めである。一般的に若年者に多いとされるが、日本では中高年でも頻度が高く、社会経済的影響が大きい。

表14-1　各認知領域における症状例（重度・軽度）（DSM-5[5]をもとに作成）

認知領域		重度	軽度
複雑性注意	対象に意識を向け集中する「注意」を持続したり、適切に分配したり切り替えたりできるか／処理の速度はどうかなど	・テレビがある場所での会話のように、複数の刺激があると気が散ってしまう ・今言われたばかりのことを思い出したり、報告したりすることができない ・思考に長い時間がかかり、処理する内容をごく少数にしなければできない	・通常の作業に以前よりも長く時間がかかるようになったり、間違いが増えたりする ・複数の音や情報があると思考しにくい。
実行機能	計画や意思決定が円滑に行えるか／フィードバックやエラーの修正はできるか／柔軟な変更ができるか／ワーキングメモリの機能はどうかなど	・複雑な計画を放棄する ・一度に複数の仕事をこなすのが難しい ・活動の計画や意思決定が他者の手助けが必要である	・多くの段階をふむ計画を完了させるのに努力が必要になる ・複数の処理を同時にする仕事が難しくなる ・いったん遮られた仕事を再び始めるのが難しくなる ・実行機能の低下によって、疲れやすかったり、社交を楽しめなかったりする
学習と記憶	短期記憶・長期記憶の再生状態はどうか／新しい情報を覚えられるかなど※重度の認知症を除くと、短期記憶よりも長期記憶（意味記憶、手続き記憶）のほうが良好に保たれている	・1つの会話の中で同じ内容を繰り返す ・1日の予定などを思い出すことができない	・最近の出来事を思い出すのに苦労する ・読書で人物を思い出すための読み返しが必要になる ・支払いが済んでいるか思い出せない
言語	物の名前は言えるか／話し方は流暢か／文法や構文はどうか／人の話や指示の内容は理解できているかなど	・言語の理解にも表出にも著しい困難があり、特有な言い回し、文法的な誤りが起こる ・「あれ」「それ」などの語が増え、症状が進むと家族の名前も思い出せなくなる ・常同言語、反響言語の出現の後、無言症になることもある	・思っていることを言葉にするのに困難がある ・特定の言葉や面識のある人の名前を思い出せないのを隠すために、一般名詞を使ったり名前を呼ばなくなったりする ・冠詞、前置詞、助動詞などの省略や不正確な使用がある
知覚—運動	模写のような視覚と手の運動を協調する作業ができるか／目で見た身振りを模倣することができるかなど	・慣れている活動や慣れた環境での移動が著しく困難になる ・知覚の変動により、しばしば夕暮れ時に強い混乱を示す	・ある場所に行くために、従来よりも地図その他に頼るようになる ・新しい場所に着くのに、人に尋ねたり、迷ったりするようになる ・駐車が以前より不正確になる ・物の組み立て、縫い物などの空間作業をするのが難しくなる
社会的認知	表情から情動の識別ができるか／他人の心の状態を適切に考慮できるかなど	・服装の節度、話題などが許容できる社会的範囲から逸脱したものになる ・1つの話題に過度に集中する ・自分の安全や、家族・友人に配慮せずに行動する ・自身の変化に対する病識がない	・共感の減少、外向性または内向性の増加、抑制が効かなくなる、微妙な落ち着きのなさなど小さな人格の変化が生じる

うつ病：これらの多くが同時的に２週間以上継続して生じる

〈感情〉
悲哀、ゆううつ、空虚感、
みじめさ、絶望感、焦燥感、
肯定的な感情の消失

〈意欲・行為〉
疲労感、気力・意欲低下、
ひきこもり、自殺企図

〈思考〉
思考力・集中力低下、
決断困難、反すう思考、
罪責、自殺念慮

〈身体機能（自律神経と関連）〉
不眠・過眠、体重減少、
食欲低下・増進、
頭痛、腰痛、肩こり

図14-5　さまざまなうつ症状

　また、女性は男性の２～３倍うつ病になりやすい。高齢者のうつ病では一般的な症状もみられるが、青年期や成人期のうつ病と比べると非定型的な場合が多く、気分の落ち込みよりも、身体症状に過度の不安を示す傾向や、焦燥感の頻度が高い。自律神経の症状は、病気によって生じた神経化学的な変性が影響している場合もある。

　また、高齢期には配偶者や親しい友人等との死別の体験が増える。そのせいでうつ病様の状態を呈することがあるが、当たり前の反応なのか、うつ病なのかの区別は難しい。表14-2にうつ病と適応障害の違いを示したので区別する際の参考にしてほしい。

　さらに懸念されるのは、日本ではうつ病を抱える高齢者の自殺が多いことである。厚生労働省自殺対策推進室によれば、2013～2017年の間、高齢者の自殺の原因・動機の７割弱（64.1～65.8％）が健康問題である。高齢者は、自分の健康状態に対して悪い評価を下しがちで、病気であることに強いストレスを感じやすい。身体の訴えを通じて救いを求めている場合がしばしばあり、自殺企図の前に、身体症状を訴え一般身体科を受診していることが多いという。病気の自分は家族に迷惑をかけていると思い込み、死を選ぶ場合もある。

　自殺を未然に防ぐためには、徴候を見逃さず介入することが求められる。表14-3にうつ病がある場合に自殺の引き金となりうるリスク要因を挙げたが、要因が複数重なったときに自殺の可能性が高まる。特に、過去に自殺未遂があって、具体的な自殺の手段を講じている場合は、即座に対応しなければならない危機的な状態である。

表14-2 「うつ病」と「うつ状態を伴う適応障害」の違い（DSM-5[5]をもとに作成）

うつ病	うつ状態を伴う適応障害
• <u>ストレスが直接の原因ではない</u> • 2週間以上続くうつエピソードと寛解状態（いい状態）が繰り返されることが中心的な状態 • 身体症状（不眠など）の訴えが優勢 • 1年以内に8割の人に回復の兆しが見られる • 慢性化と再発のリスク • 死亡率が高い（自殺による） • 遺伝的要因の影響。第一度親族（親子）の発病リスクは2～4倍	• <u>ストレスが直接の原因となっていることが</u>必要条件 • ストレスによって生じた苦悩や社会的不適応が中心的な状態 • 苦悩のようなうつ的である場合に、上記のような診断名がつけられる • 情動面（苦しさ・つらさ）や行動面（人間関係等のうまくいかなさ）の訴えが優勢 • 6か月を目安に急性か持続性か分ける • 精神科治療を受けている人の2割が該当

表14-3 うつ病がある場合の自殺のリスク要因

うつ病になってすぐの時期と回復し始めた時期
男性である
不眠が強い
独身もしくは一人暮らし
家族，友人，職場などの理解やサポートが得られない
家族や親しい友人に自殺・自殺行動があった
アルコールへの依存がある
攻撃性や衝動性が高い
強い絶望感がある
過去に自殺未遂の経験がある
自殺の意図（自殺の道具を揃えたり，場所を下見したりする）がある

3節　高齢期に必要な心理支援

　世界的な超高齢化により、高齢者に対する支援や介入の充実が期待されている。それと軌を一にして、高齢者心理学研究でも支援に関連するテーマやトピックが増加している。本節では、高齢者を対象に実施されている心理支援について解説する。

3-1　高齢者への支援

　高齢者が最後の時まで自分らしく生き抜くことを支えるには、QOLを高めることが基軸である。その上で、実際の高齢者支援において心理職が果たす役割は、予防的介入が中心となる。発生を未然に防ぐ一次予防、早期発見・早期介入によって状態の悪化を防ぐ二次予防的な介入として、メンタルヘルス維持のための講習会やスクリーニング検査の実施、認知症予防や悪化を遅らせるための認知トレーニングやリアリティ・オリエンテーションの実践、回想法を用いた人生の統合に向けた発達支援などを挙げることができるだろう。再発の予防と社会復帰の促進のための三次予防として、デイケアにおけるSST（ソーシャルスキルトレーニング）の実施なども想定しうる。また、認知機能や言語機能が低下して会話が難しい高齢者の支援において、本人の意向を丁寧に聴き取るといった役割も適任であろう。いずれも医療、看護、保健、福祉など多領域の専門職との協働になることから、高い連携スキルが求められる。

3-2　介護者への支援

　高齢者の**介護**も超高齢社会の重要課題である。『平成29年版高齢社会白書』[3]によると、要介護者数は年々増加しており、後期高齢期以降になると要介護の認定を受ける人の割合が大きく上昇している。介護者は要介護者等と同居している家族であることが多く、配偶者26.2％、子21.8％である。そして、男性の69.0％、女性の68.5％が60歳以上であり「老老介護」も相当数存在している。要介護レベルが4、5の場合、介護者の約半数が「ほとんど終日」介護しており、負担は大きい。そのようななか、家族だけで高齢者の介護を抱え込むと「介護疲れ」や「介護うつ」につながりかねず、高齢者虐待の引き金になることもある。昨今では、介護者が介護を理由に仕事を辞める「介護離職」、介護が必要であるにもかかわらず施設や支援機関に空きがなく利用できない「介護難民」などの問題も浮上し、国や行政も、介護休暇の充実や地域包括支援システムの構築など対策に乗り出している。心理支援としては、介護サービスの利用を促すとともに、介護者の相談を受けたり、介護者同士の自助グループを運営するなどして、家族の心理的負担を軽減してもらうことができるだろう。

3-3 認知症に対する国家的な支援 —— 新オレンジプラン

認知症の増加が深刻な問題となるなかで、2015年1月に「認知症施策推進総合戦略」(新オレンジプラン)が、国家戦略として策定された。新オレンジプランでは、「認知症の人の意思が尊重され、できる限り住み慣れた地域のよい環境で自分らしく暮らし続けることができる社会の実現」をめざし、認知症の人本人だけでなく、介護者や家族までを視野に入れ、地域ぐるみの包括的な支援体制を策定している。具体的には、(1) 認知症への理解を深めるための普及・啓発の推進、(2) 認知症の容態に応じた適時・適切な医療・介護等の提供、(3) 若年性認知症施策の強化、(4) 認知症の人の介護者への支援、(5) 認知症の人を含む高齢者にやさしい地域づくりの推進、(6) 認知症の予防法、診断法、治療法、リハビリテーションモデル、介護モデル等の研究開発およびその成果の普及の推進、(7) 認知症の人やその家族の視点の重視という指針に沿って施策が推進されている。特に、(7) は、従来の施策にはなかった視点である。認知症の人が必要と感じていることや生きがいを支援し、認知症の人やその家族の視点を施策の企画・立案や評価に反映させるなど、当事者に寄り添い、社会全体で認知症を理解し、支えていこうとする姿勢が特徴的である。

【コラム】 介護保険

介護保険制度は、高齢者の介護を社会全体で支えあう仕組みとして2000年に導入された。高齢者の自立支援を目的に、要介護度・要支援度に応じて保健医療サービス、福祉サービスを総合的に受けられる。2000年に218万人だった要介護(要支援)認定者は、2017年には633万人に増加している。今後、後期高齢者と認知症高齢者の急増が予測されていることを踏まえ、2017年には「地域包括ケアシステムの強化のための介護保険法等の一部を改正する法律」が施行され、自立支援・重度化防止と地域共生社会の実現、および制度の持続可能性の確保に向けた取り組みが始まっている。

【読書案内】
- 東京大学高齢社会総合研究機構(編著)(2017)『東大がつくった高齢社会の教科書:長寿時代の人生設計と社会創造』東京大学出版会

ジェロントロジー（老年学）の最新の知見が満載のわかりやすい書である。医療・保健・環境・社会など多方面から高齢者や高齢社会を理解するための豊富な情報が示されている。

- 佐藤眞一・権藤恭之（編著）(2016)『よくわかる高齢者心理学』ミネルヴァ書房
  高齢者の「心理学」に関心がある初学者に勧めたい書である。認知、情動、関係性、心理支援など高齢者心理の基礎的かつ重要なトピックについてわかりやすく解説されている。

【文献】

[1] 若本純子 (2014)「高齢期における老化と適応」無藤隆・若本純子・小保方晶子『発達心理学：人の生涯を展望する』(pp.213-226) 培風館
[2] Baltes, P. B., Lindenberger, U., & Staudinger, U. M. (2006) Life-span theory in developmental psychology (6th ed., pp.569-664). In W. Damon & R. M. Lerner (Eds.), *Handbook of Child Psychology: vol.1. Theoretical Models of Human Development*. Hoboken, NJ: John Wiley & Sons.
[3] 内閣府 (2017)『平成29年版高齢社会白書』http://www8.cao.go.jp/kourei/whitepaper/w-2017/zenbun/29pdf_index.html（2017年6月16日公表）
[4] Lucas, R. E. (2009) Adaptation and the set-point model of subjective well-being: Does happiness change after major life events? In S. T. Charles (Ed.), *Current Direction in Adulthood and Aging* (pp.142-149). Boston, MA: Pearson Education.
[5] American Psychiatric Association(2013) *Diagnostic and Statistical Manual of Mental Disorder, 5th edition*. Arlington, VA: American Psychiatric Publishing.〔高橋三郎・大野裕（監訳）(2014)『DSM-5 精神疾患の診断・統計マニュアル』医学書院〕

終章　発達科学の未来に向けて

無藤　隆

　この章では、発達心理学のとらえ方の基本を述べるとともに、それが社会のなかでどのようにして人々（特に私の関心では小さな子ども）の幸せや生きる力を生み出すのに役立つかを論じたいと思う。そのように役立つためにも、さまざまなデータを収集して、それにもとづき、理論化を図り、人の発達への視野を広げるとともに、応用の可能性を拡大していく必要がある。理論化にあたっては、個人による発達の流れの違いを組み入れると同時に、その幅が発達の時期ごとにある程度の範囲に収まるように働く、発達のメカニズム自体の大きな意味での共通性を説明しなければならない。発達は遺伝の影響を受けるが、同時に経験内容による違いも大きい。発達はもともとの個体の傾向と環境の相互的影響関係の元で、独自に生み出されていく。

　そこでは、大きく5つほどのことを考慮する必要があるのである。第一は、発達はもともとの子どもの能力や内的傾向があって始まるということである。その情報を担うのが遺伝子であり、生まれた時を注目すれば胎内環境である。第二は、環境面の影響を受けるのであるが、その環境とは、物、人、出来事、またそれらを含む生態的な場、さらに背景としての文化、時代と歴史がある。人はまた親であれば、それぞれに独自の生育歴や遺伝的背景や現在の生きる状況を背負って、子どもにかかわる。生活全般とそこで各々の主体が生きようとするあり方が発達を一面で規定するのである。第三は、その子ども側の個人的要因と環境側の相互作用のなかで発達は生じるということである。特定の個人要因と特定の環境が特定の相互作用を引き起こす。第四は、その相互作用はかかわる各種の要因さらにいえば偶然を含めて、多様になっていき、したがって、発達とはある程度の方向性をもちながらも、そのなかで多様な経路を含めていくのである。そして、第五は、その発達は胎児期・新生児期、そして乳児期その後の幼児期、学童期、思春期、青年期、成人期、老年期を経て、そのつど、新たな相互作用のなかで個体は変容を遂げていく。その総体を発達と呼べば、それは生涯発達となり、たとえ、乳幼児期に焦点を当てたとしても、そこ

から生涯にわたる発達の土台がいかに築かれるか、さらにそこでの相互作用のあり方がその後の発達過程のモデルとなるという意味で検討されるのである。

　この章ではいくつかの研究分野にも触れたいと思う。特に、発達心理学の知見は21世紀に入り、上記のような理論枠組みの下で、実証研究が著しく発展した。その一端を見て、発達心理学の学びの面白さを感じてほしい。その詳細は本書の各章を参照してほしい。

1節　人類の進歩のために

　認知科学者のピンカー（Pinker, S.）は、科学、そして理性的志向がヒューマニズムと結びつくことによって人類を進歩させてきたことを多種多様な実証研究をもとに主張している[1]。それは、心理学にかかわる我々の同感するところでもあるのではないか。ピンカーは、18世紀の哲学者たちの伝統に倣い、それを「啓蒙の精神（enlightenment）」と呼んでいる。

　その精神の第一は理性である。理性的に考えるとは、臆断を避け、証拠にもとづいて考えることである。人間が完全に合理的であるというわけではない。理性を超えた情動により動かされ、しばしばその判断は間違える。だが、理性的思考により、少しずつ臆断を超えていくことができるのである。第二は科学である。科学の方法が特に懐疑主義、可謬論（知識についてのあらゆる主張は、原理的には誤りうるとする）、開かれた討議、経験的検証、などにより、無知や迷信を超えていくことを可能にする。第三がヒューマニズムである。それは何よりすべての個人、大人、子ども、女性等について、部族、人種、国家、また宗教を超えて、尊重し、その幸せ（ウェルビーイング well-being）を優先することである。喜びを感じ、苦痛や怒りを感じ、満足を感じるのは個々人である。そこにこそ我々の道徳的関心が向かうのである。共感するはたらきが我々にはあり、人の苦難に同情するはたらきを、親しい人などの狭い範囲を超えて、すべての人類へと及ぼしていくのである。これらの3つの精神を抱く人は増えていき、人類社会は少しずつその理想に向けて進歩してきたのであり、それがさまざまな科学のデータから言えるのである。

　発達心理学は何ができて、これから何が可能か。科学の立場に立ちながら、同時に、その知見をもとに人々の生活を改善していこうとする。上記の意味で

の啓蒙の精神を引き継ぎながら、努力をしていっている。

2節　発達心理学の基本枠組み

　2015年に全4巻という浩瀚な発達心理学のハンドブックの第7版が刊行されている[2]。これは発達心理学の世界的研究状況を整理・俯瞰するもので、第二次大戦後まもなく（1946年）から、ほぼ10年に1回刊行されてきた。これにより、2000年代（おおむね2010年前後まで）の研究成果の概要を把握することができる。それを見れば、いくつかの研究の枠組み（パラダイム）の変化が見てとれる。

　第1巻は「理論と方法」、第2巻は「認知過程」、第3巻は「社会情動的過程」、第4巻は「生態学的場面と過程」である。第1巻を見ると、その理論の多様性と広がりは大きい。生物学的遺伝的、また神経科学的なプロセスを強調している一方、環境のあり方の意味を問い、その詳細な検討を行っている。中心は、それらの交互作用にあり、どのプロセスも組み入れながら、どれかに集約するのではなく、遺伝や生得性、体内環境の影響とともに、その後の物理的対人的社会的文化的な環境と相互作用し、相互に選び出し、強化し、あるいは減少させる影響関係を扱っている。

　認知発達の研究の進歩はとりわけ乳幼児期を中心にめざましいものがある。多種多様な発達の側面が検討されている。そのなかでも、情動発達、道徳発達、自己制御（実行機能）の発達研究には特筆すべきものがある。さらにまた、応用面特に精神病理への発達的な検討が盛んであり、その小さい時期（時に遺伝との交互作用）について大規模な縦断研究が多くなされ、明らかになりつつある。研究方法論としては、実験的方法、大規模質問紙調査、縦断調査、神経科学的方法、また質的方法など多岐にわたる。

　第2巻では、脳の発達から始まり、基礎的認知・運動過程から注意、象徴表象、概念、言語、記憶、文字、推論等の高次思考機能、さらに、芸術やメディアの影響まで扱われ、テーマの広がりが大きい。第3巻では、社会性、情動、パーソナリティの発達を総合的にとらえようとする。その神経科学・生理学的基礎から、気質、自己制御、顔・表情認知、レジリエンス、さらに差別や虐待や不適切な養育の影響などを扱っている。さらに、現代の家族状況や法律の変

化にも視野を広げている。第4巻では、現実の多様な社会と歴史・文化状況での子どもの発達を扱っている。親子関係も、多様な家族のあり方に位置づけて検討している。幼児教育や学校教育・労働環境などの応用的問題も大きく扱っている。貧困や医療場面、災害や戦争などに視野を広げた研究が増えてきている。

こうみていくと、今や、子どもさらに生涯にわたる発達を検討するのに、遺伝や生物学的レベル、家族や友人等の人間関係、身近な物理的環境、学校その他の社会的制度におけるはたらきかけ、広く文化や歴史のあり方等に研究の視野を広げている。どの水準でも研究テーマは多岐にわたり、その理論と支えるデータは多様になり、また量的にも大幅に増えている。さらに大事なことは、それらの複数の水準を別に扱うのではなく、相互の関連を、しかも時間を追っての相互的影響関係として実証しつつあるということである。それがおそらく、21世紀前半の発達心理学の最も基本となる枠組みであろう。

その点を、全体の序章であるオーバートン（Overton, W.）とモレナール（Molenaar, P. C. M.）の整理（「発達科学における概念と理論と方法：問題の整理」）で見てみよう。人間を含めた生体の発達の研究というものは、二分割的なあれかこれかというアプローチ（すなわち、心理起源的説明か生物起源的説明）によって支配された領域から、生涯にわたる学際的なアプローチへと進化してきた。その学際的アプローチにあっては、多様な見方、すなわち、生物学的、心理学的、社会文化的、歴史的な見方を1つの総合的で全体論的で複雑で、自分と相手が共に相互作用しつつ動いていく共行為的なシステムへと統合することに科学的な追究のあり方を求めようとなったのである。複雑な有機体↔文脈システムを、単純な要素の足し算的合成体ととらえるような還元論的な説明（いずれかの要因だけに因果関係を求める）を拒絶し、**関係的－発達的－システム理論**の文脈において研究にアプローチすることが増えてきた。関係的－発達的－システムのすべての水準が、関係的－発達的－システム理論のなかに統合される。それは、生物学的－生理学的過程にかかわる生理・身体レベルの変数から、行動的－社会的関係の個人・社会レベルの過程、さらに、物理生態学的、文化的、歴史的過程にまで広がるものである。すべてのレベルを歴史のなかに組み込むことは時間性を個人↔文脈関係に導入することであり、すべてを共に変容していく過程としてとらえるのである。そのことから、これらの関係に組織的で系統的な変化が起きるとき、人、時間、場所にわたって、ある程度の幅で柔軟性のあることの潜在的な可能性を生み出すことを意味する。それ

ゆえに、関係的な発達的システム理論は、「ルール・法則」つまり、発達的変化と個人とその文脈の間のやりとりを支配する過程における傾向のあり方に焦点を当てる。そこでの発達的な制御から相互に有益となる個人↔文脈関係が生み出されるとき、それは適応的、すなわち個人主体と環境との適切な関係となるような発達的制御が働いたと言えるのである。

個人とその文脈との間の適応的発達的関係の可能性と人間発達の潜在的柔軟性の強調が、人間発達に対するこのアプローチの顕著な特徴である。そして、発達理論のこの特徴は、重要な3つの発達的問題を提起する。それらは、関係的−発達的−システムのモデルの核となるものである。

1. 発達を複数の共行為的影響の結果として概念化すること。たとえば、子どもと親という2つの主体の相互作用である。さらに、発達は、文脈に感応的で随伴的であり、どういう場面か（たとえば食事）、そこで何をどうするかを複数の主体が相互作用して実現する。ここから、発達とは、本来的に歩行、言語など、主題特定の内容において起こる特定的でまた確率論的な（蓋然的ないし無作為的、つまり、いくつもの可能性が表れ広がり、いろいろな道筋として展開する）現象であることが意味される。

2. 発達とは、構成的過程であり（それぞれの主体が作り出す）、非線形的（1つの要因に比例するのではない）、後生的（特定の時点で決まるのではなく、後々の発達も重要）な影響が中心的な役割を占めると理解される。たとえば、発達的変化は遺伝的、あるいは環境的影響それ自体によって引き起こされるのではなく、そのダイナミックな相互作用のなかで主体が自己組織化することの結果として生ずる。そのような非線形的で構成的な影響が、特定の内容の発達における実質的な変異を作り出し、それがさらに、随伴的、文脈的な影響によって、主題特定的効果つまり内容・事柄ごとの独自の発達の流れを強化する。

3. 発達するシステムの各々は複数の時間尺度において進んでいて、その進度が異なる。そのような複数の水準において展開する変化の潜在可能性に焦点を当てる。このことから、ここで構想されるダイナミックなシステムモデルは、異なった水準にあり、異なった速度で変化する時間によって変動するいくつもの陰にある要因（パラメータ）を含むことになる。

関係的−発達的−システム理論は以上に加えて、人中心に焦点化することにより、相対的柔軟性（ある程度の範囲で柔軟に変われること）と相互に影響しあう人↔文脈関係を強調し、個体発生の道筋がさまざまに変化するその全体の構造をモデル化する枠組ともなっている。

そしてさらに、発達科学が「非エルゴード的領域」であるという見方も結果として生じた。エルゴード定理では、データの集合は、(a) 人と変数と時間による3次元行列における個人間の均一性、(b) 変数上の個人の得点の時間における安定性、をもつとされるが、非エルゴード性とは、それが成り立たないことの指摘である。関係的－発達的－システムの研究枠組みにもとづくと、個人は、個人↔文脈の関係の道筋のなかで（すなわち、時間の違いにわたって）、時間内そして個人内の双方において、さまざまな変異があるはずである。言い換えると、人は、生涯にわたって辿るその道はそれぞれ相当に異なっている。人により異なり、その人をとっても時期により違っていく。そのゆえに、エルゴード定理の均一性と安定性という想定は、現代の発達科学では拒絶されるのである。

非エルゴード性の結果として、発達研究は、個人に焦点を当てた人中心的で、そこでの個人の変化に敏感な測定を行う変化感応的方法がその基本であることを強調する。発達科学において出現してきた関係的－発達的－システムの変化する過程に注目する研究枠組みに向けて、理論枠組みの変化が生じた。そこから、発達科学のさまざまな内容的領域における研究のもたらす意味に焦点を当てる必要が起こったのである。さらに、この枠組みによって生涯にわたる個人内変化と、その変化の個人による違いを記述し、説明し、最適化するという目的を掲げる。そうすると、過程とシステムという概念に焦点を当てることとなる。このように、発達科学における理論と方法の両方を前進させることによって、そういった枠組みの変化を具体化・実証化することが、これからの目標となるのである（とオーバートンとモレナールは現代の発達心理学・発達科学の動向を要約する）。

これらの動向を踏まえて、以下では、具体的な研究について、その一端を見てみたい。

3節　心の理論の発達にみる直感的段階と表象的段階

乳児期においては、主に直感的で知覚的なシステムがはたらき、2歳以降、幼児期を通して表象システム（心内で外界を表し思考を進める）が少しずつはたらきを増していくという理論枠組みを置くことができる。そしてその直感的

知覚的システムは、その後も心的機能の基盤として、身体的システムや環境システムとともに、表象システムの発達に影響していく。[4]

心の理論の発達（5章参照）では、いわゆる誤信念課題の理解について、多くの研究がなされており、そこから、年少の子どもは（3歳半くらいまで）は、話の冒頭でお話の主人公がものを置いた場所がどこか覚えているにもかかわらず、主人公がいない間にその場所が移動されると、主人公は（移動後の）今ものがある場所を探すだろうと話す。それに対して、4歳・5歳児は、主人公は最初にものを置いた場所を探すだろうと答えるのである。その答えを導き出せるためには、主人公がもっているものの位置についての信念（主人公が知っていると思っていること）と、話を聞いて自分がもっている信念（自分が知っていること）とが異なっていることを子どもが認識しなければならない。観察者（子ども）と観察された者（主人公）が同じ状況について異なる信念をもっているということを認識しなければならない、ということである。子どもは、自分の視点からみると誤っているような、自分とは異なる主人公の信念を推測し、主人公の行動をその信念から生じると帰属することによって、正しく質問に答えられる。子どもは、主人公の信念はたとえ誤っていても、主人公の行動を導くものであることを認識している必要がある。

このように、信念や欲求が人間の活動を媒介する「表象」として存在するというとらえ方を**心の表象理論**（Representational Theory of Mind）と呼ぶ。表象とは、心的状態の、「何を表しているか」という命題内容であり、さらにその命題内容に対してどう感じているかという態度である。人は心的状態が異なれば、同じ命題内容に対して異なる態度をもつことができる。たとえば、「今日は晴れだと思う」は信念という命題内容であり、「今日は晴れてほしい」は欲求という態度である。信念タイプの心的状態は真実か誤りかというものであり、欲求タイプの心的状態は満たされるか満たされないかというものである。信念の命題内容が世界にある事物と一致していればその信念は真実であり、一致していないと誤りである。しかし、信念を変えて、世界における事物のあり方に合わせれば、それを真実にすることができる。欲求や意図は真実でも誤りでもないから、信念とは異なり、その内容が実際の世界と一致していないなら、まだその欲求対象を得ていないという意味で満たされていないことになる。ただしかし、世界にはたらきかけて、心に保持されている表象に合わせて、自分に都合よく変化させることができる。

心の理論の基本的な構図は、信念と欲求があれば、それに沿った結果が生ま

れる、というものである。意図された行為を望まれる結果を引き起こす手段としてとらえると、信念とともに、欲求が意図となり、意図が行為を生み出し、そこから結果が生まれる。これは心の理論を表象化したものとみなすことができる。なお、情動は欲求の満足や不満足から生じ（幸せや怒り・悲しみ）、また信念の確証・不確証から生じる（驚き）ととらえることができる。

　以上に対して、心的世界は社会的直感と社会認知という2つのシステムで構成されていると考える**心の発達構成要素理論**が登場し、多くの実証的研究を生んでいる。「社会的直感」とは、顔の表情、身ぶり、動作、声の調子などにより伝搬される情報から人の心的状態について即時のオンライン評価を行う社会的知覚スキルのセットであり、心的領域内の暗黙の社会的ノウハウを提供するものである。対照的に、「社会認知」は、時間とともに出来事の知覚的オンライン評価と順序を統合することによる、人の心的状態と行動を推測するための内省的なはたらきである。これは心的世界がどのように機能するかについての「心の理論」に代表される一連の原理によっており、自覚的で明示的な概念領域にもとづく。後者が「心の表象理論」に該当する。社会的直感（社会的知覚スキル）は乳児期にはたらき始め、社会的認知は幼児期から発達していく。子ども時代から成人期になるに従い、この2つが1つになって、「心の理論」の全体を構成するようになる。また、この2つはその神経学的基盤も異なるものであることが見いだされてきている。心の理論における概念化のはたらきは幼児期の後半において表象の獲得によって可能となるのだが、それ以前の乳児期で社会的知覚スキルがはたらき、その2つが発達的につながっていくのである。

　そうすると、心の理論の発達には4つの主要な里程標がある。

(1) 誕生から18か月まで：行動の基盤となる注意と意図の理解 ── 乳児の、他者の注意と意図を反映している日常の行為の直感的理解。
(2) 9か月から3歳まで：世界と対応していない（実現していない）目標の理解（「暗黙的」誤信念） ── 乳児期後半と幼児期初期の現実世界と一貫してないとみえる暗黙的目標の理解。
(3) 4歳から5歳：表象的心的理解の理解（「明示的」誤信念） ── 就学前の子どもの、表象的心的状態の内省的理解。
(4) 6歳以降：解釈の多様性と回帰的心的状態（信念についての信念）の理解（二次的誤信念の理解） ── 学童期の子どもの、解釈と心的状態の複数の回帰的心的状態の理解のさらなる発達。

4節　ことばの発達にみる発達の規定因の多様性

　ことばの発達は、その発達の特定の内容領域が多岐にわたり、そこでの規定因も多様である。言語システムは7つの基本的言語システムからなる。聴覚発達、構音器官発達、辞書的発達、文法発達、形態論発達、メンタルモデルの発達、会話の発達である。その理論枠組みとして、発達の相互作用が強調され、**創発主義**（emergentism）とも呼ばれる。人間の言語は人間の本質によく適応した独自なもので、すべての人が水泳や計算を学習するわけではないが、すべての人が言語の使用を学習することに成功する。この事実は、言語がいかに完全に人間の本質に合っているかを表している。言語は、人が産出できない音、学習できない単語、文法関係を説明できない文を避ける。創発主義では、この適合を、人のもつより一般性のあるメカニズムに帰属する。言語は、人間の身体、脳、社会の形成にかかわる領域一般のメカニズムのセットに依存すると説明するのである。
　言語産出は声帯によって支えられ、言語知覚は聴覚システムによって支えられる。発声は、あご、顔、喉頭、舌、口蓋、唇、肺の筋肉の動きの正確な協調に依存する。聞こえは、信号が皮質に届く前に多くの聴覚処理に達する外的な神経経路と同様に、蝸牛のなかの小さな有毛細胞の動きに依存する。脳はこれらの2つのシステムの統制や統合をするが、これらの器官の身体的特徴が言語の構造化されうる可能な方法を決定する。トーンや抑揚は声帯が産出できるものに限られる。音節の形はあごや構音の動きによって決まる。言語産出の速さは、これらの多様な構音器官が一緒に動く能力によって制限される。
　子どもの聞く言語的エピソードが増えていくことは、脳において特定のプロセスのシリーズが出現するきっかけとなる。言語学習は、より一般的な認知と同様に、エピソード形式にわたる一般化によるパターンの抽出にもとづく。
　言語発達は、基本的な社会的メカニズムによって形作られる。模倣 ── 親からきょうだい、仲間と広がる。強化 ── 子どもはポジティブ、ネガティブフィードバックに敏感である。修正フィードバック ── 意味に焦点化させる傾向があるが、文法エラーの修正も子どもが間違えたシークエンスによって生じる。社会的参照 ── 子どもは他者の行動や反応を見て学習する。共通基

盤 —— 言語は、共通する**メンタルモデル**を用いた対話者の共通基盤の構造化によって支えられる。いったん確立されると、共通基盤は足場づくりや会話構造の学習を支える。

以上を基本として、7つの要素の発達が生じる。まず、聴覚的発達は、言語の基本音の区別の仕方を学習すること、音声発話のフローを語に切り分けるためにそれを使うことと関連する。子どもの構音的発達は、反対に、口、舌、喉頭を統制して大人が産出するのを真似して音を発する学習に関する。言語発達の3つ目の側面は、辞書的発達、つまり語の学習である。コミュニケーションの手段として、語は共有され慣習的な意味をもつ。各語の正しい意味を抽出することは、子どもにとって主要な学習課題である。語の集合を獲得すると、今度は語を結合できるようになる。語の結合はそれ自体のままのものもあれば、結合時のみにみられるものもある。形式が結合されるとき、構成要素はその音韻的形を変えるかもしれない。このことが4つ目の言語構造レベルである形態論を生む。言語構造の5つ目のレベルも語の結合から生じるが、語の形態論的形式ではなく、続くパターン化に関する。これは、統語のシステム（文法）－語とフレーズが調整されて意味のある文を作り、全体の発話において個々の語の役割を示すパターン、である。6つ目の言語の構成要素は、子どもが習得しなければならないもので、意味のある解釈へと統語的パターンを関連づけるメンタルモデル（物事のあり方についての心中のモデル的な理解）のシステムである。産出の間、このシステムは意味を生成し、"Thinking for speaking"（話すための考え）と呼ばれる形式へと変換する準備をする。理解の間、このシステムは文を作り、これらの文にもとづく意味のための埋め込まれたメンタルモデルを引き出す。7つ目の構成要素は、会話の社会的、語用論的原則を符号化する。これは特定のコミュニケーションの目的で特定の社会的環境においてどのように言語を使うことができるかを決めるパターンの語用論システムである。

子どもは、コミュニケーション内容を調整して、聞き手の興味、知識、言語能力に合わせていく必要があることをも学習しなければならない。子どもが直面する課題は、これら7つのレベルにわたる対象言語のすべての関連パターンを学習することである。各レベルにおいて、学習は多目的メカニズム（エピソード的出来事の符号化、一般化、競合、模倣など）によって調整、制約され、それは構造の各タイプと共に異なる方法で相互作用する。学習は、7つすべてのレベルが並んで生じるという事実によって制約を受け、調整される。これらのレベルにわたる相互の制約は、子どもにとっての学習を容易なものとするが、

もちろん、発達研究としては大いなる挑戦課題である。そして、こういう多様なレベルが同時的に働いて発達が生まれていくというのは、言語の獲得に限られないことである。ただ、それぞれの内容に応じて作用するレベルの中味が変わってくるのである。

5節　発達理論の代表としてのダイナミック・スキル理論

　関係的‐発達的‐システム理論をめざすものとして、よく整備された1つがフィッシャー（Fischer, K.）によるものである[6]。その要点をみてみよう。

　人はそれぞれ異なる。その異なりが至るところに広がり、異なった文脈で人間の行為も違う。平均的な人間はおらず、個人のパフォーマンスはある特別な状態においてのみ適切に表せるにすぎない。分析は文脈の役割についての分析から開始するべきであり、人間の行動において可変性が基本となる。

　人間は、自らの行為を文脈と熟練したパフォーマンスのための支えにもとづいて変化させていく。しかし人間の行動は統合されており、個人間の違いや、さまざまな文脈において人がどのように振る舞うかも異なっているにもかかわらず、世の中の行動は認知、動機づけ、感情、評価および運動プロセスのある種の統合なのである。我々は、分離可能で孤立したモジュールの連続として行動しているわけではない。むしろ、たとえ認知、意欲と感情の特別なパターンが文脈ごと人ごとに異なっているとしても、我々はまるごとの有機体として振る舞っている。さらに、思考、感情および行為の構造の発達は、オープンエンドで確率的な漸成的な、つまりいくつもの要因が相互作用しながら多様な可能性の中から1つの発達の道筋を作り出すプロセスの結果であり、生物学、心理学および社会文化が多重に埋め込まれたシステムを、関係的な構造体（マトリックス）を通してもたらす。人の行為は、分離可能な遺伝的および環境要素に分解できない。人間の行動とその発達プロセスを明らかにするためには、どのように特定の物理的、および社会文化的な文脈のなかで統合された関係システムとして働くのかを理解する必要がある。

　ここで、確率的な**漸成**（エピジェネシス）とは、この世界での身体的行動を通して時間とともに解剖学的で心理学的構造が生じていくという考えをさしている。前もって形成されたり決定されたりするものではない。つまり、漸成的

プロセスとは「厳しく生物学的に決定された」(つまり「生得的な」) ものとして出産前あるいは出産後のすべての行動を説明する試みを、無効にするのである。遺伝子表現を制御するプロセスは有機体の機能の多重のレベルで生じる変化に敏感に反応する。多重の入れ子構造となっている漸成的システムでは、関係的発達システム (たとえば、遺伝子、遺伝外生物プロセス、行動、社会文化経験) のどの1つの部分も人間の心理学的発達において自律的でもなく、第一義的でもない。心理学的構造は、関係的発達システムの水平レベル (遺伝子－遺伝子、細胞－細胞、有機体－有機体) および垂直レベル (遺伝子－細胞質、細胞－器官、有機体－生態系) 同士の協働的な創発の産物である。

ヒト⇔環境協働システムは5つの協働するプロセスのカテゴリーから組み立てられる。これらは、(1) 個人の行動、(2) 行動が向けられる物理的または心理的対象、(3) 他の人、(4) 我々の行動に伴ういくつかの媒介手段の形態、(5) 物理的、社会文化的文脈、である。これらからなるダイナミックな協働システムのアプローチの基本的な主張は、我々がすること、および我々がどのように発達するかは、ヒト⇔環境協働システムの各構成要素の間、および内で創発する協働の産物だということである。ヒト⇔環境協働システムの各部分は、行動および経験を生み出す際の因果的プロセスとして分離して扱えない (つまり、システムは全体論的) なのである。

そこでの行動 (action) は、いくつかの特質をもつ。第一、行為 (act) は何かに対してはたらきかける、または現実または想像の何かに向けて行う、また何かについて行うという意味で、意図的なプロセスである。第二に、心理的な行為は意味－媒介プロセスである。人間は自分にとって意味ある出来事にもとづいて行為する。意味は中核的な心理学的カテゴリーである。意味によってプロセスが媒介される限りにおいて、このプロセスが心理学的な行為となる。行動の形態がたくさんあるように、たくさんの意味の形態がある。物理および社会的世界における身体的な (感覚運動－感情的) 活動のパターンに意味の起源があり、そして、継起する分化と統合を通して発達していく。第三に、心理学的な行動は世界に対する目標志向的な作用である。つまり、人はある程度の**主体性** (agency) をもち、自らの表象的、経験的、運動的プロセスに対してコントロールする。乳児が誕生のときから、原初的形態の主体性および目標志向性の能力を表すことが明確に実証されている。発達に伴い、意図的な行為は階層的な入れ子の**象徴システム**に組織化される。高次の意味、とりわけ重要な自己イメージは、行為を引き起こす目標として作用し、主体はそういう人に

なろうとする。心理的な活動は統合的プロセスである。それは単なる認知、あるいは情動、意欲または行為プロセスではない。世界に影響を与えるすべての行動は、意味、感情、必要、および運動行為の統合を必然的に伴うのである。

　心理学的な機能は感覚運動－感情活動に基礎をもつ身体的システムである。情動は、人と世界とのかかわりにおいて（最初無意識的な）動機にかかわる転換から生じる素早く働く経験である。3つの協働するプロセスのカテゴリー、動機関連評価（appraisal）、情動（感情）生起プロセスおよび動機－行動傾向を主とする。評価は知覚された出来事と個人の目標、動機、願望あるいは関心の間の関係を無意識的に査定することからなる。感情生成プロセスは中枢神経システム、末梢神経システムと身体変化が感情の特定のクラスの現象的経験をもたらすことである。行動傾向は自発的および非自発的な行動で、ある文脈における人の目標、動機、および関心に役立って働くものをさす。

　異なる情動状態は異なる評価－情動－行動の形状という点から定義される。どんな文脈でも、情動が構成要素評価、情動および行動システムの間に協働で生み出した産物として現れる。評価プロセスが知覚されたイベントと人の目標、動機、願望および関心の全範囲との関係の間を、連続的にまたは無意識的にモニターする。イベントと動機の関係における評価の変化は連続的に（および無意識的に）情動を調節する。感情および情動経験の変化は、意識的に自覚して、この評価された出来事を選択し、増幅し、組織化する。意識的な自覚の構成と組織化において評価と情動は協働することとなる。

　ヒト⇔環境協働システムの3つ目の側面は他者の行動である。研究は乳児期とそれ以降の発達の身体化された関係についての概念を確証するものである。第一に、研究では乳児と養育者の二者は、乳児が生まれてすぐから間主観性の基本的なフォームを設立する能力があることを示している。心理学的な発達は間主観性のもとにある、原初的な能力の上に作られていると、特に共主観性を強調する立場は論じる。間主観的能力は乳児とその保護者の間に対面のコミュニケーションのやりとりを可能とする。社会相互作用が連続的なプロセスとして働くなら、対面の相互作用のなかで、社会的パートナーは互いの行動および経験を**共制御**（coregulate）する。共制御とは、社会的パートナーが互いの進行中の、また予期される行動に対して行動、思考および感情を連続的に調整することである。

　ヒト⇔環境協働システムの最後の構成要素は、社会文化的文脈と高次の行動を媒介する文化的な道具の使用である。文化は固定的あるいは単一の存在と

してよりは、ダイナミックなプロセスのネットワークのように動いている。文化は言語的コミュニティを通して分散されたダイナミックな意味、実践、価値および人工物のシステムとして機能する。象徴システムが文化の構成および普及について中核的な役割を果たす。表象の形態として、象徴は他のあるものの代用あるいは表象するものを作り出す。記号機能によって個人が与えられた情報を超えて意味を作り出すことを可能にする。

　以上の理論枠組みを子どもの発達に適用することで、フィッシャーは「ダイナミック・スキル理論」(Dynamic Skill Theory) を提唱している[7]。漸成的プロセスによると、心理学的な構造の機能は特定の社会的な文脈のなかで作用する思考、感情、および行動の統合されたシステムである。ここで、「スキル」を、コントロールする心理的構造としてとらえる。それは特定の社会的な文脈のなかで思考、感情および行動の要素に対して統制力を発揮する個人の能力を反映している。スキルは本来的に一般化された構造ではなく、特定の心理的領域、課題、および物理的社会的文脈に結びついている。スキルは「文脈における人」とダイナミックに結合した属性なのである。たとえば、走るという行動の構造は、人がゴムで加工されたトラック、浜辺、あるいは斜面のどこを走っているかにより異なる。スキルは、個人が行動、思考、および感情の低いレベルの要素を調整し、諸領域と諸文脈のなか、およびそれらの間の高次の全体物へとしていくことにより、時間をかけて緩やかに発達する。

　一定の間隔において（たとえば、おおよそ2歳、4歳、6歳および10歳）、子どもは身体化された行動をもっと複雑な能力に向けて再組織化する。再組織化に沿って、これらの変化はその時期の課題の急速な熟達によって示される。この再組織は、4つの広い層を通して発達するとしている（そして各層は3ないし4つのレベルに分けられる）。4つの層は、反射（すなわち行動パターンであり、誕生時から存在し、活性化と使用に必要な条件としての環境アフォーダンスを必要とする）、感覚運動行動（すなわち物理的および社会的対象に対してなされるコントロールされた行動）、表象（すなわち記号および象徴）、そして抽象概念（すなわち一般化された見えない意味の表象）である。

　個々のある層から他の層への一連の変化は質的な変化、つまり、思考、感情、および活動の構造における基本的な変化となる。それは、特定の領域および文脈のなかで生じる。たとえば、誕生時に表れる行動パターンに対してコントロールをしようとする能力（反射）は、意図的に新規の行動を実行し、対象と他者と文脈のもとで行動にもとづく意味を構成するための能力とは異なる。同

図終-1　心理的スキルの発達におけるレベルと層（Mascolo & Fischer, 2015）[6]

じく、存在するもの、行動、および経験を他の存在しない対象、もの、あるいは経験で代用する能力（心の中の表象）は、対象、人、およびイベントの文脈において行動にもとづく意味を構成する能力とは異なる（感覚運動行動）。最後に、実体のない、仮説的で一般化された意味の表象を構成する能力（抽象概念）は、観察可能なイベントの具体的な側面を表象する（表象）実質的に低いレベルの能力とは異なる。

　これらの層の中で、スキルは各レベルの反復サイクルを通って発達する。それぞれの層で同じ構造が繰り返され、それらはダイナミックなサイクル成長プロセスを反映している。それぞれの層において、人はまず個々のまとまりのあるセット（単一の反射、行動、表象、あるいは抽象概念）を区別する。時間をかけて個人が多様な単一セットを区別した後に、少なくとも2つのセットの間を調整し、その間の対応関係（マッピング）を作ることができるようになる。その後、さらなる発達に伴い、個人は多様なマッピングを区別できるようになり、そして、それをシステムの形式へとまとめ、組織化する。そして、各層の4つ目のレベルにおいては、そうやってできた多様なシステムを区別し、さらなる高次のシステムのシステムを形成する。それが次の発達の層において新たな種類の単位となり、そこでは、新しいタイプの単一のセットという単位として扱われるのである（図終-1）。

　こうみていくと、発達はコントロール構造としてのスキルの発達とされ、特

定の領域や課題や環境において生じるものが少しずつ他のものと比較調整され、互いに統合されたものとなり、再び、分化と統合の過程に入っていく。したがって、個人による発達の違いは大きく、また領域や課題や環境によるパフォーマンスの差も著しい。だが同時に、大きな年齢幅では、反射、感覚運動行動、表象、抽象概念というように発達するスキルの単位の種類が大きく異なっていくのである。

なお、フィッシャーはこのモデルを成人期の発達にまで広げて、生涯発達のための理論化を図っている。心理スキルを核として、それがそれぞれの時期の中心となる心理的な外界へのかかわりのあり方とその複雑化を繰り返していくものとしてとらえられるからである。

6節　発達科学のさらなる展開

以上、発達は遺伝と種々の環境の相互作用のなかで多様な筋道がありながら、大きくは共通の発達メカニズムによって生じている。経験により違いが生まれ、それはさらに大きな違いへと発達していったり、また別な環境と経験では同様の結果へと至ることもある。

最後に、いくつか著しい発達を遂げている分野に触れておきたい。

第一は発達精神病理学の分野である。この研究領域は、主に、精神病理・発達障害などを遺伝・体内環境・生後の環境などの相互作用のなかで生じていくととらえる。障害や不適応が生じることと結びつくであろう要因を「危険（リスク）」と呼び、それを防ぐ要因を「防御要因」と呼ぶ。それを洗い出しつつ、研究はそれらの因果的な関係を大規模縦断研究を中心にして、見いだしつつある。

第二は神経心理学や生理学の方法や枠組みとの結びつきである。神経系やホルモンのはたらきに媒介された心理的変数は多い。その上で、遺伝要因が主にその経路ではたらき、環境要因と交互作用するだろう。発達心理学はもはや「発達科学」という大きな枠組みに包含されるようになっている。

第三は発達的知見をもとにした教育や福祉的介入の広がりである。既成の学校教育や高度化しつつある幼児教育、さらに人々の不適応を減らし、幸せを増し、さらにやりがいのある生活をもたらすための援助活動の広がりである。そ

れは個別の生活場面ごとの発達的検討により支えられる。たとえば、フィッシャーのスキル理論は個別の生活場面での検討と援助をめざしているのでもある。具体的な生態学的文化的場面のあり方で、そこでのスキル獲得の経路が変わっていくからである。

　第四は方法論的進展である。いわゆるエビデンスは何らかの介入により不適応を改善したり、リスクを軽減したり、教育的な意義を高めたりする活動が確かに有効かどうかを実験的統計的に検証することである。基本は、処理群と統制群を無作為に割り当て、比較することである。次いで、大規模縦断調査により、相関関係から因果関係に迫ろうとする。発達的要因の洗い出しもそこから行うことが増えてきた。なお、小規模の研究や事例研究その他の質的研究も、それを補う詳細の検討のために行われるようになっている。

【文献】

[1] Pinker, S. (2018) *Enlightenment Now: The case for reason, science, humanism, and progress*. Allen Lane.

[2] Lerner, R. M. (Editor-in-Chief) (2015) *Handbook of Child Psychology and Developmental Science*, 4vols, 7th ed., Wiley.

[3] Overton, W. & Molenaar, P. C. M. (2015) Introduction. In W. F. Overton, Molenaar, P. C. M., & R. M. Lerner (Eds.), *Handbook of Child Psychology and Developmental Science*, vol.1, Theory and Method, 7th ed(pp.1-8), Wiley.

[4] Astington, J. W. & Hughes. C. (2013) Thoery of mind: Self-reflection and social understanding. In P. D. Zelazo (Ed.), *The Oxford Handbook of Developmental Psychology*, vol.2: *Self and Other* (pp.398-424). Oxford University Press.

[5] MacWhinney, B. (2015) Language Development. In S. Liben, U. Mueller, & R. M. Lerner (Eds.), *Handbook of Child Psychology and Developmental Science*, vol.2, *Cognitive Processes*. 7th ed (pp.296-338), Wiley.

[6] Mascolo, M. F. & Fischer, K. W. (2015) The dynamic development of thinking, feeling, and acting: Infancy through adulthood. In R. M. Lerner, W. F. Overton, & P. C. M. Molenaar (Eds.), *Handbook of Child Psychology and Developmental Science*, vol.1, *Theory and Method*, 7th ed(pp.113-161), Wiley.

[7] Fischer, K. W. (1980) A theory of cognitive development: The control and construction of hierarchies of skills. *Psychological Review, 87*, 477-531.

索　引

■アルファベット
I-R-E 連鎖　107
LGBT　154, 155, 209
SOGI　155

■あ行
アイデンティティ　→自我同一性
　──・ステイタス　131
アイマス（Eimas, P.）　13
アクティブ・ラーニング　140, 147
欺く行為　72
足場づくり　41, 44, 78, 236
遊び　21, 23, 41, 44, 48, 51-60, 63, 68, 85, 103, 115
　──と性別　54
　──の種類　51
　──のパターン　54
　園生活のなかの──　59
　共同──　54
　ごっこ──　67, 68
　ことば──　44, 46, 48
　外──　52, 53
　一人──　54
　並行──　54
　傍観──　54
　連合──　54
アタッチメント（行動）　17, 21-23, 26, 27, 32, 151-153, 157
　──の個人差　23
　幼児期以降の──　26
アプロプリエーション（収奪と専有，アプロプリエイト）　98, 112
甘味　6
アリエス（Aries, P.）　100
アロマザリング　192
安心の基地　22, 23, 152, 160
安全な避難所　22
安定型（ストレンジ・シチュエーション法）　23, 26
育児休暇　199
いじめ　61, 117, 155, 158, 167, 168, 170, 176
一語文　14, 15, 40

一次的認知能力　71
遺伝　27, 54, 171, 227, 229, 230, 231, 237, 238, 242
　──と環境　175
遺伝子　227, 238
インクルーシブ教育　145, 147
インターネット　157, 167, 170
ヴィゴツキー（Vygotsky, L. S.）　48, 88
ウェルビーイング　192, 228
ヴォスニアドウ（Vosniadou, S.）　89, 90
うつ　219, 220, 222, 224
ヴント（Wundt, W. M.）　100
影響効果　177
エピソード記憶　121, 213
エフォートフルコントロール　29
絵本　41, 45-48, 54
エリクソン（Erikson, E. H.）　130, 214
嚥下反射　6
延滞模倣　67
横断研究　179
奥行き知覚　10
音遊び期　13
オーバートン（Overton, W.）　230, 232
親子関係　26, 62, 151, 160, 167, 172, 173, 175, 205, 206, 208, 209, 230
親離れ　201
音韻意識　42-44
音節　43, 235
音素　13, 14, 43

■か行
外言　48, 49, 87
介護　183, 195, 204, 209, 210, 218, 224, 225
　──者　224, 225
　──保険　225
外在化問題（行動）　26, 30, 167, 174-177
概念化　69, 105, 231, 234
課外活動　142-144
科学の概念　88-90
科学の理論　89
核家族（化）　192, 208
書くこと　44, 86

245

隠されたカリキュラム（ヒドゥン・カリキュラム）　108
拡充　147
学習（学校での）　98, 100
学習（心理学における）　99
学習意欲　57, 135, 139, 140, 147
学習環境　140, 141, 145, 147, 148, 193
学習指導要領　104, 105
学童期　85, 90, 96, 100, 108, 124, 125, 227, 234
ガーグリング　13
学齢期　55, 91, 130
過興奮性　146, 148
家族　32, 44, 100, 129, 151, 168, 169, 172, 173, 175, 189, 192, 199, 201, 202, 204, 206-210, 214, 222, 224, 225, 229, 230
　　──のライフイベント　209
　　──のライフサイクル　201, 202, 204
学級　96-98, 104-113, 115, 138, 141
　　──コミュニティ　108
　　──文化　97, 98
学校教育　58, 64, 71, 86, 88, 93, 94, 98, 99, 115, 230, 242
カテゴリー制約（語彙獲得）　39
カミングアウト　162
加齢　213, 218, 210
過労死　187
感覚運動段階（──期）　4, 69
感覚運動的な認知　67
環境　5, 9, 10, 20-22, 27-29, 40, 45, 48, 52, 53, 55, 60, 61, 71, 88, 99, 117, 119, 136, 145, 157-159, 169, 171, 214, 227, 229, 231, 237, 242
　　──リスク因子　173
関係的-発達的-システム理論　230-232, 237
感情　18, 19, 22, 26, 29-31, 47, 75, 148, 153, 158, 237, 239, 240　→自尊感情
　　──制御　27, 29-31, 174
　　──の社会化　29
　　──の抑圧　158
　　否定的（ネガティブ）な──　22, 23, 29, 30, 32, 139, 205, 206
　　無──　171
気質　27-29, 173, 174, 191, 206, 229
ギフティッド　141, 145-148
義務教育　64, 104
虐待　64, 117, 152, 153, 156, 158, 159, 163, 165, 191, 195, 196, 206, 211, 224, 229
キャリア　165, 173, 183-187, 195
ギャング・エイジ　110
吸啜反射　6
教育環境　135-137, 140-142, 145-147
鏡映像　120
教師　27, 94, 98-100, 106-113, 115, 116, 135, 137-142, 145, 147, 148, 176, 192
　　──－生徒関係　138-140, 145
　　──の発達観・学習観　113
共制御　239
協働　26, 109-113, 115, 116, 188, 224, 238, 239
協同　63, 104, 105, 111, 112
共鳴動作　18
許容的態度（親の）　173
近接の維持　21, 22, 26
勤勉性　125, 187
クーイング　13
クオリティ・オブ・ライフ（生活の質、QOL）　215, 218, 219, 224
具体的操作期　69, 91
ぐ犯　169
クロンバック（Cronbach, L. J.）　140
形式的操作期　69, 91
形状類似バイアス（語彙獲得）　39
ゲゼル（Gesell, A.）　10
血縁関係　208
結婚　183, 186, 189, 207-210
権威主義的態度（親の）　173
権威的態度（親の）　173
言語　10, 13, 15, 74, 235, 236　→ことば
　　──獲得　12, 40, 237
　　──障害　116
　　──発達　13, 38, 47, 121, 235, 236
健康寿命　217, 218
言語音　12, 13, 15
　　──への選好　12
原始反射（哺乳反射）　6, 19, 119
語彙獲得　14, 39, 40
語彙爆発　15, 37, 40, 45
行為の型　106
後期高齢者　213, 216, 217, 220, 225
攻撃性　130, 167, 170-172, 174, 176-179
　　積極的──　171
　　反応的──　171, 178

交際関係　151, 156, 157, 160, 161
向社会性　21
高齢化　169, 185, 204, 210, 213, 216, 217, 223
高齢期：
　――において適応を保つためのメカニズム
　　　（SOC）　215
　――の適応　215
　――の発達　213-215, 218
高齢者　185, 213-220, 222-225
　――の人間関係　214
　――への支援　224
心の発達構成要素理論　234
心の表象理論　233, 234
心の理論　73-75, 78, 80, 232-234
誤信念　73-75, 78, 234
　――課題　73, 78, 80, 233
子育て　186, 189-195, 199-205, 209, 210　→ ペアレンティング
　――支援　192-194, 202
ことば　37, 45, 46, 48, 74, 86, 120
　――遊び　44, 46, 48
　――の獲得　37, 48
　――の過小般用　39
　――の過大般用　39
　――の発達　37-39, 46-48, 69, 157, 235
　――の表出の発達　38
　――の理解の発達　38
　一次的――　109
　書き――の獲得　43
　二次的――　109
　話し――の発達　37
「子ども」という存在　100
子離れ　201
コペアレンティング　203
コルサロ（Corsaro, W. A.）　63
コールバーグ（Kohlberg, L.）　111
コンピテンス　135-137, 139, 140, 142, 145, 148

■さ行
罪悪感　21
作文　87
里親家庭　208, 211
里親制度　211
サリーとアンの課題　73
三項関係　7, 8, 11, 14, 20, 120

算数　58, 77, 85, 96, 112, 113
自意識　176
ジェームズ（James, W.）　119
視覚的選好法　3, 15
視覚的断崖　10
自我同一性（アイデンティティ）　127, 130, 136, 139, 140, 143, 148, 151, 155, 183
自己　7, 26, 37, 46, 99, 119, 122, 124, 130, 137, 151, 173, 175
　――開示　175
　――拡大　204
　――肯定感　114, 116
　――効力感　101
　――主張　12, 160
　――制御　29-31, 174, 229
　――否定　130, 151, 162
　――評価　122, 124, 126, 127
　概念的――　121, 122
　学童期の――　124
　学校生活と――　125
　関係的――　127
　客体的――　119-121
　時間的拡張――　122, 124
　主体的――　119, 121
　青年期の――　126, 137, 148
　対象としての――　120
　日本文化と――　128
　乳幼児期の――　119
自己愛傾向　130
自己意識　121, 167, 177
　――的情動　121
自己観　17, 26, 128, 129
　相互協調的――　129
　相互独立的――　129
自己中心性　176
自殺　147, 155, 169, 222
思春期　127, 135, 138, 151, 153, 155-157, 159, 160, 162-164, 167, 168, 173, 175, 176, 178, 209, 218, 227
自傷行為　159, 168
姿勢・運動能力の発達　9
自尊感情　127-130
失業　185
しつけ　174, 191
実行機能　76-78, 146, 229

自伝的記憶　121
児童期　30, 68, 70, 71, 74, 79, 85, 138, 139, 153, 167, 170-172, 175, 176, 180, 209
児童虐待　64, 195, 196
事物世界と生物世界の相違の認識　5
事物全体制約（語彙獲得）　39
自閉スペクトラム症／自閉症スペクトラム障害（ASD）　116, 145
嗜癖（アディクション）　158
死別　218, 222
社会情緒的発達　17
社会情動的スキル　188, 189, 193
社会性：
　——の基盤　5, 17
　——の発達　75
　——の萌芽　5, 6
社会的相互交渉　11, 12
社会的な性（ジェンダー）　152
社会的比較　124
社会的微笑　19
社会的分配　7, 8
社会的文脈　71, 170, 240
社会文化的アプローチ　97
社会文化的要因　76-78
若年無業者　185
就職難　185
縦断研究　45, 167, 171, 174, 178, 179, 207, 229, 242
馴化（法）　3-5, 13, 15
生涯発達　214, 227, 242
生涯発達心理学　214
生涯未婚率　210
小学校入学　43, 52, 85, 104, 106, 108, 115, 124
使用基盤モデル（言語の基盤）　40
少子化　53, 64, 186, 192, 193
少数者（マイノリティ）　154, 155
象徴機能　37, 68
象徴システム　238, 240
情動：
　——のコントロール　114
　——表出　12
職業選択　183
触法行為　169
食物の分配行動　7
初語　13, 14

視力　18
新オレンジプラン　225
進化心理学　5
人口動態統計　209, 210
新生児　5, 6, 10, 12, 15, 17, 18, 119, 227
　——の表情模倣　5
シンボル（象徴）　37, 68
心理的離乳　173
随意運動　19
ステップファミリー　208
ストリート算数　92
ストレンジ・シチュエーション法　23-26
スーパー（Super, D. E.）　183, 184
性：
　——の健康　164
　——発達　151-154, 164
　——発達・性行動の個人差　154
生活的概念　88, 89
性交経験　153, 154
性行動　153-157, 159, 162, 164, 165
性自認　152, 155
生殖医療　31, 209
成人期　27, 31, 135-138, 148, 179, 183, 184, 189, 195, 199-201, 204, 208-210, 222, 227, 234, 242
精神的健康　200, 201
生態心理学　10
性的虐待　152, 156, 159, 195, 196
性的指向　153, 155
性同一性　152, 155
青年期　28, 121, 126-128, 130, 135-140, 142, 143, 148, 155, 163, 167, 169, 170-173, 175-179, 183, 204, 209, 222, 227
　——前期　126, 137, 175, 176
　——の脳　135
性非行（性犯罪）　159, 165
性別違和　152, 155
性別役割分業　54, 199
性暴力　157, 158, 160, 162, 163, 165
性問題行動　152, 153, 155, 157-159, 164
セクシュアリティ　154, 155, 162, 164
セクシュアルマイノリティ　154, 155, 164
前期高齢者　213, 216, 217
漸成（エピジェネシス）　237
　——的システム　238
前操作期　69

248

選択効果　177
相互排他性制約（語彙獲得）　39
喪失経験　26, 31
早修　147
相乗的相互作用モデル　176
創発主義　235
ソーシャルスキル　174, 176, 224
素朴理論　89, 90

■た行
第一次反抗期　12, 121
胎芽期　17
胎児（期）　12, 17, 164, 227
対象の永続性（概念）　4, 5
胎生期　17
胎内環境　227
ダイナミック・システムズ・アプローチ　10
ダイナミック・スキル理論　240
第二次性徴　151, 153, 167, 173
第二の分離個体化　173
大脳辺縁系　47, 138
他者意識　121
他者観　17, 26
他者制御　31
脱馴化　3-5
探索活動　11, 21
ターン・テイキング（話者の交替）　6
ダンバー（Dunbar, R. I. M.）　61
知恵　214
遅延自己映像認知課題　124
チクセントミハイ（Csikszentmihalyi, M.）　142
父親　27, 127, 172, 192, 199, 202-204
知的障害　116, 153
注意欠如・多動症（ADHD）　116, 145
聴覚　10, 12, 235, 236
超高齢者　213, 216, 217, 220
超高齢社会　213, 216, 217, 224
直観的思考段階　69
チョムスキー（Chomsky, A. N.）　40
適性処遇交互作用（ATI）　140
できない子　113
デートDV　160, 162, 165, 170
デューイ（Dewey, J.）　140
電子ゲーム　53
道具の使用　112

統制−世話型（乳児期）　26
統制−懲罰型（乳児期）　26
道徳性の発達段階　111
トーマス（Thomas, A.）　27, 28
トマセロ（Tomasello, M.）　40
ドメスティックバイオレンス（DV）　158
友だち　44, 104, 108, 111, 124, 126, 127, 135, 137, 138, 141, 145, 153, 160
　　──関係　137, 138, 160
トラウマ（心的外傷）　162, 163
ドンブロフスキ（Dąbrowski, K.）　148

■な行
内言　48, 49
内在化問題行動　26, 167, 176, 177
内省機能　191
内的表象モデル　26
仲間関係　61, 62, 75, 137, 139, 173, 176, 177
仲間集団　63, 137
仲間文化　63, 64
ナラティブ（語り）の発達　41
喃語　13, 14, 45
　　規準──　13
　　反復──　14
二項関係　7
二語文　15, 40
二次的認知能力　71
二足歩行　9-11, 15
乳児（期）　3, 4, 6, 15, 26, 27, 29, 30, 61, 67, 70, 71, 119, 218, 227, 232, 234, 239
乳汁摂取　6
乳幼児期　45, 55, 64, 119, 151, 173, 227, 229
妊娠　17, 31, 156, 162
　　10代の──　164
認知症　216, 219, 220, 224, 225
認知的能力　26, 187, 188
認知発達　46, 51, 67, 69, 76, 79, 173, 176, 229
　　──の段階　69
ネグレクト　152, 159, 165, 196

■は行
バイオロジカル・モーション　5
バウンダリー（境界線）　157, 159-163, 165
パーソナルスペース　157
発生的認識論　4

発達　4, 10, 17, 227
　　──の最近接領域　113
発達科学　38, 232, 242
発達課題　164, 183, 201
発達観　113, 214
発達障害　116, 148, 153, 169, 179, 242
発達心理学　64, 179, 227-230, 232, 242
　　──の基本枠組み　229
パーテン（Parten, M. B.）　54
母親　7, 12, 17, 27, 45, 69, 75, 78, 189-193, 199, 200, 202-204, 207, 209
バルテス（Baltes, P. B.）　214, 215
反抗　12, 145, 153
晩婚化　186, 209
犯罪　156, 158, 168, 169, 171, 188
反社会的行動　153, 171, 174, 176
ハンドリガード　120
ピアジェ（Piaget, J.）　4, 48, 67, 69
ひきこもり　117, 168, 169, 177, 205, 209, 219
非行　30, 158, 167, 169-172, 174, 176, 179
非正規雇用労働者　185, 186
ヒト⇔環境協働システム　238, 239
非認知的能力　26, 187, 188
評価－情動－行動の形状　239
表象　233, 240-242
　　──機能　37, 46
　　──システム　232, 233
　　──能力　67, 68, 74, 79, 121
　　──の発達　67
ピンカー（Pinker, S.）　228
貧困　55, 59, 154, 187, 230
　　子どもの──　55
ファンツ（Fantz, R. L.）　15
不安定／アンビバレント型（ストレンジ・シチュエーション法）　23, 26
不安定／回避型（ストレンジ・シチュエーション法）　23, 26
フィッシャー（Fischer, K.）　237, 240, 242, 243
夫婦関係　175, 200-204
部活動　142-145
複雑性の縮減　99, 100
物理的世界の理解　67, 76, 77, 79
不適切な養育　29, 172, 239
不登校　117, 167, 168, 169
普遍文法　40

ふり行動　68, 69
フリーター　185, 187
フレイル　219
フレキシブルな教育環境　147, 148
フロー　142
プロジェクト・ベースド・ラーニング　140
文法の発達　40
分離抵抗　22
ペアレンティング　190-192　→子育て
　　不適切な──　195, 196
ヘックマン（Heckman, J. J.）　55
ペリー就学前計画　187
保育　27, 31, 41, 58, 60, 64, 192
　　──士（──者）　27, 59, 60, 62, 63, 103, 104, 107, 192
　　──の質　59
保育所　55, 57, 62, 103, 106, 107
ホイジンガ（Huizinga, J.）　51
ボウルビィ（Bowlby, J.）　21
捕捉反射　6
保存課題　70
保存の概念　70, 91

■ま行
マークテスト　120, 124
マザリーズ　12
マザリング　192
マーシャ（Marcia, J. E.）　130
マスターベーション　156, 157
未婚　186, 189, 210
　　──化　186
無秩序・無方向型（乳児期）　26
メタ言語能力　43
メタ表象能力　68
メンタルヘルス　28, 30, 186, 187, 224
メンタルモデル　235, 236
文字理解　42
物語文法　41
模倣　5, 67-69, 152, 235, 236
モーラ　43
モレナール（Molenaar, P. C. M.）　230, 232
問題解決　58, 78, 86, 92, 94, 96, 113, 140, 171, 213
問題行動　167-169, 170-179, 189, 192　→性題行動
　　──の発生プロセス　178

──のリスク因子　172
──への保護因子　172
　外在化──　26, 30, 167, 174-177
　内在化──　26, 167, 176, 177

■や行
友情　137, 146, 170, 175, 176
友人　172, 173, 175-179, 222, 230
　──関係　30, 151, 160, 167, 168, 173, 175, 176, 214
指さし　8, 11, 14, 45, 120
養育態度　173, 174
幼児（期）　26, 30, 44-46, 48, 49, 52, 55, 61, 62, 64, 67-72, 75-77, 89, 91, 111, 121, 122, 124, 152, 170-175, 179, 227, 232, 234
幼児教育・保育（ECEC）　31, 58, 104, 115, 230, 242
幼稚園　55, 57, 62, 87, 103
　──教育要領　104, 111
抑うつ　26, 30, 138, 147, 167, 172, 174, 176, 177, 187
読み書き能力　41, 47, 77
　萌芽的──　41
読み聞かせ（絵本）　45-47
読むこと　77, 86

■ら行
ライフイベント　183, 202, 205, 207, 209, 210, 218
　家族の──　209
ライフ・キャリア・レインボー　184, 187
ライフサイクル　201, 214　→家族のライフサイクル
離婚　205-208
離乳　7
両眼視差　10
ルーティング反射　6
ルーマン（Luhmann, N.）　99
レイヴ（Lave, J.）　92
レジリエンス　136, 137, 148, 229
レジリエントなパーソナリティ　31
老化　31, 214, 218
労働生産性　187
ロスバート（Rothbert, M.K.）　29

■わ行
ワーキングメモリ　76, 77
ワークライフバランス　199
ワーチ（Wertsch, J. V.）　97, 98
悪口　176

著者紹介（*は編者、執筆順）

*外山紀子（とやま のりこ）【1章】
早稲田大学人間科学学術院教授。博士（学術）。専門は、認知発達心理学。主要著書に、『発達としての共食』（新曜社）、『若者たちの食卓』（共編、ナカニシヤ出版）他がある。

*安藤智子（あんどう さとこ）【2章】
筑波大学大学院人間総合科学研究科教授。博士（人文科学）。専門は、発達臨床心理学。主要著書に、『アタッチメントの実践と応用：医療・福祉・教育・司法現場からの報告』（共著、誠信書房）、『子育て支援の心理学』（共編、有斐閣コンパクト）他がある。

横山真貴子（よこやま まきこ）【3章】
奈良教育大学教授。博士（人文科学）。専門は、発達心理学、保育学。主要著書に、『絵本の読み聞かせと手紙を書く活動の研究』（風間書房）他がある。

倉持清美（くらもち きよみ）【4章】
東京学芸大学教育学部教授。人文科学博士。専門は、保育学・保育心理学。主要著書に、『保育実践のフィールド心理学』（共編、北大路書房）、『生きる力をつける学習』（共編、教育実務センター）他がある。

園田菜摘（そのだ なつみ）【5章】
横浜国立大学教育学部教授。博士（人文科学）。専門は、乳幼児心理学。主要著書に、『アタッチメント』（共著、ミネルヴァ書房）、『原著で学ぶ社会性の発達』（共著、ナカニシヤ出版）他がある。

*本山方子（もとやま まさこ）【6章】
白梅学園大学子ども学部教授。博士（子ども学）。専門は、教育心理学、学習論。主要著書に、『教育心理学』（共著、北大路書房）、『フィールド心理学の実践：インターフィールドの冒険』（共著、新曜社）、『保育の心理学』（共著、中央法規出版）他がある。

岸野麻衣（きしの まい）【7章】
福井大学大学院・奈良女子大学・岐阜聖徳学園大学連合教職開発研究科（連合教職大学院）准教授。博士（人文科学）。専門は、発達臨床心理学、教育心理学。主要著書に、『教師として考えつづけるための教育心理学』（共著、ナカニシヤ出版）他がある。

佐久間路子（さくま みちこ）【8章】
白梅学園大学子ども学部発達臨床学科教授。博士（人文科学）。専門は、発達心理学。主要著書に、『乳幼児のこころ』（共著、有斐閣）他がある。

角谷詩織（すみや しおり）【9章】

上越教育大学大学院准教授。博士（人文科学）。専門は、発達心理学・教育心理学。主要著書に、『理科大好き！の子どもを育てる：心理学・脳科学者からの提言』（共著、北大路書房）他がある。

野坂祐子（のさか さちこ）【10章】
大阪大学大学院准教授。博士（人間学）・臨床心理士。専門は、発達臨床心理学。主要著書に、『マイステップ』（共著、誠信書房）、『子どもへの性暴力』（共編、誠信書房）他がある。

小保方晶子（おぼかた あきこ）【11章】
白梅学園大学子ども学部准教授。博士（人文科学）。専門は、発達臨床心理学。主要著書に、『越境する家族社会学』（共著、学文社）『発達心理学：人の生涯を展望する』（共著、培風館）他がある。

荒牧美佐子（あらまき みさこ）【12章】
目白大学人間学部准教授。博士（人文科学）。専門は発達心理学。主要著書に、『発達と支援』（共著、新曜社）、『社会情動的スキル：学びに向かう力』（共訳、明石書店）他がある。

福丸由佳（ふくまる ゆか）【13章】
白梅学園大学教授。博士（人文科学）。専門は、家族心理学、臨床心理学。主要著書に、『保育相談支援』（共編著、北大路書房）、『よくわかる心理学』（共編著、ミネルヴァ書房）他がある。

若本純子（わかもと じゅんこ）【14章】
山梨大学教育学部教授。博士（人文科学）。専門は発達臨床心理学。主要著書に、『発達心理学』（共著、培風館）、『情報モラル教育：知っておきたい子どものネットコミュニケーションとトラブル予防』（共編著、金子書房）他がある。

無藤　隆（むとう たかし）【終章】
白梅学園大学大学院特任教授。専門は、発達心理学・幼児教育。主要著書に、『幼児教育のデザイン』（東京大学出版会）、『現場と学問のふれあうところ』（新曜社）他がある。

生活のなかの発達
現場主義の発達心理学

| 初版第 1 刷発行 | 2019 年 3 月 15 日 |
| 初版第 4 刷発行 | 2023 年 5 月 15 日 |

編　者　外山紀子
　　　　安藤智子
　　　　本山方子

発行者　塩浦　暲

発行所　株式会社　新曜社
　　　　101-0051　東京都千代田区神田神保町 3-9
　　　　電話（03）3264-4973（代）・FAX（03）3239-2958
　　　　e-mail：info@shin-yo-sha.co.jp
　　　　URL：https://www.shin-yo-sha.co.jp

組版所　Katzen House
印　刷　新日本印刷
製　本　積信堂

Ⓒ Noriko Toyama, Satoko Ando, Masako Motoyama (Editors), 2019.
Printed in Japan
ISBN978-4-7885-1623-6 C1011

新曜社の本

発達をうながす教育心理学 大人はどうかかわったらいいのか	山岸明子	A5判224頁 本体2200円
みんなの発達！ ニューマン博士の成長と発達のガイドブック	F. ニューマン、P. ゴールドバーグ 茂呂雄二・郡司菜津美・城間祥子・有元典文 訳	A5判224頁 本体1900円
発達心理学・再入門 ブレークスルーを生んだ14の研究	A. M. スレーター & P. C. クイン 編 加藤弘通・川田学・伊藤崇 監訳	A5判292頁 本体2900円
人狼ゲームで学ぶコミュニケーションの心理学 嘘と説得、コミュニケーショントレーニング	丹野宏昭・児玉健	A5判168頁 本体1700円
パフォーマンス心理学入門 共生と発達のアート	香川秀太・有元典文・茂呂雄二 編	A5判230頁 本体2400円
遊ぶヴィゴツキー 生成の心理学へ	ロイス・ホルツマン 茂呂雄二 訳	四六判248頁 本体2200円
生命の発達学 自己理解と人生選択のために	秋山道彦	四六判280頁＋口絵2頁 本体2600円
アイデンティティ 青年と危機	E. H. エリクソン 中島由恵 訳	四六判464頁 本体3300円
遊びのリアリティー 事例から読み解く子どもの豊かさと奥深さ	中田基昭 編著 大岩みちの・横井紘子 著	四六判260頁 本体2400円
虐待が脳を変える 脳科学者からのメッセージ	友田明美・藤澤玲子	四六判208頁 本体1800円
つらさを乗り越えて生きる 伝記・文学作品から人生を読む	山岸明子	四六判208頁 本体2200円
いじめ・暴力に向き合う学校づくり 対立を修復し、学びに変えるナラティヴ・アプローチ	J. ウィンズレイド & M. ウィリアムズ 綾城初穂 訳	A5判272頁 本体2800円
性格はどのようにして決まるのか 遺伝子、環境、エピジェネティックス	土屋廣幸	四六判208頁 本体2100円
子ども・若者とともに行う研究の倫理 研究・調査にかかわるすべての人のための実践的ガイド	P. オルダーソン & V. モロウ 斉藤こずゑ 訳	A5判240頁 本体2800円
心の理論 第2世代の研究へ	子安増生・郷式徹 編	A5判228頁 本体2500円

（表示価格は税抜きです）